新グローバル時代に挑む日本の教育

多文化社会を考える比較教育学の視座

恒吉僚子／額賀美紗子［編］

東京大学出版会

The Japanese Educational Challenge in a New Global Era:
Multicultural Society from a Comparative Education Worldview
Ryoko Tsuneyoshi and Misako Nukaga, Editors
University of Tokyo Press, 2021
ISBN 978-4-13-052082-9

はじめに

本書は諸外国の教育から学びうることやグローバル時代における教育課題などの比較教育学的関心と，教育社会学，異文化間教育学の分析視点を活かし，多面的に多文化社会日本の教育の課題と可能性を問うている。

今，我々は「新」グローバル時代の入口に立っている。

歴史を振り返ると，パンデミックや災害は，しばしば教育が大きく変わるきっかけとなってきた。本書が執筆された2020年から2021年にかけては，世界のパンデミックの歴史に深く刻みこまれるであろう年となった。新型コロナウイルスが世界中に広がり，ユネスコによると，世界の学習人口の80％以上が休校による影響を受けた[1)]。日本も例外ではなかった。3月に臨時休校がはじまり6月に学校が再開するまでの間，全国の学校は門を閉じ，多くの大学はそれ以後も入構を制限した。

そして，それまで「グローバル化」が必然であり，国境を越えた人々の行き来が当然であった世界で，人の往来が止まった。世界各国が感染の拡大を食い止めようと，国境を封鎖したのである。

これに先立つ数十年の間，日本においても「グローバル化」「国際化」の議論は花盛りであった。それらは，ある意味，「必然」として，華々しく我々の前に存在していた。これらの語が入った書物，学校や学部名，研究プロジェクトは，日本だけでなく，世界各国で数多く生産され続けた。世界を飛び回る「グローバル人材」のイメージは，グローバル経済，世界的規模の人材獲得競争とセットとなって我々の脳裏に刻みこまれた。

そこにパンデミックが起きた。ウイルスは急速に世界各地に広がり，「島国日本」でさえも，世界における人の往来から切り離されているわけではないことを多くの国民が実感したに違いない。そして，グローバル化した経済のもとでは，自国だけが感染を鎮静化できても，他国の状況によって自国の経済も左右されることもまた，多くの国民が経験した。

2020年はそうした意味で，「グローバル化」の華々しさだけでなく，リスクをも際立たせ，「グローバル化」が主体的に選びとるものであることを印象づける年であった。こうして，「グローバル化」が自明視されるものから，批判的に選択するものへと転換したことを強調するために本書の題名は「新」グローバル化の時代とあえて「新」をつけた。

パンデミックはまた，実際には存在しながらも，通常は見えない社会的格差を露呈させた。ウイルスの広がりは世界中にオンライン化をもたらし，インターネットにアクセスできる人々とそうでない人々の格差だけでなく，南北間の格差や特定社会内での格差をも顕在化させた。貧困層，マイノリティ，移民労働者，難民などの人が，三密状態で暮らし，医療へのアクセスが悪く，衛生環境が悪いなどのウイルスが流行する条件のもとに置かれ，各国で集中的に被害を被った。パンデミックによって社会的格差が誰の目にも見えるようになり，国際的にも社会的平等の議論に拍車がかかった。

本書の各章の執筆者は皆，「周辺」に注目しながら，比較をしながら，教育における「自明」を問うてきた。既存のものさしではかりにくい子どもたちや若者たちが日本の制度や社会に提起する問題とは何なのか。比較研究を通して日本の教育を相対化することによって「自明」なものが解体された先に見えてくるものは何なのか。

そして，こうした探究の延長上に「新」グローバル時代を展望しようとした本書は，まさに自明なものを突き崩すパンデミックが世界中を巻きこみ，「グローバル」を語る上でひとつの節目となるであろう時期に出版されるのである。

最後に，ディシプリン（discipline）は，特定の見方や方法で我々の対象に対する理解を方向づけ，狭めながらも焦点を明確にする。教育社会学はディシプリン志向が強いが，比較教育学や異文化間教育学は学際的な学問であり，我々の理解を広げる一方，焦点を明確にしにくい面もある。しかし，いずれもよりよく事の本質を理解しようとしている点では共通している。本書は，比較教育学と上記両学問領域をつなぎ，多文化社会である日本の教育を問う。「よりよく事の本質を理解」するという点ではいずれもが一致しながら。

2021 年 3 月　東京，本郷にて　　　　恒吉　僚子

注

1）UNESCO, Global monitoring of school closures caused by COVID-19，国際標準教育分類（ISCD）レベル 0-3, 5-8（就学前 - 高等教育）。https://en.unesco.org/covid19/educationresponse（2020 年 10 月 17 日アクセス）

目　　次

第1章

課題先進国，国際化後進国

日本の教育が歩むべき道

恒吉僚子

1. 日本の教育のアキレス腱

「国際化」「多文化化」教育改革の社会的文脈の変化

「国際化」と「多文化化」教育改革の推進力の弱さは，日本の教育のアキレス腱である。

「国際化」(internationalization) 教育改革とは，世界のさまざまな国や地域から来る異なる文化的背景を持った人々に関して，その文化や社会，歴史，国際・国内的格差などについての知識や理解を深め，共に学び，課題を解決してゆく態度，コミュニケーション力，言語力などを獲得する機会を提供するなど，教育を改善してゆくために，「国際的，異文化間的，またはグローバルな側面」を「意図的に」教育の諸側面に取り入れてゆく「プロセス」だとここでは考える (Knight 2004: 12; De Wit et al. 2015: 29)。そして，「多文化化」(multiculturalization) 教育改革とは，文化的多様性の尊重，多様な文化への寛容性の育成，文化間の格差の解消や社会的公正の視点から，教育 (教育内容や指導法，活動，選抜など) の諸側面を「意図的に」変えてゆく「プロセス」だと理解する。

さてそもそも，移民・難民，民族・人種，宗教などは，国際的には教育問題の中核にあり，幅広い社会問題と絡み合いながら政治を揺るがすような重要テーマであるにもかかわらず，日本では研究領域としても周辺的であり，日常的に意識化されていないがために多くの人が「ピンとこない」題材である。

だが今日，この状況は変わろうとしている。それは第一に，国益に関係した側面に偏っているかもしれないが，少なくとも教育の国際化の必要性が国家レベルで政策課題にされているからである。例えばいわゆる「グローバル人材」の育成の必要性が政府や財界からも指摘されている。もともと，非英語圏である日本ではとりわけ英語力の向上に焦点が当てられ，英語教育の改革などが進められてきた。2020 年には小学校高学年で外国語科（英語）が開始され，それ以前から，スーパーグローバル大学創成支援事業，スーパーグローバルハイスクール，大学の国際化のためのネットワーク形成推進事業（国際化拠点整備事業，グローバル 30），卓越大学院プログラムなど，「国際」「グローバル」，世界トップクラスなどを目指した教育事業が次々と発表されてきた。

第二に，特に労働力不足が厳しい特定分野での移民労働者（通称「外国人労働者」）の受け入れ拡大に象徴されるような，結果的には社会の多様化につながる政策が限定的に進み，政府による実態調査など部分的な課題の把握・認知が進んでいることが挙げられよう。「移民」の定義はひとつではないが，本章では国連経済社会局（UN Department of Economic and Social Affairs: DESA 1998）人口部が用いる国際移民（international migrant）の「本来の居住国を変更した人々」（DESA 1998: 9）を用い，長期移民は 1 年以上自分が本来の居住国ではない国に住み，その国が自分の通常の居住国になっている場合を指す（同上：10）。

今日，日本は生産年齢人口（20–64 歳）100 人あたりで世界一多くの高齢者を支える社会（DESA 2020: 16）であり，少子高齢化，人口減少が社会にもたらす年金，医療ほかの諸分野での課題に世界に先駆けて対峙することを求められる「課題先進国」となっている。退職年齢の引き上げ，女性の労働市場参加を促すなどの「日本人」の労働力増加や AI の活用だけでは，こうした日本の現実に対処してゆくのに限界がある。移民労働者の受け入れは，生産年齢人口の減少との関係で国際的にも議論されているが，単純労働目的の「外国人」労働を原則として認めてこなかった日本でも，2019 年に在留資格「特定技能」が新設されたことによって，「特定技能」1 号では期限・条件付き（家族の帯同は基本的に認められない）で，介護，外食業など，人手不足の特定分野での限定的受け入れ拡大がはじまった。教育領域を含めた日本社会の「国際化」「多文化化」関連の改革をめぐる社会的文脈は変わりつつあるのである。

「一時的」移民の国という幻想

日本の「外国人」の受け入れ拡大は，人権や人道主義的な性質が弱く，労働力不足の解消という目的を前面に出す傾向が強い。受け入れ方もそれを反映し，OECD（2019）の統計によると，日本の場合，2017年の結果で「一時的」移民労働者における技能実習生の割合の高さはOECD諸国の中で突出している（OECD 2019: 126）。ここで言う「一時的」とは，入国時の地位で永住権を持つ永住移民（permanent immigrant）に対して，永住的地位を入国時に得ていない「一時的」移民（temporary immigrant）であり，その中に人手不足の解消を目的とした「一時的」移民労働者が分類されている（同上：124）。いわゆる「一時的」移民労働者はその地位の弱さから，送り出し国でも受け入れ国でも権利侵害の対象になりやすいことが国際的に問題にされてきた（ILO 2010; OECD 2019; Ministry of Business, Innovation & Employment, NZ Government 2014）。

そのためこうした視点から見た場合，現在の日本の多文化の共生は，移民労働者の拡大など文化的多様化だけは進むが，受け入れた移民の置かれた立場が弱く，民主的な多文化社会の両輪である社会的公正の推進と文化的多様性の尊重のうち，前者の「社会的公正」が機能しにくいことがわかる。移民労働者は日本社会の不安定なメンバーとなり，彼らが担う文化も日本社会から尊重されにくい構造がある，ということになろう。

そもそも，低スキルの移民労働者が「一時的」に滞在して，労働力を提供して定住せずに帰国し，新しい労働力と入れ替わるような想定は，諸外国の例を見ても成り立たない。一定数の「一時的」移民は必ず定住・永住化する。その意味では外国からの「労働力」の出入りが問題なく循環してゆくようなイメージは，幻想である。その象徴的な例として，日本でも国際結婚家庭などで日本国籍の人種やエスニシティが多様な児童生徒が増えるなど，実際は日本社会の「人」の多様化が進んでいることを挙げられよう。

移民の子どもの教育

「外国人児童生徒等の教育の充実に関する有識者会議」の報告によると，2018年時点で日本語指導が必要な児童生徒のうち，「外国籍」の児童生徒は4万775人で，国際結婚家庭などで「日本国籍」の児童生徒も1万371人いた

(外国人児童生徒等の教育の充実に関する有識者会議 2020: 2)。

なお，2019年には「外国人」の就学状況に関する政府調査がはじまり，2019年と2020年のいずれも，約2万人の「外国人」の子どもが就学していない可能性があるという結果が出た（外国人児童生徒等の教育の充実に関する有識者会議 2020: 3; 文部科学省 2020b: 7)。これに先立ち，1990年の改正出入国管理及び難民認定法によって日系人児童生徒が増えると，翌年から「日本語指導が必要な児童生徒の受入状況等に関する調査」がはじめられた（文部科学省総合教育政策局・男女共同参画共生社会学習・安全課 2018)。

移民に関しては，そもそも人種やエスニシティが国勢調査で調べられていないなど（第2章)，多くの課題を挙げることができ，一時代前の「子どもの貧困」に関する情報不足の状況を思い出させる。日本でも子どもの貧困は実際は存在し，研究者や市民団体なども指摘していたが，戦後日本では長らく公的データでは示されていなかった。経済協力開発機構（OECD）が日本の相対的貧困率の高さを指摘し，日本政府が相対的貧困率を最初に公表したのは2009（平成21）年である[1)]。それ以後，子どもの貧困に対する社会の認識も，政策の体系化も進んだ。

社会の実態把握，問題の認識，政策の3つは互いに無関係ではない。ある問題の実態を示すことは社会的関心の向上につながる。移民の実態把握が欧米に比べて不充分である日本（コラム1）でも，〇〇系日本人の増加や，人口減少社会の対応策としての移民労働者の受け入れ拡大など，多様化する現実を前に，限定的に移民などの実態把握や対処がなされるようになっている。だが，その実態把握も，政策も，他先進諸国に比して限定的である。

移民の存在は教育（学力，宗教など)，医療（保険，病気など)，経済などに複合的に関わるものであり，日本もいずれかの時点で移民政策の体系化を迫られるであろう。しかし，世界各国で既に中核的な問題として取り組まれているこのテーマに関しては，この間の日本の出遅れが社会の大きな「ツケ」となってもどってくることが危惧される。無視すれば課題が膨らむだけであるからである。また，多文化に「ピンとこない」社会のまま，生じている問題の大きさだけが強調されれば，「外国人」排斥や偏狭なナショナリズムにつながりかねないことを筆者は同時に危惧する。

2.「多文化化」教育改革からの問題提起

「多文化化」視点の必要性

さて，日本でも英語力向上や労働力確保などの特定の面に偏りながらも，「国際化」が公的にも進められる時代になったと述べた。しかし，教育を通して見たとき，それがどこか児童生徒の日常からへだたりがあることが多いように感じるのはなぜか。その根本的な理由に，「国際化」教育改革が「多文化化」教育改革と統合されていないことがあるように思われる。

まず日本の「国際化」教育改革では英語習得が前面に押し出されている。確かに国際的に活躍し，発信できる「日本人」は不足している。英語が世界で広く使われている今日では，英語で発信できることは有用である。では，本来，コミュニケーションのツールとして英語を用いる必然性があるのはどのような場合か。多言語的環境の中で共通語がないような場合が典型であろう。だが，そうした状況を経験している「日本人」児童生徒は少なく，大多数の児童生徒が英語を必要とするのは入試で英語が課されるから，また漠然と「将来，役に立つかもしれない」と考えているからであろう。彼らの日常と英語習得の間にへだたりがあるように見えたとしても不思議ではない。

そして，そもそも英語だけが「日本人」が「国際的に」活躍するにあたってハードルになっているのではない。「国際的に」発信するためには，国際的に議論になるような話題に「ピンとこない」ようでは困るのである。そして，「ピンとこない」と困る話題には，前述の民族や人種，宗教やジェンダーなどが含まれる。英語力ほど見えやすくはないが，こうした話題に対する「国際感覚」は，今のように多様な人々が共存する世界にあって必須のものであろう。また，異なる文化的背景を持つ人々が増えて多様化してゆく日本社会では，社会内でもこのような話題に「ピンとくる」ことがますます大切なのである。

こうした多文化に対する感覚は多様な文化的背景を持つ人々と共存する経験の中でこそ形成しうる。だが，ある社会の中にさまざまな文化的背景を持つ人々が存在していることと，それを社会の一人ひとりが意識しているか，関心があるのかは別問題である。社会や組織の中で，主流の立場つまりメインストリームの人々とは異質な文化の人々が全体に統合されないで乖離している場合，彼らの存在はその組織や社会の多くの人々にとって異文化理解やコミュニケーションの対象とはならず，「いない」「とるにたりない」存在として無視しうるか，むしろ，「我々」（we）と「彼ら」（them）の境界線を際立たせる存在になりかねない。そして，後者となった場合，主流の立場の人々の，「彼ら」に対する偏見やステレオタイプ的な認識を強化することにつながりかねない。社会の多様性が活かされるには，多様性の統合，つまり「多文化化」教育改革が必要であり，それは自然に起こるものではないのである。

2つの「外国人」カテゴリー

このような状況下で，日本の場合は多文化的な環境の中で国際感覚を磨く経験の不足もあり，「国際化」と「多文化」との関係が国際的に見ると特異なことになっている。筆者は以前，日本の小学校の社会科教科書における「外国人」の記述の分析を行ったことがある。そこには2つのタイプの「外国人」が登場していた。ひとつは，日本の歴史上で反差別と人権の推進運動をした人々，例えば，全国水平社やフェミニズム運動の記述と共に登場する「外国人」，在日コリアンなどである。そして，もうひとつは，地域の「国際化」や国際親善の担い手，学校を訪れる海外視察団，日本の子どもと交流する留学生など，より最近の場面設定で海外から来る「外国人」であった（Tsuneyoshi 2007）。

「外国人」の研究では，日本の植民地支配によって日本社会に住むことになった在日コリアン・中国人などとその子孫（おおよそ「特別永住者」）と，1980年代あたりから移民労働者などとして日本に来日した「外国人」とを定住化の経緯によって区別し，前者をオールドカマーと呼ぶのに対して，後者をニューカマーと呼ぶことがある。上記の教科書に登場した2種類の「外国人」は，この区分と類似しているが，日本の文脈では一定の有用性を持つ。両者は来日の時期，来日がどの程度自発的か，日本に住むようになった経緯などによって区別されている。だが同時に，同じ「外国人」と呼びながら，その中での暗黙の使い分けを行うことは，人によって理解もまちまちとなり，国際的な議論では混乱を招く。同じ日本社会の中の「コリアン」でも，オールドカマーもいれば，ニューカマーのコリアンもいて，暗黙のうちに区別されているからである。そもそも，「外国人」をめぐる日本のカテゴリーは，多様化する日本社会の状況に対する「対処」として設けられているため，国際的には理解が難しい独自カテゴリーが多く，射程が狭いものが多いのである。

日本の「外国人」カテゴリー

前項で見たような問題は「外国人」と「日本人」の社会的カテゴリー間でも起きている。筆者が以前にいくつかの地方自治体における「外国人」に関連した政策を見た時には，「共生」とのみ言う場合は日本人も含むが，「多文化」が共生の前につくと共生の対象が「外国人」になることが多かった（Tsuneyoshi 2019）。なぜ「多文化」だと「外国人」になってしまうのか。多文化社会を想定して多様性を尊重する国際的な教育系譜のひとつである多文化教育（multicultural education）を例にとると，そこでは「多文化」の中身は「民族」「人種」「ジェンダー」「障害の有無」「地域」など，多岐にわたる（Banks 2001; 小林・江淵 1985）。さまざまな多様化の軸を取り入れながら，多様で，包摂的つまりインクルーシブで，持続可能である社会を築くことは，国際社会でも 21 世紀の社会・世界のヴィジョンとして打ち出されている（終章）。

社会的カテゴリーは人が作るものである。しかし，人はまた社会的カテゴリーに縛られもする。日本社会では長らく，「外国人」は海外から来てもどっていくお客様的存在，という理解をしてきた。実際，政策も日本社会の状況もこうした前提に沿っている。人手不足解消を謳って 2019 年の特定技能 1 号で新設されたいわゆる「外国人労働者」受け入れ拡大を受けた在留資格でも，最大 5 年の期限が付き，家族の帯同が基本的に許可されず，深刻な人手不足で，どうしても既存の国内人材で対応できない場合に使われることが想定されている[2)]。日本は国際的にはヒトの出入りに閉じた国として知られ，定住することが予想される難民認定者も，2019（令和元）年で 44 人（難民認定申請者数は 1 万 375 人）と先進国の中でけた違いに低い（法務省 2019）。

ところが近年では，日本でも「日本人」に単純に対置される「外国人」カテゴリーに当てはまりにくい人々が増えてきた。例えばインドシナ難民の子孫で日本国籍を持つ子どもである。「日本人」「外国人」が国籍をもとにした区別であるのなら，彼らは「日本人」になる。あるいは，両親の一方が外国籍，もう一方が日本国籍の国際結婚家庭の子どもである。彼らは現在，日本国籍を持つ親を通して日本国籍を取得できるが，「日本」以外の民族文化などをも受け継ぐことになる。そこで，こうした子どもをも含む「外国につながる子ども」「外国にルーツを持つ子ども」「海外にルーツを持つ子ども」などのカテゴリーが登場した。従来の「日本人」「外国人」に収まらない子どもたちの存在を意識しているという意味では社会的カテゴリーが柔軟化したと言える。「日本人」と「外国人」というカテゴリーに慣れている日本社会にはわかりやすいのかもしれない。だが，国際的な文脈を踏まえて考えてみると，不思議なことが起きる。

例えば，アメリカのような移民社会では両親に限らずにルーツを遡れば「外国につながる子ども」のカテゴリーに大半の子どもが当てはまってしまう。当てはまらないのは先住民の子どもたちぐらいであろうか。逆に，「外国につながらない子ども」とは誰なのだろうか？「日本につながる子ども」「日本にルーツを持つ子ども」とは？ 親や祖先に「外国」出身者がひとりでもいれば「外国」カテゴリーに入るのは，「日本人」を基準にして，「外国人」は自分たちとは別で，外から来てもどっていく，という従来の日本社会の同質性志向に無意識に沿ってしまっているからではないのか。一般にわかりやすいカテゴリーは新カテゴリーでありながら既存の観念を前提としていることがしばしばある。現状の日本の教育課題を指摘するのに，既存の問題を反映したカテゴリーを用いてよいのか。筆者も悩んできた。

国際的カテゴリーの使用

国際的によく使われている表現を用いると，日本国籍を持つ移民・難民は，「ベトナム系**日本人**」「ブラジル系**日本人**」……となろう。国際的なカテゴリーを用いることによって，国際社会の議論に参加しやすくなる。民族も人種もジェンダーも障害の有無も全て，提起する課題に関して，国を越えた共通性があるからである。日本は先進国の中では「多文化化」教育改革が遅れた国である。だが，その日本でも国際カテゴリーを用いることによって，よりよく問題を理解できるようになりつつある。同時に，第8章で扱うような日本が先進的な教育分野では，既存の国際カテゴリーを問い直し，国際的な場でカテゴリーの再構築に参画する意義もあろう。社会的なカテゴリーは人が作り出すものであると同時に，そのカテゴリーが人の思考を方向づけることもある。そして，それは国家の枠を超えて，国際社会でも起きている。国際社会の教育モデルは圧倒的に西欧発のものが多い。そして，その教育モデルは自ずから西欧の理念によって正当性を得ている。西欧由来のものが多い国際社会の教育モデルの問い直しに西欧以外の国々が参画し，社会的カテゴリーやそれを用いた教育モデルの多元化が進むことは，思考の多元化にもつながろう。

3. 同質性前提のほころび

同質性前提と異質な文化を持つ子ども

さて，「外国人」が来てもどってゆくお客様的な存在だという想定は，日本の内部は同質的だという前提（同質性前提）とつながっていると思われる。そして，学校を含めた多くの日本の組織（企業など）において，この同質性前提は日々の実践を方向づけてきた（第2章，第3章，第4章)。それは筆者が日本の学校の特徴として挙げた，共同体意識に導かれ一斉に同じ活動を一緒に行う，一斉共同体主義のひとつの柱となっている（恒吉 1996)。

同質性前提の仕組みの中で，異質な文化を持つ子どもはどうなるのか。以前に調査したブラジル系の日系移民を例にとろう。日本の学校のカリキュラムは同質性を前提に組まれ，異質な文化を持つ日系移民児童が持っているもの（例えば外国語，この場合はポルトガル語，異なる文化体験など）は取り上げられにくく，顕在化しても肯定的に見せる仕組みになっていない。そのために肯定的に見えない文化を担う子どもたちは，他の子どもにはその文化を認知されないか，価値を見出されず，（日本で勉強してこなかったので）国語ができ**ない**，算数ができ**ない**，音楽でレコーダーを吹いた経験がないので，でき**ない**，と「ない，ない」の部分だけが見えてくる。

日本の一斉共同体主義では，一斉に同じことをすることを通して，ある一定レベルにまで全員を引き上げようとするが，基準ラインを突破してゆく子どもよりも，最後まで基準を突破でき**ない**児童生徒が目立つ。よって，逆上がりや水泳などを毎年練習している日本人児童に比べて，移民児童は，体育のような一見不利でないように見える授業でも，経験がないからできないパターンに陥りやすい。しかし，周囲の子どもにはできない本当の理由がわからず，やはり「でき**ない**」ことしかわからない（恒吉 1996）。

では，どのような場合に一斉共同体主義のもとで多くの子どもたちのニーズが矛盾なく満たされるのか。それは家庭の背景や経験が比較的同質的で，同じような教育を経てきた，「同質性」が高い集団の場合であろう。そこでは，「平均的な」児童生徒のニーズに対応できれば，類似した状況にあると仮定される他の児童生徒のニーズにも大方対応できていると考えても大きな矛盾はない。よって，「同じに扱うことが平等である」という論理は崩れないで済むのである。

教育における同質性前提と多様性

しかし，多様性が増した場合にはどうなるのか。それを考えるにあたって，アメリカの例は示唆に富む。かつて，アメリカの就学人口の多くがヨーロッパ系白人に占められていたころは，「同じに扱うことが平等だ」とされていた。だが，19 世紀末から 20 世紀初頭にかけて，それまでの白人移民と異なる肌の色，宗教などを持つ多様な移民が流入し，就学人口が目に見えて多様化すると，「同じに扱うことが平等」という論理は，「個々のニーズに対応することが平等」である，というアメリカの今日的な論理に捉えなおされていったのである（Fass 1989）。移民は異質性を保ちつつ，インサイダー化するアウトサイダーとして，同質性前提の矛盾を露呈させやすい。

日本はカナダ，オーストラリアやアメリカなどはもとより，それ以外の西欧先進諸国に比べても移民・難民を多く受け入れてきた国ではない。出生地主義の国と違い，血統主義であり，国籍と民族が強く関連づけられてきた国のひとつである。だが，グローバル化された世界の中で，こうした従来は「同質性傾向が高い」（少なくとも同質性意識が高い）と言われてきた日本のような国にも多様化の波は及んでいる。

振り返ると，1960 年代以後，海外に進出した日本企業の社員の子どもたちが帰国し，「日本人」でありながら，同質性前提からはずれる子どもたちの登場を受けて，帰国生（帰国子女）が社会問題化した。彼らを対象とした研究ジャンルが登場し，アイデンティティ・クライシスやバイリンガル教育などの研究へと発展していった（佐藤 1997; 額賀 2013; Nukaga & Tsuneyoshi 2011）。教育における異文化間の接触によって起きる課題と向き合い，複数の文化に関わる対象に焦点を合わせた異文化間教育学会（1981 年）も設立されている（異文化間教育学会 1987）。その研究対象が多様化していったこと自体，日本社会の多様化を物語っている。

やがて，「日本人」の帰国生だけでなく，インドシナ難民，1980 年代あたりから増えた移民労働者，国際結婚家庭の子ども，中国からの帰国者，留学生らによる「内なる国際化」が指摘されるようになる。日系移民をはじめとする新来の「外国人」を総称した「ニューカマー」の教育研究もジャンルとして登場した。従来からの在日コリアン，先住民族としてのアイヌ民族などの研究も展開された。

こうした日本社会の，そして教育における多様性の増大が，一方では法律や制度的な整備に，他方では社会的カテゴリーの再構築につながってきたことは既に見た。例えば，1990 年の改正出入国管理及び難民認定法は，日本各地で外国人集住地域の形成を後押しし，こうした地域では移民労働者を親に持つ児童生徒が増えた。移民労働者の定住化が進むなかで，彼らを「腰掛け」の出稼ぎ労働力として扱うことのひずみが指摘されるようにもなっている。朝鮮学校，中華学校，ブラジル学校，インターナショナルスクールなどの研究も深まった。前述のように，実態把握も遅ればせながら少しずつ進んでいる。帰国生対象入試，在京外国人生徒対象入試，外国人留学生対象入試などの多様性を入試に反映させてゆく傾向も見られる。

4.「対処」に力点を置いた対応

問題に直面したとき，日本の対応は「対処」になりがちである。英語ができないと困るから英語教育改革，労働人口が減少しているから「外国人」労働者受け入れ拡大，というように，目の前で起きている問題に対処しているのが実態である。

教育の分野で考えてみよう。そもそも，教育の役割には 2 つある。ひとつは目の前の社会的要請に対処する現実的な対応であるが，それだけでは教育の目標は矮小化される。つまり教育は，今は実現していないが，あるべき民主的未来を描き，それを築く社会の担い手を作る過程としての役割も有しているのである。だが，日本の移民対応は前者に偏っている。

同質性前提のもとでは，大きな異質性は想定されていない。例えば，「日本人」の場合は大多数の生徒が小中高へと順を追って進む。しかし，海外から日本へ呼び寄せられたりする外国人生徒は，15歳を超えている（学齢超過），義務教育未修了であるなど，状況が多様である。途中の段階から参入してくる生徒を，日本の同質性を前提とした教育システムは想定していない。高校入試における「外国人枠」は数も限られ，来日3年以内などの条件がある。母国で中学校を卒業せずに夜間中学を経ようとするとそれを受け入れている自治体は，2020（令和2）年現在，全47都道府県のうち10都道府県（34校設置）に限定される（文部科学省 2020a）。

起きている何かに対して「対処」することを軸にした対応法がとられるために，既存の受け皿になりうるもので凌いでゆく傾向が日本では強い。上記の夜間中学の例もしかりである[3)]。もともとは，戦後の混乱期の昭和20年代初頭，教育機会を奪われた学齢期の「日本人」に対して義務教育の機会を提供したようとしたこれらの学校は，今では生徒の過半数が外国籍となっている。2020年1月の調査では，夜間中学生の80%が「日本国籍を有しない者」であり，その国籍は中国（38.4%），ネパール（19.7%）など，多様化している（文部科学省 2019: 18-19）。そして，「日本国籍を有しない者」が夜間中学に通う第一の理由は「日本語が話せるようになるため」（47.3%）であり（同上：20），平成30年度卒業生262人（内外国籍217人）の154人（内日本国籍でない者127人，外国籍の58.5%）が高等学校進学者である（同上：21）。

東京大学で，女性が学部生に占める人数の割合が2割の壁を越えられないことが2019年入学式祝辞で言及され，話題になったことに象徴されるように，日本の一般選抜は多様性を重視する仕組みにそもそもなっていない。入試で点数が取れれば，同じ学校から何人でも入学できる。点数が高ければ男性ばかり入学すること（あるいは逆）もありうる。メインストリームとは異質な体験をしてきたために人と違った経験値やスキルがあっても，点数にそれらを転換する（例えば，英語圏の現地校に通った帰国生が身についた英語を入試の英語試験で点数に転換できる）ことができなければ，合格には結びつかない。同じようなことが就職活動でも起きることを本書の第4章は示している。

同質性を前提とした制度の中では，途中で参入してくる「外国人」生徒はなかなか自分の強さを発揮することができない。それは周囲の生徒の彼らを見る目，外国人生徒の自尊感情やアイデンティティなどと広範に関係する（第10章）。制度が不足している部分は，NGOや，たまたま国際理解教育に熱心な先生，個々の日本語教室の担当者というように，民間組織と個人の努力で補っているように見える。

5.「国際化」と結びついた「多文化化」教育改革

今日，移民などの異文化的背景を持つ人々の社会的統合は，国際的には重要なテーマであるが，日本においてはまだ関心が低い。しかし実際には，社会の中の多様性を統合していく必要性があることは，日本のデータからも明らかである。「日本語指導が必要な児童生徒」という限定があるが，平成30年度では前年度の高校生など（公立の全日制，定時制，通信制高等学校，中等教育学校後期課程及び特別支援学校高等部の生徒）で中退率が9.6％（全高校生などでは1.3％），進学率は42.2％（全高校生などでは71.1％），就職者における非正規就職率は40.0％（全高校生などでは4.3％）と格差があることが示されている（文部科学省総合教育政策局・男女共同参画共生社会学習・安全課 2018: 13）。これは国際的には，まさに移民・マイノリティの教育の機会均等，教育権の問題であろう。こうしたデータは，国際化や社会の多様化の両者に対応し，移民の子どもを教育課程の早い段階から統合してゆく必要性を示している。早期対応こそ移民の社会的統合に有効である（OECD 2019: 92）が，日本の現実はそうなっていない。

留学生の受け入れ拡大が推進されているが，移民労働者の子どもよりも恵まれた立場にあることが多い彼らでも，招き入れるだけで大学の教育に統合しなければ，留学生本人にとって不幸であり，周囲の人々にとっても学びにつながるどころか，特定の国の出身者に対する負のステレオタイプを形成したり（例えば，「○○人はルーズだ」），偏見を助長したりする結果になりかねない。留学生らを大学の一員として,「日本人」と同様に教育過程に統合する(「多文化化」教育改革)ことによってはじめて意味のある学びが実現する。ここでは留学生を例にとったが,彼らに限られたものではない。例えば,帰国生に対して高校や大学で特別入試があっても,入ってからその延長上で「多文化化」教育改革がなされなければ,その多様性は活かされない。

多様な背景の人々と共生する楽しさも難しさも,体験的に習得することなくして,本当には身につかない。多くの人が自分自身は移民(の子孫)でもなく,日常的に文化の異なる人々と接しているわけでもない日本社会では,多様性の学習を大学や社会人段階まで待っていては遅すぎて多文化関連のスキルが育たない。日本の学校は,班活動,異年齢交流活動,学級会など,対人関係スキルの重要性を就学前や小学校で既に強調している(第8章)。なぜ大学や社会人になってからでなく,幼少期からなのか。その答えはそのまま「なぜ多様性の学習を可能にする多文化化教育改革が早くからはじまらないといけないのか」の回答になる。

本章のまとめとして以下のように提案する。

①就学前教育からの「多文化化」教育改革の推進のように社会の内なる**多様性を早くから教育に取りこみ**,異なる文化的背景を持つ子どもたちが,平等に活躍し進学していける教育システムにすることによって,早くからすべての児童生徒が自分と違う人々との協働的経験を日常的にできるようにする。

②どの段階においても,日本の内からであろうと外からであろうと,「国際化」と「多文化化」教育改革とを同時に進め,**異質な児童生徒・学生を全体に統合してゆくことによって多様な人々との共存経験を実質化する**ことが求められている。

③「移民」など,**国際的に通用している**社会的カテゴリーの採用や,重なりがある「移民児童生徒」「貧困家庭の子ども」「障害のある生徒」などの社会的カテゴリーを**相互に関連**させ,国際的な議論に参加しながら理解を深化させる。

④少子高齢社会,人口減少社会,生産年齢人口の減少などを背景にした人手不足によって「外国人」移民労働者拡大を「余儀なく」され,その結果として進んだ文化的多様化に「対処」してゆくのではなく,文化的多様性のみならず,

社会的公正の視点があり，「国際化」と「多文化化」教育改革が対になっている，**日本版多文化社会のヴィジョンを打ち出し**，それに向かって歩む必要がある。

現時点の日本社会は，国際感覚や多文化感覚が日常で意識せずに身につくところではない。つまり，早くから「多文化化」教育改革をすることが，すべての生徒の参加を可能にし，多くの人（そこには大多数の教育関係者，教育政策関係者が含まれる）が「ピンとくる」ような環境がないので異文化に関心がわかない，という前述の状況を乗り越えることにつながりうると思われる。それが，地に足のついた「国際化」対応にもつながりうる。

6.「自明」を崩す

周辺から問う

同質性前提で成り立つ教育制度において，そこからズレた周辺部分の児童生徒・学生は，そのズレゆえに，制度の課題や可能性をもまた鮮明な形で顕在化させる。本書の多くの章は，日本の教育において自明なものを，周辺部分の子どもたちのフィールドワークなどからあぶりだしている。現存する日本の教育の強さを活かし，課題を克服してゆく未来への思いがそこにはこめられている。

第I部の３つの章は，移民や留学生などの周辺にいる人々の存在を通して，日本の教育や就職活動のあり方を問うている（第２章，第３章，第４章)。

第２章は，移民の子どもが直面する複合的な困難を整理し，彼らの状況を可視化しながら，マジョリティの規範を変える，複合的で包摂的な対応の必要性を示している。

続く第３章は，日本人教師が意外にも「マイノリティ文化の維持」を支持しているにもかかわらず，その「マイノリティ文化の維持」が実際はマジョリティ文化に沿った「ルール」の自明視によって成り立っていることを指摘している。

第４章では，日本の新卒一括採用の就職活動における留学生の戸惑いを通して，制度が自明視している同質性の前提を浮き彫りにしている。

いずれの章も，メインストリームの人々を主に想定している日本の制度の問題，自明視されてきたことと実態との間の矛盾を周辺から可視化しようとしている。

では，なぜ「周辺」なのか。周辺に位置しているということが，既存の日本のものさしが想定していない課題を提起し，可視化させるからである。この問いに関連して，日本の移民調査への問題提起（コラム 1），ブラジル学校（コラム 2）と韓国学校（コラム 3）を扱ったコラムが第 I 部に収められている。

既存のものさしを問う

既存のものさしが想定していないという意味では，第 II 部の 3 つの章が扱う対象もまた同じである。ここではものさしの対象を移民（第 7 章）から，障害のある児童生徒（第 5 章），居場所のない若者（第 6 章）へと広げ，周辺部にいるからこそ，ものさしが前提としていないものを見せている。

第 5 章は，障害のある生徒と障害のない生徒とが共に生活し共に学ぶ，高等専修学校でのインクルーシブ教育の取り組みを通して，障害のない生徒が登校を継続できたり，障害のある生徒との双方的な関係の中で学んだりする姿を描いている。

第 6 章は日本の学校や職場が対人関係を形成・維持する場であることと，このように生活全体を包み込む日本式の組織が持つ課題を，そこから周辺化されたひきこもり状態にある（もしくは過去に経験した）若者を通して描いている。

第 7 章はアメリカの事例を用いて，ものさしの違う，社会的弱者である移民の子どもたちの「ストレングス」（長所）に注目しながらいかに実践を行うかについて論じている。それは第 5 章の実践とも通じるものがある。

従来から，帰国生の「特性」を活かす「特性伸長教育」や，より一般的な意味で多様な子どもたちのそれぞれのよさを活かした指導，という提唱自体は日本でもよくなされる。それぞれのよさだけでなく，それぞれの違いを活かそうという呼びかけも珍しくない。

だが，ここで留意すべきことがある。帰国生を例にとると，英語圏現地校からの帰国を想定した一般的なステレオタイプで言われるような，自己主張が強い，空気を読まないなどの特徴は日本社会でマイナスに評価されるかもしれないが，現地語（実質「英語」）ができる，異文化体験がある，「日本人」の子どものの国際理解教育のリソースになる，「グローバル人材」になりうるなどの特徴は社会からはプラスに評価される（Nukaga & Tsuneyoshi 2011）。それを主張することは帰国生の社会的地位を高め，彼らに対する社会的関心を向上させることにつながる。

だが，ここには落とし穴がある。日本において評価される能力・資質で，文化的マイノリティの子どもが実際は持っている（持ちうる）ものを育成し，社会で生き抜く力をつける，という意味での子どもの潜在性に注目することは大切である。とはいうものの，この論理は既存の日本社会を不変なものとして想定する限りでは，同質性前提を自明とする日本社会の論理やそれに則った制度を打破することが難しい（第2章，第3章，第4章）。

例えば第4章の留学生は，彼らを面接する企業が，自分たちが持っているスキルや勉強してきたことではなく，「どのような人か」という人物像に興味があることを日本の就活を通して学ぶ。そして，評価されたいと思う留学生は「日本人」就活生を真似しながら「日本式」に，自分の人物像を表すような物語を語ることを学んでゆく。同質性前提で成り立ち，ものさしが単一化し，それがマジョリティの論理として力関係に結びついているなかでは，企業の採用の可否に影響しうる立場にある人物や，入試で選抜する側にいる人物が持つものさしからズレると評価されなくなる。問題はそのものさしそのものにあったとしても，である。そこで，ものさしを相対化し，ものさし自体を変える視点が必要になってくる。

つまり，日本社会のマジョリティにとって不都合であっても，ものさし自体の矛盾や課題を問う拠り所が必要なのである。そして教育は，将来の社会を担う子どもたちの中に新しいものさしを作ってゆく作業でもある。

なお，帰国生の入試（コラム4），年齢層を下げた就学前における多文化保育（コラム5），多文化教育先進国と言われるカナダ（コラム6）を扱ったコラムがII部に収められている。

比較の視点から「自明」を問う

第III部の4つの章ではよりマクロな視点から日本の教育を論じている。

第８章と第９章はそれぞれ，国際的にモデルとなっている日本の教育の側面に注目し，保育レベルで検討したり（第９章），課題を乗り越える糸口を探ったりする（第８章）内容となっている。

第10章では，日本人生徒の自己肯定感の低さから「日本型」教育のあり方に問題提起をしている。

国際的な視点から日本を見ることも，社会内では自明な論理や制度を問い直す軸になり，ものさしを変える効果がある。

第11章は中国版の新しい学力観に基づく改革である素質教育改革について考察している。そこでは，受験社会の現実が素質教育の本来の姿を変えてゆく様子が描かれ，中国の社会的文脈が見え，さまざまな制約の中で教育の方向性を探る日本にとって示唆に富むものとなっている。

最後に，終章は全体の総括となっている。

各章と連動する形で，日本の教育モデルで国際化したレッスン・スタディ（コラム7），国をまたいで交流したり，比較したりすることを通して生まれてくる自分の文化などを相対化する視野の広がり（コラム8，9，10）についてのコラムが配置されている。

以上，本書の内容を概観してきたが，最終的には，我々がどのような社会を創り出そうとしているのかという，社会ヴィジョンが問われているのである。

問題は，「帰国生」「移民児童生徒」「障害のある生徒」などの個別の事例にあるのではない。問われているのは日本社会であり，日本の教育である。それを見失ってはいけない。

注

1）厚生労働省，2009（平成21）年10月20日「相対的貧困率の年次推移」。https://www.mhlw.go.jp/houdou/2009/10/dl/h1020-3a-01.pdf（2020年10月1日アクセス）国民生活基礎調査をもとにOECDの作成基準に基づいて，子どもの貧困率（17歳以下の子ども全体に占める，等価可処分所得が貧困線に満たない子どもの割合）を算出した総務統計局の全国消費実態調査にも「相対的貧困率等に関する調査分析結果を追加」した旨が公表されている。総務省統計局「平成21年度全国消費実態調査」平成21年度。http://www.stat.go.jp/data/zensho/2009/index.html（2020年10月1日アクセス）

2)「本制度による外国人の受入れは，生産性向上や国内人材確保のための取組（女性・高齢者のほか，各種の事情により就職に困難を来している者等の就業促進，人手不足を踏まえた処遇の改善等を含む。）を行った上で，なお，人材を確保することが困難な状況にあるため外国人により不足する人材の確保を図るべき産業上の分野（以下「特定産業分野」という。）に限って行う。」「特定技能の在留資格に係る制度の運用に関する基本方針について」平成30年12月25日閣議決定案。http://www.moj.go.jp/content/001278434.pdf（2020年10月1日アクセス）

3) 2016年，教育基本法と児童の権利に関する条約等の教育関連条約の「趣旨」にのっとり，「義務教育の段階における普通教育に相当する教育の機会の確保等に関する法律」が成立した。「教育機会の確保等に関する施策に関し，基本理念を定め」る（第一条）とした本法律は，（定義）において，「教育機会の確保等」を「不登校児童生徒に対する教育の機会の確保，夜間その他特別な時間において授業を行う学校における就学の機会の提供その他の義務教育の段階における普通教育に相当する教育の機会の確保及び当該教育を十分に受けていない者に対する支援をいう」としている。文部科学省，https://www.mext.go.jp/a_menu/shotou/seitoshidou/1380960.htm（2020年10月1日アクセス）

参考文献

Banks, J. A. (2001). Multicultural education: Characteristics and goals. In J. A. Banks, & C. A. McGee Banks (Eds.), *Multicultual education: Issues and perspectives* (3-30). New York: John Wiley & Sons.

De Wit, H., Hunter, F., Howard, L., & Egron-Polak, E. (2015). *Internationalisation of higher education*. Brussels: Policy Department, Directorate General for Internal Policies, European Parliament.

Fass, P. S. (1989). *Outside in: Minorities and the transformation of American education*. New York and Oxford: Oxford University Press.

外国人児童生徒等の教育の充実に関する有識者会議（2020）「外国人児童生徒等の教育の充実について」（報告）．令和2年3月．https://www.mext.go.jp/content/20200528-mxt_kyousei01-000006118-01.pdf（2020年8月10日アクセス）

法務省（2019）「令和元年における難民認定者数等について」．http://www.moj.go.jp/nyuukokukanri/kouhou/nyuukokukanri03_00004.html（2020年8月19日アクセス）

異文化間教育学会（1987）『異文化間教育』1，特集――異文化間教育と教育の国際化．

International Labour Organization (ILO). (2010) *International labour migration: A rights-based approach*. Geneva, Switzerland: ILO. https://www.ilo.org/wcmsp5/groups/public/---ed_protect/---protrav/---migrant/documents/publication/wcms_208594.pdf（2020 年 9 月 15 日アクセス）

Knight, J.（2004）. Internationalization remodeled: Definition, approaches, and rationales. *Journal of Studies in International Education*, 8(1), 5–31.

小林哲也・江淵一公編（1985）『多文化教育の比較研究——教育における文化的同化と多様化』九州大学出版会.

Ministry of Business, Innovation & Employment, NZ Government.（2014）. *Temporary migrants as vulnerable workers: A literature review*. Wellington, NZ. https://www.mbie.govt.nz/dmsdocument/2680-temporary-migrant-workers-literature-review-march-2014-pdf（2020 年 9 月 15 日アクセス）

文部科学省（2019）「令和元年度夜間中学等に関する実態調査」. https://www.mext.go.jp/content/20200619-mxt_syoto02-100003094_111.pdf（2020 年 7 月 20 日アクセス）

文部科学省（2020a）「夜間中学の設置促進・充実について」. https://www.mext.go.jp/a_menu/shotou/yakan/index.htm（2020 年 9 月 7 日アクセス）

文部科学省（2020b）「外国人の子供の就学状況等調査結果について」3 月発行. https://www.mext.go.jp/content/20200326-mxt_kyousei01-000006114_02.pdf（2020 年 9 月 5 日アクセス）

文部科学省総合教育政策局・男女共同参画共生社会学習・安全課（2018）「日本語指導が必要な児童生徒の受入状況等に関する調査（平成 30 年度）の結果」について，令和元年 9 月 27 日公表，令和 2 年 1 月 10 日一部訂正. https://www.mext.go.jp/content/20200110_mxt-kyousei01-1421569_00001_02.pdf（2020 年 8 月 18 日アクセス）

額賀美紗子（2013）『越境する日本人家族と教育——「グローバル型能力」育成の葛藤』勁草書房.

Nukaga, M., & Tsuneyoshi, R.（2011）. The kikokushijyo: Negotiating boundaries within and without. In R. Tsuneyoshi, K. H. Okano, & S. Boocock（Eds.）, *Minorities and education in multicultural Japan: An interactive perspective*（213–241）. London and New York: Routledge.

OECD（2019）. *International migration outlook 2019*. Paris: OECD Publishing. https://doi.org/10.1787/c3e35eec-en（2020 年 9 月 7 日アクセス）

佐藤郡衛（1997）『海外・帰国子女教育の再構築——異文化間教育学の視点から』玉川大学出版部.

恒吉僚子（1996）「多文化共存時代の日本の学校文化」堀尾輝久ほか編『学校文化という磁場（講座・学校　第6巻）』（216–240）柏書房.

Tsuneyoshi, R.（2007）. The portrayal of “foreigners” in Japanese social studies textbooks: Self-images of mono-ethnic pluralism. *Educational Studies in Japan: International Yearbook* 2（Dec.）, 31–44.

Tsuneyoshi, R.（2019）. Discussing the “multicultural” in Japanese society. In Y. Kitamura, T. Omomo, & M. Katsuno（Eds.）, *Education in Japan: A comprehensive analysis of education reforms and practices*（177–195）. Singapore: Springer.

UN Department of Economic and Social Affairs, Statistics Division（DESA）(1998). *Recommendations on statistics of international migration*, revision 1. New York: UN. https://unstats.un.org/unsd/publication/seriesm/seriesm_58rev1e.pdf（2020年9月7日アクセス）

UN Department of Economic and Social Affairs, Statistics Division（DESA）(2020). *World population ageing 2019*. New York: UN. https://www.un.org/en/development/desa/population/publications/pdf/ageing/WorldPopulationAgeing2019-Report.pdf（2020年2月18日アクセス）

コラム1

移民の子どもの定量的研究の現状と課題――日米比較から

木原 盾

アメリカ合衆国では，1965年の移民法改正以降，ラテンアメリカやアジア諸国からの移民が急増し，1980年代以降，移民の子ども（移民一世，移民二世）の調査研究が数多く発表されている。こうした調査には学力，進路，非行などのアウトカムに焦点を当てたものが多く，そのほとんどは母集団の代表性を担保する標本設計がなされた量的社会調査の形をとっている。アメリカで初中等教育を受けた移民の子どもが，親や本人の出身国にかかわらず，教育や職業などの社会経済的な側面で同等に成功する機会を有しているかどうかは，移民の社会統合の実態を把握するうえでとても重要である。こうした調査から得られた知見は，学術的な意義だけではなく，政策策定のためのエビデンスとしての意義も有している。

移民の子どもの量的調査研究は，主たる調査対象が①移民の子どもの場合（例：Portes & Rumbaut 2001）と，②アメリカの全ての子どもの場合（例：White & Glick 2009）とに分けることができる。前者の形式では，複数言語の調査票を用意し，他国での教育経験やエスニックコミュニティへの参加についても聞くなど，移民が主な調査対象であることに配慮した細かい質問紙設計が可能という長所がある一方，調査実施コストが膨大となるという短所がある。②の場合，既存の大規模調査に，両親や本人の出生国に関する質問を組み込むことで，調査後にネイティブと移民の子どもを区別・比較しながら分析することが一般的である。既に実施が決まっている大規模調査に出生国に関する質問を追加するだけでよいというコスト面の長所があるものの，移民の特性を踏まえた調査設計がしにくいという短所や，移民の子どものケース数が小さくなるために出身国別の詳細な分析が難しいという問題がある。

日本でも1990年の入管法改正から30年が経ち，少なくとも一方の親が外国出生の移民の子どもの人口比は，上昇している。その一方で，移民の子どもの学力や進路形成，彼らの家庭背景やエスニックコミュニティとの関係を定量的に把握する試みは極めて少なく，移民の子どもが日本で置かれている状況の把握や分析は不十分である。上記の②に該当する，既存の大規模調査（例：中室ほか 2016）

や国勢調査個票（例：是川 2018）を用いた研究は散見されるものの，出生国の項目のない社会調査や教育調査の実施がいまだに目立っており，データ中の移民の子どもの特定自体が難しい。また，日本在住の外国籍者の成人を主な対象とした全国レベルの社会調査（永吉 2019）が2017年に実施されるなど，大人を調査対象とした移民研究の蓄積は進んできているものの，移民の子どもに特化した量的調査はほとんど行われていない。今後求められるのは，既存の調査に，事後的に移民の子どもを同定するための親および本人の出生国に関する質問項目を入れることと，上記①に該当する，移民の子どもに特化した量的社会調査の可能性を模索していくことである。

参考文献

是川夕（2018）「移民第二世代の教育達成に見る階層的地位の世代間変動——高校在学率に注目した分析」『人口学研究』54, 2-25.

永吉希久子（2019）「日本における外国籍者の階層的地位——外国籍者を対象とした全国調査をもとにして」駒井洋監修，是川夕編著『人口問題と移民——日本の人口・階層構造はどう変わるのか』（114-133）明石書店.

中室牧子・石田賢示・竹中歩・乾友彦（2016）「定住外国人の子どもの学習時間についての実証分析」『経済分析』190, 47-68.

Portes, Alejandro, & Rumbaut, Rubén G. (2001). *Legacies: The story of the immigrant second generation*. Berkeley, New York: University of California Press; Russell Sage Foundation.

White, Michael J., & Glick, Jennifer E. (2009). *Achieving anew: How new immigrants do in american schools, jobs, and neighborhoods*. New York: Russell Sage Foundation.

第 I 部

周辺から見た日本の教育

どのように多様性と向き合うか

第2章
不可視化される移民の子どもたちの複合的困難
グローバル化する日本社会に求められること

額賀美紗子

1. 国際比較から見た日本の教育の光と影

2019年秋，私は学校調査のためアメリカ西海岸に向かい，サンフランシスコ空港に降り立った。入国審査の長蛇の列に並び，ようやく自分の順番が来て窓口へ向かう。30代くらいで浅黒い肌の男性がパスポートに目を落としながらWhat is the purpose of your stay?（滞在の目的はなんですか？）とお決まりの質問を投げかけてきた。「私は日本の大学教員で，アメリカの学校を調査しにきました」と答えると，審査官の男性は驚いた表情になる。「なんで？　日本からきたんでしょ？　日本の教育は最高じゃないか。なんでわざわざアメリカの教育を見る必要があるの？」と彼はくだけた口調になってまくしたてた。

私は好奇心をくすぐられ，「日本の教育のどんなところが最高だと思います？」と聞いてみた。彼はパスポートを機械に通しながら，「そりゃあ学力が高いことでしょ。日本人は勤勉だし，それは教育がいいからってよく聞くよ。みんな知ってることだよ」と答えた。私が，「でもバイリンガル教育とかはないし，多様性に対応した教育という面では弱いですよ」と返すと，「バイリンガル教育がないの？　私は高校までずっとスペイン語と英語のバイリンガル教育だったよ」と教えてくれた。彼はこちらが心配になるくらいのんびりと手続きを進めながら，自分の親はメキシコ出身の移民で，自分が育ったヒスパニックのコミュニティやバイリンガル教育のある地域の学校について話してくれた。私が，「そういう移民のコミュニティが日本にも増えていて，でもバイリンガルの学校はほとんどないんで，アメリカの学校を見たいんです」と言うと，グッドラックと笑顔でパスポートを手渡してくれた。私は「移民」や「バイリンガル教育」といった，およそ日本では普段使われない言葉が彼の人生と日常の一部であることを思い，「アメリカに着いたなあ」という実感を強く抱いて入国ゲートを後にしたのだった。

さて，このエピソードを最初に紹介した理由のひとつは，他国から見たときの日本の教育は，日本国内での評価や論じられ方とはまた違うということを言いたかったからである。「みんな知っているよ」とアメリカ人に語られる日本の学力の高さは，1980 年代に日本の経済成長と共に世界の注目を集め，欧米の研究者たちはこぞって日本の教育が「成功」している理由を探ろうとした。当時，日本国内では校内暴力や登校拒否が詰め込み教育の弊害として議論されていたが，海外では日本の教育の「良さ」，例えば欧米の学校にはない全人教育や質の高い教員によるきめ細かい指導に光が当てられた（Stevenson & Stigler 1992; Lewis 1995）。2000 年代以降，国内では学力低下論争が白熱したが，世界的に見れば日本は国際学力テストで上位を維持しており，海外での高い評価は現在も受け継がれている。特別活動が tokkatsu として，また授業研究が「レッスン・スタディ」として輸出され，各国が参照する教育モデルとなっている（第 8 章，コラム 7）。

また，現在アメリカでは生徒の学力向上を目指してカリキュラムの標準化を進める「スタンダード・ムーブメント」が起きているが（Sleeter & Banks 2007），戦後の日本では教育の地域間格差を縮小するため，教育環境と資源の標準化が既に全国で行われてきた。どこの学校に行っても均一の施設，設備，学級規模が見られ，国の定めた学習指導要領に沿って授業が行われるという，「面の平等」が達成されたのである（苅谷 2009）。均一化を軸とした日本の教育の「平等的」側面は，誰もが同じ条件で教育を受ける機会を保障し，メリトクラシーと学歴競争を加熱させるなかで日本社会の平均的な学力を底上げしてきたと言える。

しかし，バブル崩壊以降の日本経済の長期低迷と社会の階層化，そしてグローバル化を背景とした国内の多文化化が進行するなかで，画一化された戦後日本の教育システムの脆弱さが露わになってきている。それは，多様化する子どもたちのニーズに十分応えられないという弱点である。これまでの教育で重視されてきた「面の平等」は，すべての子どもに同じ条件を与えれば同じスタートラインに立って競争できることを前提にしていた。そこでは，子どもたちの同質性が自明のものとされ，階層や文化に起因する子どもの差異やニーズには十分な注意が払われてこなかった。

ところが近年，親の学歴や収入の違いが子どもの学力格差を生み出していることが指摘されるようになった（苅谷 2009; 松岡 2019）。つまり，家庭の経済資本や文化資本の格差が開くなかで，同じ学校環境や教育的処遇を与える「面の平等」だけでは子どもたちを同じスタートラインに立たせることはできなくなっているのだ。「面の平等」はまた，子どもたちの背後にある階層や文化の差異を不問に付すことで，そうした違いのために既に同じスタートラインに立てていなかったり，途中でつまずいてしまったりする子どもたちへの教育支援に消極的な姿勢も生み出してきた。アメリカでは人種や貧困や障害によって社会的に不利な立場にある子どもに対して特別な支援を与えることは社会正義を追求していくうえで必然と考えられる。だが同化圧力が強力に働く日本社会では，想定される「同質性」から逸脱する子どもたちの存在自体が見えづらく，社会的弱者に対して特別な支援を与えるという発想が育ってこなかった。しかし，この状況は日本の階層化と多文化化が進み，「面の平等」の限界が露呈するなかで変わりつつある。

本章では多様性の問題と歴史的に対峙してきたアメリカの状況を参照しながら，日本に住む移民の子どもたちの不可視性と彼らが日本社会で経験する複合的困難を，日本社会の制度や価値規範に起因する現象として考察する。そのうえで，日本社会がどのように移民の子どもたちの存在を可視化し，彼ら一人ひとりが抱える問題を日本社会のあり方に根ざす問題として提起できるのかを考える。

2. 日本の中の「見えない」マイノリティ

マイノリティの子どもたちに対する教育機会の保障は，階層間格差や人種間の不平等が顕著で文化的に多様なアメリカ社会においては政治問題でもあり，それゆえに高い社会的関心を呼ぶ。多様性をめぐる公正な教育がどうあるべきかという議論が活性化し，人種的マイノリティやLGBTや移民や障害を持つ子どもたちの自尊心や学力を向上させるさまざまな教育施策と実践が展開されてきた。冒頭のエピソードに記したバイリンガル教育はそのひとつである。人々が多様であることはアメリカ社会の日常になっている。アメリカではマイノリティに対する差別や排除も強いが，それに抵抗する人々の運動の力もまた強く，マイノリティをエンパワーする言葉や語りが社会に満ち溢れている。

「移民」という言葉を避ける日本社会

こうしたアメリカの状況と比べると，日本ではマイノリティが抱える困難が可視化される契機が少なく，子どもたちの多様性を尊重する対応が十分に進められてこなかった。特に，国際的な定義において「移民」――移住の理由や法的地位に関係なく，本来の居住国を変更した人々[1)]――と言及される子どもたち，あるいはそうした移民を親に持つ子どもたちに関してはその存在が社会的に十分認知されておらず，問題に対する対応の遅れが顕著である[2)]。なぜそのような事態が起きているのか。ここではその原因のひとつとして「移民」という言葉が日本の政治においても日常生活においても使われてこなかったことに注目したい。

近藤（2009）は，ヨーロッパ諸国の移民状況を参照しながら，「排外主義的な意味をもちやすい“外国人”から，包摂の意味を持つ“移民”へと政策用語を転換させること自体が，事実上の移民受入国としての自覚を促し，ヨーロッパ諸国の統合政策を進展させた」（近藤 2009: 27）と述べ，外国人労働者受け入れにあたって日本社会においても「移民」という呼称を用いることの意義を論じている。国際的な移民の定義から見れば日本には既に移民が多く居住し，2019年の特定技能資格の施行によって日本は正式に移民受け入れ国へと舵を切ったと言える。是川（2018）の試算によれば，外国人受け入れ数が現状程度続いた場合，移民背景を持つ人は2065年までに全人口の12%程度になるという。しかし，日本政府は日本に受け入れる外国人労働者は一時滞在であり，「永住を前提とした移民」ではないというロジックで，移民という言葉の使用を避け，移民政策をとることに消極的姿勢を見せてきた[3)]。こうした状況のなかで，日本社会にこの先永住していく可能性のある移民をどう受け入れていくかという社会統合に関する国レベルの議論が停滞している（岩渕 2010; 山脇 2011）。このことが，移民の子どもたちの現状把握と必要な教育支援の検討にブレーキをかけている。

一方，世界に目を向けると，移民をどのように受け入れるかという社会統合の問題は移民労働力に頼る国々に共通するイシューになっている。OECDは学力到達度調査（PISA）に基づいて各国の移民の子どもの統合状況を比較している[4)]。欧米諸国でも，国籍の他に出生国やエスニシティを尋ねる項目を調査に入れることによって，移民の子どもの学力や就労，ウェルビーイング（幸福感）を測定し，その結果を政策に反映させる動きが見られる（コラム1）。しかし，日本の国勢調査では国籍を尋ねる項目はあるものの，本人や親の出生国やエスニシティの項目はない。そのため，親の国際結婚や帰化申請によって日本国籍を取得しているが，親や本人が外国で生まれているという，国際定義上の「移民」の子どもの全体像を把握することができない。

文部科学省では「日本語指導を必要とする児童生徒」というカテゴリーを使って日本国籍者と外国籍者の両方を含めた調査を行っている。この場合日本国籍でありながら移民背景を持つ子どもの把握が可能になるというメリットが見出せる。一方で，日本語力に問題のない移民の子どもたちの実態は把握できない。

このカテゴリーが設定された背景には，言語の壁が教育上最大の問題とされたことがあると推測される。その見立ては妥当であるものの，移民の子どもたちが日本社会で直面する壁は日本語の問題だけではない。日本語の壁をクリアしたとしても，母国と受け入れ国の狭間にいる「移民」という存在だからこそ生じるさまざまな困難――アイデンティティの葛藤，親との関係構築の難しさ，社会からの偏見と差別，それらから生じる学習意欲の後退や学力不振――が，つきまとう。ひとつの国民国家を越えるトランスナショナルな存在ゆえの困難性は，「日本語指導を必要とする児童生徒」というカテゴリーでは十分に汲み取ることができず，国際的に使用されている「移民」というカテゴリーで調査を行ってこそ議論の俎上にあげられる[5)]。

「日本人／外国人」という二項対立図式を再考する

「移民」という存在が社会的カテゴリーとして認知されていないなかで，日本で強調されるのは，「日本人」かさもなくば「外国人」という二項対立図式である（柏崎 2018）。ここには，「日本人」の民族的・文化的同質性を自明視し，日本語を話さなかったり，日本の慣習がわからなかったり，「日本人らしくない」外見を持っていたりする移民を排除する，単一民族神話（小熊 1995）を支持する視点が含まれている。この二項対立図式は，移民の親子が日本社会で直面する困難を「外国人の問題」として日本社会の外部に押しやることで，移民親子の困難を日本社会の問題としてどう受け止め，彼らの存在をどのように包摂していくかという議論の発展を阻んできた。そして「外国人」である子どもたちについては，教育を受ける権利も保障されておらず，不就学の実態や外国人学校に対する制度的差別なども不問に付され，不可視化されてきた（小島 2016; 志水・中島・鍛治 2014）.

移民の子どもたちの教育達成や就労は個人に帰結するものではなく，将来の日本の経済力や治安，地域社会のあり方に影響を与える社会の根幹にかかわる問題である。そうであればこそ，他国では移民の包摂と社会統合に向けた調査が蓄積されて政策議論が活性化しているのであるが，移民の存在を認めない日本はその世界的潮流に追いついていない。

一方，ローカルなレベルでは移民を包摂しようとする変化が見られる。地方自治体では2000年代初頭から多文化共生施策を展開し，移民が日本社会で直面するさまざまな困難に対する支援を担ってきた。移民の権利保障を訴えるNGOの活動や，移民の若者自身が「移民第二世代」と名乗り，声を上げる活動も近年活性化している[6)]。学術的には2008年に移民政策学会が発足し，「移民」を冠した論文や書籍が増えている。メディアで移民の子どもたちの生活や教育が報道されることも多くなった。移民の存在を可視化する「下からの」動きが高まるなかで，近年は文部科学省が外国人児童生徒に対する教育支援の充実を図る施策やその立案のための調査を推進する動きも見られる[7)]。これは，日本も批准する子どもの権利条約や人種差別撤廃条約といった国際条約に基づいて，すべての子どもの学ぶ権利を保障するべきであるとするグローバルな要請に応える国の姿勢を示していると言える（日本学術会議 2020）。「下から」の運動，そして日本の「外から」の圧力によって，移民の子どもたちの輪郭が徐々に浮き彫りになっていくなかで，移民の問題を「彼ら」の問題ではなく，日本社会の構造的問題として引き受ける視点がいま必要とされている（額賀・芝野・三浦 2019）。

3. 移民家族が直面する複合的困難

移民の子どもの学力不振は何が原因か

日本に住む移民の子どもたちの全体像は未だ不明であるものの，外国籍や日本語指導が必要な子どもたちの学校不適応，不就学，高い高校中退率が各種調査によって報告されるようになった。移民の子どもたちが教育的困難を経験しているのはなぜだろうか[8)]。

アメリカでは教育的失敗を本人の責任に帰する文化剝奪論（欠如モデル）が批判され，マイノリティの困難は彼らが置かれた社会的に不利な立場との関連で分析する必要があるという理論的視点が打ち出されてきた（Suárez-Orozco et al. 2015）。こうした視座に基づき，日本に住む移民の子どもたちの教育的困難を考える場合にも，困難の背後にある要因を日本の社会的コンテクストに根ざして検討する必要がある。本章では親世代も含めた「家族」の困難に注目したい。アメリカの大規模調査からは，移民の子どもの教育達成には，家族が持つ経済的文化的資源や，家族構造の安定性，家族内の親子関係といった要素が影響することが明らかになっているからである（Portes & Rumbaut 2001）。

筆者はこれまでフィリピンからの移民を中心に，親子インタビューをしたり，家庭や学校や学習支援教室で彼らの様子を参与観察したりしてきたが，その調査をもとに移民家族が日本で直面する困難を示したものが図1である。大別して，①経済的困難，②文化的障壁，③社会的ネットワークの不足の３つがある。

こうした複合的困難が子どもの学習意欲や学力にマイナスの影響を与えていることは，近年の子どもの貧困研究においても指摘されている（阿部 2008; 柏木 2020）。このことは，日本人の子どもの貧困と日本に住む移民の子どもの抱える問題が実は地続きであることを示唆する[9)]。とはいえ，外国人への偏見や差別，言語や文化の違い，そして移民が出身国と日本の間にある存在であること

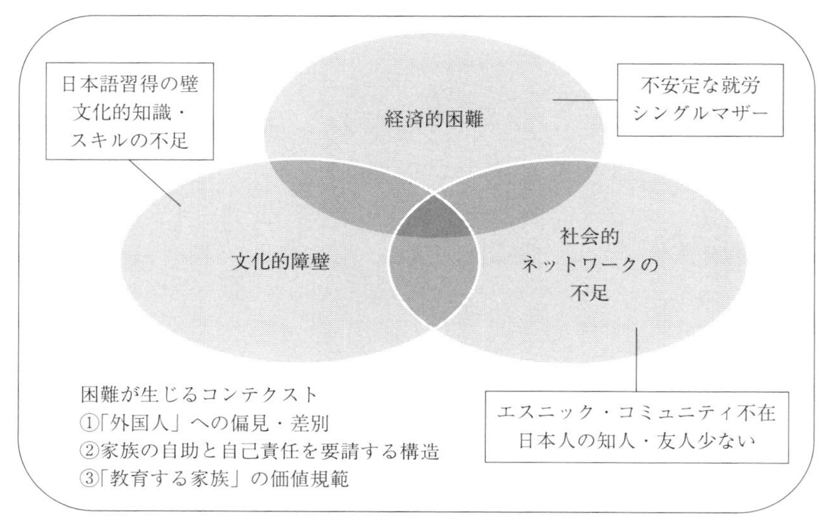

図 1　移民家族が経験する複合的困難

によって，貧困状態にある日本人の子どもとはまた異なる複合的困難の様相が移民の子どもたちの間には見出されることにも注意する必要がある。また，日本人の子どもの貧困については近年多くの研究者やメディアが注目して施策が進められているが，移民の子どもについては対応の遅れが目立つ（第 1 章）。

以下では，移民の家族が経験する複合的困難とそれが子どもの教育機会に与える影響を筆者が収集したデータに基づいて考察する[10)]。特に注目するのは日本社会のコンテクスト――日本社会における「外国人」への偏見や差別，家族の自助を求める構造，親が子どもの世話や能力伸長に邁進することを自明とする「教育する家族」（広田 1999）の価値規範――の問題性である。移民の子どもたちの困難はこうした日本の社会的文脈で助長されているのだが，その困難は個々の家庭に帰責され，公共空間において「見えない」状態になっている。

①**経済的困難**――日本政府は単純労働に就く外国人労働者の受け入れを正式には認めてこなかったが，実際はこの 30 年の間に「定住者」「技能実習」「留学生」といった在留資格で入国した人々が，低賃金の非正規ブルーカラー職に就くという状況が生じている。国籍別に見ると 2015 年時点でブラジル，フィリピン，インドネシア，ベトナムの男性の非正規雇用割合は 5 割前後になって

おり，日本籍や韓国・朝鮮籍の割合を大きく上回る（永吉 2020）。また，2010年の国勢調査によれば，共に日本籍の夫婦の夫の完全失業率は2％程度であるが，夫婦が共に中国籍，ブラジル籍，ペルー籍，中国籍の場合の夫の完全失業率はそれぞれ7.7％，7.4％，6.6％と高い（高谷ほか 2015）。経済的に困難な状況にありながら子育てをしている移民の親は少なくないと予想される。

子どもの貧困研究では，子ども自身が「ケアラー」として家事や弟妹の世話，親・祖父母の介護などを担いやすく，そのために学習時間や文化経験が乏しくなり，早期に学校を離れてしまうという「ヤングケアラー」問題が生じていると指摘されている。（林 2016; 澁谷 2018）。筆者がフィリピン系の若者を対象に行った調査でもヤングケアラーの事例が複数見られた。日本人の貧困家庭の子どもと比較すると，移民の子どもたちは日本での家族の経済状況に加え，出身国の経済状況や価値規範，そして親の日本語力の不足などが影響してヤングケアラーになりやすいことを指摘できる（額賀 2014）。

例えばフィリピンから12歳のときに呼び寄せられたアンジェラの場合，継父となった日本人男性は失業中で，フィリピン人の母親は夜通しパブで働いて家計を支えており，家事や小さい弟2人の世話はアンジェラに任されていた。筆者は学習支援教室で中学生だったアンジェラに勉強を教えていたが，彼女は「家の手伝いをしなくちゃいけないから」という理由で教室を欠席することが多くなっていった。定時制高校に進学後，アンジェラは家の手伝いに加えてアルバイトを多く入れるようになる。収入の半分はフィリピンの祖父母や叔母に送るそうで，彼女は，「フィリピンの家族は貧しいからたくさんお金送ってって文句言ってくる」と不満を口にしていた。フィリピンでは「家族のために尽くす」という家族中心主義が強く，海外にいる家族はフィリピンに残る家族の生計を支えるために送金をすることが期待されている。アンジェラはその期待に応えようとアルバイトに明け暮れる一方で学校の遅刻や欠席が増え，何度か退学の危機に瀕した。しかし，交際相手や学習支援教室の支えもあり，5年かかって高校を卒業することができた。その後は工場の非正規労働者となっている。

アンジェラの事例からは，家族の日本での経済的困難が，出身国の価値規範や経済状況，そしてトランスナショナルな家族構造といった移民特有の状況と組み合わさり，子どもの学びを阻害していることが考察できる。このように，移民家族の間には子どもがヤングケアラーになりやすい社会的文化的状況があるものの，日本の学校や社会では「教育する家族」があたりまえとされ，そのような家族関係や子どもの役割は通常想定されていない。例えば，日本の小中学校では宿題や持ち物のチェックをはじめ，親が子どもの生活や学業のサポートをすることが自明視されている。そのため，持ち物や宿題を持ってこない子どもについては，本人のやる気や親の監督責任が問題視されやすく，家族の社会経済的状況にまで教師の注意が及ぶことは稀である。親のサポートを代替する特別な配慮が学校にない場合，アンジェラの事例に見るように移民の子どもたちは学習意欲を失いがちである。

②**文化的障壁**――「教育する家族」の規範は「良い日本人の親」としての特定の文化的知識やスキルを移民の親に要請する。学校では日本語を理解し，日本語で教師とやりとりすることがあたりまえとされるし，その他にもさまざまな文化的スキルの獲得が求められる。一例として「お弁当」を考えてみよう。アメリカの人類学者のA. アリソンは，母親が子どものために手間暇かけて何種類ものおかずを用意し，栄養バランスや彩りに配慮したお弁当を作ることは日本に特異な現象であると驚きをもって指摘する。アリソンによれば，「愛情弁当」は，女性たちを日本の社会的期待に応える「良い日本人の母親」に社会化していくイデオロギー装置である（Allison 1991）。移民の母親たちからしたら，こうした「愛情弁当」に関する知識や文化的スキルは未知のものであり，それを身につけていないことでしばしば強い疎外感を感じることになる。4歳のときにフィリピンから母親と共に来日したイザベルの次の語りからは，「愛情弁当」を作れないことで自信を失う母親の様子がうかがえる。

――お母さんは幼稚園のときお弁当を作ってくれましたか？
それもちょっとストーリーがあるんです。フィリピンでは具はひとつです。それがあたりまえだから。ママも幼稚園の運動会のときにそういうふうに一品しか作らなくて。そしたら近所の人はみんないろんなきれいに鮮やかな感じのお弁当を作ってくるじゃないですか。それを見た瞬間に悲しくなったらしくてそこから作らなくなって。年長のときは自分のお弁当は私が作っていました。妹のお弁当もかな。

日本の学校ではみんなで一斉に同じことをすることが求められる「一斉共同体主義」(恒吉 1996) が強く働き，みんなと同じように振る舞えないということがスティグマとなってその人の自尊心を傷つける構造ができている。日本語力が不足していたり，「良い日本人の親」規範に従えなかったりすることで，非欧米系の「外国人」に対して既に根強く存在する偏見や差別は助長され，移民の親は一層周辺化されて親としての自信を失っていきやすい。イザベルの母親がお弁当づくりを放棄し，そのためにイザベルが幼稚園児のころから自分と妹のお弁当を作らねばならなくなったことに象徴されるように，移民の親が経験する文化的障壁は彼女たちの自尊心を傷つけ，物質的にも心理的にも子どもが親に頼れない状況を作り出している。このことは子どもの学習意欲や教育機会にマイナスの影響を及ぼしやすい。日本の学校や社会には「愛情弁当」のようなイデオロギー装置が多く仕掛けられていて，「教育する家族」を前提としたマジョリティの規範に従えない者を排除する力が働いている。

③**社会的ネットワークの不足**――日本社会では，親が家庭外のさまざまなサービスや情報にアクセスし，子どもの教育的環境を拡充していくことが自明視されている。しかし，移民の親の場合は言語や文化的知識，そして外国人に対する偏見や差別が障壁となって，家庭の外につながりを作っていくことが往々にして難しい。そのため，行政やボランティアによる家庭へのアウトリーチが重要になってくる。

外国人集住地域と呼ばれる自治体では，移民家族を支える社会的ネットワークの発展が見られる。行政による支援制度が整うなかでNPOの活動も盛んであり，また同国人同士のインフォーマルなネットワークも発達していて，福祉や教育に関する情報とサービスに移民家族がアクセスしやすい環境が比較的整備されている。一方，外国人散在地域や外国人非集住地域と呼ばれる自治体では，移民に対する支援は手薄になりやすく，対症療法的なボランティア依存の支援が続いている (坪田 2018)。日本人からも同国人からも支援が得にくいこうした地域では，移民の親が子育てに必要な公的な制度やサービスにつながることが難しく，そのニーズが見えないまま社会的に孤立していく事態に陥りやすい (額賀 2019)。

移民の親の社会的孤立は子どもの教育機会に大きな影響を及ぼす。例えば，フィリピン人のミアの場合，長男が2歳のときに日本人の夫が病に倒れ，生活保護を受けることになった。日本語がほとんどできないミアは家に引きこもる生活になり，フィリピンの家族にたびたび電話をかけては「帰りたい」と泣いていた。子どもを保育園に入れられることは生活保護の手続きの際に市役所から聞いていたものの，申請書類の日本語がわからず，周りに翻訳を頼れる人もいなかったので通わせることを諦めてしまった。「フィリピンでは普通保育園に行かない」し，病床の夫から勧められることもなかったので，それでいいと思っていた。小学校入学後，長男は日本語の読み書きが難しく，学校の集団行動に慣れるのに苦労したという。

日本では就学前段階の移民の子どもの状況に関する国レベルの調査が外国籍に限っても存在しないため，保育園や幼稚園に通っていない移民の子どもがどれくらいの規模でいるのかは未だ不明である。しかし，義務教育段階の不就学の多さや，移民の親の社会的孤立状況を考えると，ミアの子どものように就学前機関に通っていない移民の子どもは相当数にのぼるのではないかと推測される。もしミアの周囲に彼女の状況を理解する温かい支援のネットワークがあれば，彼女の子どもは保育園に通っていたかもしれない。親の自助努力を求めるのではなく，移民の言語的・文化的差異が配慮され，必要なときに支援の手を差し伸べてくれるようなコミュニティの創出が望まれる。

日本社会の中で形成される多重の不利

上記で見てきたような経済的，文化的，社会的困難をどの程度経験するかについては個々の移民家族によってグラデーションが見られる。家族が直面する問題が積み重なり，「重なり合う不利」（松本 2012）が蓄積されるほど，子どもの教育機会は制約される傾向にある。

重要なことは，移民家族が直面する複合的困難が，日本社会における「外国人」への差別や偏見，家族に育児や介護の責任を押しつける構造，そして「教育する家族」の価値規範への同化圧力の中で生じているという点である。松本（2012）は，日本では特に子育てに関する公共的支援が手薄で，家族が過剰に育児負担を負う構造があると指摘している。そのために貧困や移民によって不利な立場にあるマイノリティ家族の困難は自己責任化され，可視化されにくい。

また，「教育する家族」が自明視され，それへの同化圧力が学校や地域社会を通じて強力に働いている。こうした外部からの圧力が2006年の教育基本法「改正」以降，高まっているという指摘もある。国家が望ましい家庭教育のあり方を規定し，特定の価値や規範を家族に押しつけようとする動きが活発化しているというのである（本田・伊藤 2017）。

家族の自助努力が求められる日本社会において，十分な資源を持たない貧困家庭や移民家庭の子どもたちが抱える問題は「親が悪いから」の一言でなおざりにされてしまいがちである。「望ましい」日本人家族のモデルをもとに，移民家族が出身国から持ち込む言語や文化はネガティブな評価しか与えられない。そして当事者たちの声は沈黙させられたまま，自己責任化した問題だけが注目され，偏見と差別が助長される。マイノリティの子どもたちが抱える困難は，マイノリティを排除する日本の制度や文化によって深刻化していることに目を向けるべきである。

4. おわりに――移民の子どもたちを可視化する

本章では，移民の子どもたちの存在と移民家族が抱える困難の様相が，日本社会において不可視化される現状を分析し，その背景として3点指摘した。

第一に，戦後の学校教育において「面の平等」（苅谷 2009）が早い段階で達成され，子どもたちが同じスタートラインに立っているという同質性前提が強調されたことが挙げられる。この過程で，階層や文化に起因する子どもの差異や困難は覆い隠され，特別なニーズに対する支援が確立されてこなかった。こうした教育の平等観に加え，学校の中の一斉共同体主義（恒吉 1996）や，社会に浸透した単一民族神話（小熊 1995）も同質性前提を支え，移民の子どもたちを「見えない」存在にとどめる装置としての役割を果たしてきた。こうした同質性前提から抜け出し，人々の多様性と差異に注目した教育的営みへの転換が必要とされている（第II部）。

第二に，国際的な定義上，移民とされる人々に対して，「移民」という言葉が使用されない状況がある。それによって移民の子どもたちの現状把握や，彼らが抱える問題を日本社会の問題として引き受ける政策的議論を進めることが難しくなっている。個人の問題経験がいかにして社会問題として認知されるかという点について草柳（2004）は，「新しい語彙が与えられ，新しい解釈がもたらされるとき，ある問題経験は新たに「社会問題」としてフレイミングされ経験されることになる」と述べる（草柳 2004: 39）。そうであれば，「移民」という言葉が社会に浸透することによって，個々の移民の子どもたちが経験する困難経験を「社会問題」として認知させ，政策提言につながるような実態調査を進めていきやすくなるだろう。また，移民について同様の問題を抱える海外諸国との比較から，日本に住む移民の子どもたちの権利が制約されていることの問題性を指摘したり，国を越えて連携したりして解決をはかっていくことも期待される。

最後に，移民家族の困難が可視化されない背景として，日本社会では家族の自己責任論が強く，「教育する（日本人）家族」の規範（広田 1999）が支配的であることを考察した。前出の草柳は，社会には個人の問題経験が「社会問題」として定義されることを阻むレトリックやフレイミングが存在し，それに関与する力を持つのは，「既存の社会的知識であり，他者である」と指摘する（草柳 2004: 39-40）。本章で示したように，日本の学校や社会では子どものために尽くす親＝「教育する家族」像が支配的で，そこでは日本人で経済的なゆとりのある家庭が想定されている。こうしたマジョリティの規範にそぐわない移民家族の生の多様性は否定されたり，無視されたりしがちである。家庭の自助と自己責任が問われるため，支援の手も及びにくく，困難を経験している当事者たちの声は沈黙させられてしまう。

必要なことは，移民家族が抱える複合的困難の現状を把握し，福祉と教育の両面から包括的な支援を行っていくことである[11)]。これは学校だけで対処できる問題ではなく，学校，行政，NPO，地域社会との連携が必要になってくる。それと同時に，「教育する家族」の自助努力という日本社会の「常識」を問い直すことも重要である。それは移民家族のみならず，「教育する家族」規範に抑圧される日本人の親と子にとっても解放的な意味を持つ。第1節で述べたように，階層間格差の拡大によって，日本社会に住む家族は多様化している。「教育する家族」は実態として崩れつつあるにもかかわらず，その規範は学校や社会の中に強く維持されている。例えば，コロナ禍による 2020 年 3 月からの約3ケ月間にわたる臨時休校の際，学校からは宿題が大量に出されて保護者がきめ細かく子どもの学習をサポートすることが求められたことにも，「教育する家族」の前提が見え隠れする。こうした状況に対して「保護者が悲鳴を上げている」と報道されたが[12)]，特に貧困家庭や移民家庭の負担は大きかったと推測される。

「あたりまえ」とされるマジョリティの論理や規範を変えていくことは簡単ではない。しかし，貧困状況にある日本人の子どもと移民の子どもの問題が地続きであるように，問題を共有する人々が連携し，多様な個人の生き方，多様な家族のあり方への保障を求める声を共に上げることで変革を起こしていくことができるかもしれない。研究者の使命のひとつは，沈黙させられてしまうマイノリティの声を丁寧にすくい取り，公共空間へと接続させていくことで，多様性と社会的公正が尊重される社会に向けた変革を支持していくことであると考える。

注

1）国際連合の migrant の定義による。https://refugeesmigrants.un.org/definitions（2020年10月1日アクセス）

2）その一方，日本では排外主義が高まっており，特定の外国，外国人への差別やヘイトスピーチが顕在化している（田辺 2018）。

3）2018年の衆議院本会議にて，安倍首相は外国人労働者の受け入れ拡大をめざす入管法改正を推進する一方，「移民政策を取ることは考えていない」と発言した。

4）OECD の調査では，移民の子どもは「両親ともに外国生まれ」と定義され，そのうち自身も外国生まれである者は「移民一世」，自身は調査対象国生まれの者が「移民二世」とされている（OECD 2018）。アメリカで移民の大規模調査を行った Portes & Rumbaut（2001）は，移民の子どもを「少なくとも片親が外国生まれ」と定義し，OECD 調査よりも広範囲の子どもを対象としている。

5）むろん，人々をカテゴリー化することには内部の多様性を抑圧したり，当事者たちのアイデンティフィケーションを看過したりするような暴力性がつきまとうことには留意せねばならない（鄭 2003）。「移民」の客観的定義に基づく調査と実態把握は進められるべきであるが，一方で，「移民」として括られた人々の間にある差異を浮き彫りにし，「移民」というカテゴリーに限定されない複数のアイデンティフィケーションのあり方を埋もれさせないことも重要である。

6) 例えば，特定非営利活動法人「移住者と連帯する全国ネットワーク（移住連）」（https://migrants.jp/about.html）では，移民の権利保障を目指す「ここにいるキャンペーン」の一環として，「移民二世からの研究発信」連続講座や「移民二世の時代」シンポジウムを近年開催している。

7) 最新の動向として，文部科学省が設置した「外国人児童生徒等の教育の充実に関する有識者会議」による報告書（2020），および日本学術会議の多文化共生分科会がまとめた提言書（2020）は，いずれも「外国人児童生徒の実態把握のため，国籍，母語，都道府県の項目を含めた調査実施およびデータの公表」（日本学術会議 2020: 16）を強く推奨している。

8) 学校を対象とした研究では，日本の学校現場では移民の子どもたちの困難が個人の責任とされ，困難を生み出す社会的文脈が十分にふまえられていないことが指摘されている（志水・清水 2001 など）。

9) 貧困状況にある移民家族も多く，貧困であり移民でもあるというダブル・マイノリティ性が子どもの学習や生活に及ぼす影響を検証する必要もある。

10) 登場する氏名はすべて仮名である。

11) 貧困研究からは親や家庭の問題が子どもの学習困難につながるメカニズムを解明し，家族に対する包括的支援を行うことが提起されている（柏木 2020）。

12) 朝日新聞 2020 年 5 月 27 日記事「「宿題多すぎ」家庭が悲鳴　募るイライラ，夫婦げんかも」。https://www.asahi.com/articles/ASN5W32CNN5QUTIL02C.html（2020 年 10 月 1 日アクセス）

引用文献

阿部彩（2008）『子どもの貧困――日本の不公平を考える』岩波新書.

Allison, A. (1991). Japanese mothers and obentōs: The lunch-box as ideological state apparatus. *Anthropological Quarterly*, 64(4), 195-208.

林明子（2016）『生活保護世帯の子どものライフストーリー――貧困の世代的再生産』勁草書房.

広田照幸（1999）『日本人のしつけは衰退したか――「教育する家族」のゆくえ』講談社.

本田由紀・伊藤公雄（2017）『国家がなぜ家族に干渉するのか――法案・政策の背後にあるもの』青弓社.

岩渕功一（2010）「多文化社会・日本における〈文化〉の問い」岩渕功一編『多文化社会の〈文化〉を問う――共生／コミュニティ／メディア』(9-34) 青弓社.

鄭暎惠（2003）『〈民が代〉斉唱――アイデンティティ・国民国家・ジェンダー』岩波

書店.
苅谷剛彦（2009）『教育と平等――大衆教育社会はいかに生成したか』中央公論新社.
柏木智子（2020）『子どもの貧困と「ケアする学校」づくり――カリキュラム・学習環境・地域との連携から考える』明石書店.
柏崎千佳子（2018）「日本の社会と政治・行政におけるエスノ・ナショナリズム」移民政策学会設立10周年記念論集刊行委員会編『移民政策のフロンティア――日本の歩みと課題を問い直す』（18-23）明石書店.
小島祥美（2016）『外国人の就学と不就学――社会で「見えない」子どもたち』大阪大学出版会.
近藤敦（2009）「移民と移民政策」川村千鶴子・近藤敦・中本博皓編『移民政策へのアプローチ――ライフサイクルと多文化共生』（20-39）明石書店.
是川夕（2018）「日本における国際人口移動転換とその中長期的展望――日本特殊論を超えて」『移民政策研究』10, 13-28.
草柳千早（2004）『「曖昧な生きづらさ」と社会――クレイム申し立ての社会学』世界思想社.
Lewis, C. C. (1995). *Educating hearts and minds: Reflections on Japanese preschool and elementary education.* New York: Cambridge University Press.
松本伊智朗（2012）「子どもの貧困と「重なり合う不利」――子ども虐待問題と自立援助ホームの調査結果を通して」『季刊社会保障研究』48(1), 74-84.
松岡亮二（2019）『教育格差――階層・地域・学歴』筑摩書房.
文部科学省（2020）「外国人児童生徒等の教育の充実に関する有識者会議報告書」.
永吉希久子（2020）『移民と日本社会――データで読み解く実態と将来像』中央公論新社.
日本学術会議（2020）「外国人の子どもの教育を受ける権利と修学の保障――公立高校の「入口」から「出口」まで」.
額賀美紗子（2014）「フィリピン系ニューカマー生徒の学業達成に関する一考察――トランスナショナルな家族ケアの影響に注目して」『和光大学現代人間学部紀要』7, 77-97.
額賀美紗子（2016）「フィリピン系ニューカマー第二世代の親子関係と地位達成に関する一考察――エスニシティとジェンダーの交錯に注目して」『和光大学現代人間学部紀要』9, 85-103.
額賀美紗子（2019）「外国人家族の《見えない》子育てニーズと資源仲介組織の役割――外国人散在地域におけるフィールド調査からの政策提言」『異文化間教育』49, 44-60.

額賀美紗子・芝野淳一・三浦綾希子編（2019）『移民から教育を考える――子どもたちをとりまくグローバル時代の課題』ナカニシヤ出版.
OECD. (2018). *The Resilience of students with an immigrant background: Factors that shape well-being.* OECD reviews of migrant education, OECD Publishing, Paris,
小熊英二（1995）『単一民族神話の起源――〈日本人〉の自画像の系譜』新曜社.
Portes, A., & Rumbaut, R. G. (2001). *Legacies: The Story of the immigrant second generation.* Berkeley: University of California Press.
澁谷智子（2018）『ヤングケアラー――介護を担う子ども・若者の現実』（中央公論新社）.
志水宏吉・清水睦美編著（2001）『ニューカマーと教育――学校文化とエスニシティの葛藤をめぐって』明石書店.
志水宏吉・中島智子・鍛治致編著（2014）『日本の外国人学校――トランスナショナリティをめぐる教育政策の課題』明石書店.
Sleeter, C. E., &. Banks, J. A. (Eds.) (2007). *Facing acountability in education: Democracy and equity at risk.* New York: Teachers College Press.
Stevenson, H. W., & Stigler, J. W. (1992). *The learning gap: why our schools are failing and what we can learn from Japanese and Chinese education.* New York: Simon & Schuster.
Suárez-Orozco, C., Abo-Zena, M. M., & Marks, A. K. (2015). *Transitions: The development of children of immigrants.* New York: New York University Press.
髙谷幸・大曲由起子・樋口直人・鍛治致・稲葉奈々子（2015）「2010年国勢調査にみる外国人の教育：外国人青少年の家庭背景・進学・結婚」『岡山大学大学院社会文化科学研究科紀要』39, 37-56.
田辺俊介（2018）「現代日本社会における排外主義の現状――計量分析による整理と規定要因の検討」樽本英樹編著『排外主義の国際比較――先進諸国における外国人移民の実態』（259-287）ミネルヴァ書房.
坪田光平（2018）『外国人非集住地域のエスニック・コミュニティと多文化教育実践――フィリピン系ニューカマー親子のエスノグラフィー』東北大学出版会.
恒吉僚子（1996）「多文化共存時代の日本の学校文化」堀尾輝久ほか編『学校文化という磁場』（216-240）柏書房.
山脇啓造（2011）「日本における外国人政策の歴史的展開」近藤敦編著『多文化共生政策へのアプローチ』（22-40）明石書店.

コラム2

在日ブラジル学校に通う生徒たちの日本での進学における課題

ヨシイ オリバレス ラファエラ

1990年代後半，日本におけるブラジル系出稼ぎ労働者およびその家族が急増した。それに伴い愛知県や静岡県などの集住地域を中心に，ブラジルの教育省のカリキュラムに沿って教育を行うブラジル学校が設立されるようになった。ブラジル学校に通う子どもたちの中には，母国への帰国を見据えて入学した子どももいるが，いじめや言語の壁などにより日本の学校に適応できなかった子どもも少なくない。ピーク時には100校以上の学校が存在していたが，リーマン・ショック時に多くのブラジル人が「派遣切り」の対象になった。生徒数が激減した多くのブラジル学校が廃校に追い込まれ，2020年現在は30校程度が運営を続けている（駐日ブラジル大使館）。

ブラジル学校設立当初は，日本の高校課程にあたる中等教育課程を卒業後，母国の大学に進学する生徒が多かった。しかし，日本での定住・永住志向の高まりにより，近年は日本での大学進学を望む生徒が見られるようになってきたことは注目に値する。2006年に一部のブラジル学校が日本において高等学校相当として指定されたことにより，それらの学校を卒業した生徒に大学受験資格が与えられ，日本の大学進学への道が開かれた。ブラジル学校は，生徒たちの新たな進学ニーズに対応すべく日本の大学と提携を結んだり，英語・日本語教育を強化させたりとさまざまな対策を講じてきた（ヨシイ 2020）。

しかし，実際には，ブラジル学校から日本の大学に進学できる生徒はごく一部であり，大半が卒業後は大学進学をあきらめ，日本で単純労働に従事しているのが現状である。その背景には，日本の大学入試や奨学金申請においてブラジル学校の生徒たちが日本人生徒や留学生と比べ不利な立場に置かれているという問題がある。進学機会格差是正に向け，ブラジル学校の生徒たちのバックグラウンドに配慮した入試制度や奨学金制度の整備を進めていくことが今後の課題となっている。

参考文献

Embaixada do Brasil em Tóquio（駐日ブラジル大使館）, Escolas Homologadas.

http://toquio.itamaraty.gov.br/pt-br/educacao.xml（2020 年 9 月 15 日 アクセス）

ヨシイ オリバレス ラファエラ（2020）「二国のはざまにある移民第二世代への進路指導――ブラジル学校の教師たちによる〈ボーダーレスストラテジー〉の創出」『東京大学大学院教育学研究科紀要』59, 317-326.

第3章
移民児童生徒に対する教員のまなざし
多文化社会における社会化を問う[1)]

高橋史子

1. 内なる国際化とマジョリティ性・マイノリティ性への気づき ——私が多文化社会と教育の研究を続ける理由

私は90年代に中学・高校時代を過ごした。将来についてぼんやりと考えはじめたころ，テレビのニュースに頻繁に映し出されていたのはボスニア・ヘルツェゴヴィナ紛争の映像だった。連日のように映し出される砲撃の映像は，「なんで人は殺し合うんだろう」という疑問を痛烈に私に刻み込んだ。民族，エスニシティ，分断……いつからそういったものに問題関心を持つようになったのかを思い起こすと，必ずあのころに見たニュース映像を思い出す。

それから数年後，民族や国際関係にぼんやりとした関心を持ちながら，大学での学びを続けていた私は，東京大学教育学部の恒吉僚子先生の授業で，「内なる国際化」という言葉に出会った。「国際化」は国家間の人やモノの動きが活発になることに焦点をあてるが，「内なる国際化」は，国際化によって引き起こされる国内の国際化，すなわち外国人労働者や留学生などの増大によって国内が多民族化，多文化化することに焦点をあてる言葉である。この「内なる国際化」という言葉によって，私は自分自身の生まれ育った町の光景を振り返ることになった。「概念はサーチライト」と苅谷剛彦先生は述べているが（苅谷 1996），まさに「内なる国際化」というサーチライトを持つことによって，私は自分がそれまでに見てきた光景が違う見え方をすることを体感した。私が生まれ育った神奈川県川崎市は民族的にも・文化的にもいろいろな人がいたことにそのときになってようやく「気づき」はじめた。それは，頭のどこかにもやもやとあったものを目の前に引き寄せてはっきりと見ているような感覚だった。

内なる国際化と，国内の多文化化。このテーマについて研究をしていきたいと思いはじめたころ，当時東京大学教育学部にいらした志水宏吉先生の授業の一環で，ベトナム・ラオス・カンボジアから難民として来日してきた子どもたちが多く住む地域で勉強をする機会を得た。当時，大学院生だった清水睦美先生に紹介していただき，難民としてやってきた中高生たちが立ち上げた自助グループで，子どもたちの勉強を見たり，話を聞いたり，卒業イベントのためにダンスを一緒に作ったりした。学校の先生でもなく，地域の大人でもない私の存在は，彼ら・彼女らにとって当初「勉強を教えてくれる大学生」だったが，ダンスを一緒にしはじめたころから次第に「髙橋さん」になっていった。

子どもたちと少しは近づけたかなと思っていたあるとき，グループの中心的な存在だった高校生がふと，「学校で国際理解の時間に，自分の出身国の話をさせられたけれど，日常的に外国人として嫌な思いをしているのは変わらないから，晒されただけ」という旨の話をしてくれた。この話は私にとって衝撃だった。勉強に限らず，いろいろな話をしていくうちに，私は彼女に，勝手に親近感を覚えていた。しかし，国際理解の時間が彼女にとって自身のバックグラウンドをさらされる経験にとどまってしまう可能性について，当時の私は考えたこともなかった。

それまで，自分自身が女性であることによって受ける不利益には敏感だったはずなのに，私は日本のエスニックマジョリティであることによって得ている特権に対してあまりにも鈍感だった。後に，彼女はこのような経験を「外国人性が消費される」という表現で説明してくれたが，私は消費する側にいることに無自覚であった自分を恥じた。なぜ彼女の思いを少しも想像できなかったのだろうか。

さらに言えば，私はグループに参加することでみんなと楽しい時間を過ごし，勉強させてもらいレポートを書いて単位を取得したが，私はみんなに何を残せたのだろうか。私は彼女の言葉に大きなショックを受けたが，同時にこのように気づけていないことをもっと理解しなければいけない，そして何かしなければいけないという思いが強くなった。

人と人との間に作られる「違い」によって生じる力関係を深く理解し，特定の人々が不利益を被る仕組みを問い直していきたい。なぜ社会の分断は生じるのか，どのように分断を乗り越えることができるのか。これらの問いを探求する過程で，自分自身が日本社会に住むエスニックマジョリティであることにより享受する特権と，女性として感じるマイノリティ性や海外で感じるマイノリティ性など，その場によって変わる自分の中のマジョリティ性，マイノリティ性と向き合っていきたい。このような思いで，私は研究活動を続けている。

2. 多様化する社会と教員
――多様性と平等という観点で教員の役割を捉える

いわゆる先進諸国では，移民の受け入れと社会統合は政策的にも学術的にも多くの関心を集めている。日本政府は「移民」という言葉を用いず，「日本は移民社会ではない」という姿勢を維持しているため，現時点において日本に移民の社会統合政策というものは存在しない。しかし，国際連合（以下，国連）によれば「国際移民」とは「移住の理由や法的地位に関係なく，本来の居住国を変更した人々」であり[2)]，この定義にのっとって考えれば，日本も他の先進国同様，移民社会であると言えるだろう。

政府により移民の社会統合について特に方針が示されていない状況下で，日本の学校[3)] 文化は移民児童生徒に対して，マジョリティ文化への同化を迫り（太田 2000），彼らの異質性が見えなくされていると言われてきた（志水・清水 2001）。しかし，実際のところ，移民児童生徒と日々向き合っている教員は彼らの家庭内言語や文化，慣習，価値観をどのように捉えているのだろうか。

対象を教員に限定せず，一般市民に広げてみると，日本ではマイノリティの文化の維持を支持する人の方が多いことがわかっている。国際比較調査（International Social Survey Program: ISSP）[4)] によれば，「1つの国に2つ以上の人種や民族がいる場合，「それぞれが固有の慣習や伝統を守っていくのがよい」［以下，マイノリティ文化の維持］という意見と，「数の多いほうのグループに合わせるのがよい」［以下，マジョリティ文化への適応］という意見があります。あ

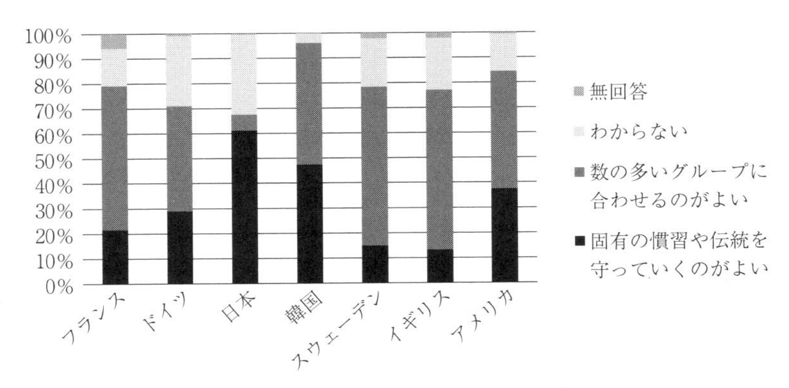

図1　エスニックグループの文化維持と適応に関する意見
注）International Social Survey Program（2013）をもとに筆者作成

なたの考えに近いものを1つだけお答えください」（引用文中の［　］内は筆者が補足したもの。以下同様）という質問に対して，日本は「マイノリティ文化の維持」と回答した人の割合が他の先進国より目立って多い（61.3%）。反対に「マジョリティ文化への適応」を支持した人の割合は，6.2%にとどまる（図1）[5)]。

教員の場合も同様に，移民児童生徒の家庭内言語や慣習，伝統などが維持されるのが望ましいと考えているのだろうか。もしそうであるならば，移民児童生徒に対して同化主義的であるとされる学校文化の中で，マイノリティ文化の維持継承が望ましいと考える教員は，葛藤を抱えないのだろうか。

このような問題関心に基づいて，本章では，学校教育の現場で教員が移民児童生徒の文化的背景についてどのように捉えているのかを明らかにし，多文化社会における教員の役割や意義について考えてみよう。

リベラリストによる多文化主義批判

移民の社会統合について，政策的にも学術的にも議論が進んでいる欧米では，異なる文化を持つ集団が同等の権利を持ち，社会に参加できるべきであるという考え方（多文化主義）に基づく運動や研究が蓄積されてきた（例えばKymlicka 2001）。これに対し，多様性の承認がかえって，マイノリティを受け入れた社会における社会的成功の資源から遠ざけることになるとの批判がリベラリストによりなされた（Barry 2002）。多文化主義者は，多様性の承認と平等な社会参加の両立を目指し，母語や母文化の維持継承がマイノリティをエンパワーすると主張しているが，リベラリストは反対に，多様性の承認が平等を阻害すると主張しているのである。

この多文化主義をめぐる論争を学校現場に引き寄せて考えてみよう。移民児童生徒の母語や母文化の維持継承は，親子間のコミュニケーションや子のエスニックアイデンティティの確立にとって重要であるだろう。また，アメリカの移民研究では，親と子のマジョリティ文化への適応の度合いや英語の習得度が同程度である方が，親（移民第一世代）が子（移民第二世代）に対して，威厳を保つことができ，結果的に子のアメリカ社会での教育達成や成功を導きやすいとされている（Portes & Rumbaut 2001）。

しかし，日本の公教育システムでは，バイリンガル教育や多文化教育は一般的に行われておらず，学力を形成し，進学していくには，日本語を習得し，日本のカリキュラムを学ぶことが必要である。すなわち，日本語や日本のカリキュラムが，日本の教育システムにおける教育達成のための資源であり，日本の労働市場への参加に続く道を拓くものであることは，移民児童生徒にとっても今のところ変わらない。

したがって，多様性の承認と同時に，資源への平等なアクセスが保障されなければ，彼らの平等な社会参加の機会は保障されないのである。日々，移民児童生徒に接し，社会化や学力形成の過程を目の当たりにしている教員は，母語や母文化の維持継承についてどのように考えているのだろうか。

これまでの移民児童生徒と教員に関する研究では，教員の異文化に対する認識の仕方について明らかにしてきたが（例えば金井 2001; 児島 2006），それらが多文化主義をめぐる論争に対してどのような意味を持つかを論じた研究はない。本章は，移民児童生徒の母語や母文化の維持と日本語やマジョリティの価値観・習慣への適応について，教員がどのように意味づけているかを明らかにすることで，多様性と平等の関係に関する議論に対し，学校教育を事例とした実証的な貢献を目指す。

表 1　聞き取り調査を行った教員

教員名	学校種別	都／県	区／市	学校名	性別	担当教科／役職
A	小学校	東京	板橋	1	男性	日本語
B				2	女性	日本語
C			江戸川	3	男性	日本語
D			大田	4	男性	4 年生担任
E					女性	日本語
F					男性	6 年生担任
G			北	5	男性	日本語
H					男性	日本語
I				6	女性	日本語
J					男性	日本語
K			墨田	7	女性	日本語
L					女性	日本語
M			港	8	女性	日本語
N		神奈川	川崎	9	男性	指導主事
O					女性	日本語，国際クラス
P	中学	東京	板橋	10	女性	日本語
Q					女性	日本語
R					男性	日本語
S			江戸川	11	男性	日本語
T	中学（夜間）			12	男性	日本語，数学，担任
U					男性	日本語，理科，担任
V			葛飾	13	女性	日本語
W	中学		北	14	女性	日本語
X					男性	日本語

出典：高橋（2016: 37）
注：教員名をアルファベット，学校名を数字で表す。

3. 調査の概要――小中学校教員へのインタビュー

筆者は 2013 年に，東京都および神奈川県で日本語学級を持つ公立小中学校教員に対する聞き取り調査を行った（高橋 2016; 2019）。表 1 は，調査協力者の学校種別，学校，性別，担当教科または役職をまとめたものである。計 24 名の教員に対し，一人あたり，45 ～ 60 分程度の聞き取り調査を行った。許可を得た上で録音し，文字起こししたものを分析した。

聞き取り調査では，移民児童生徒の文化やアイデンティティ，何をもって「日本人らしい」と考えるかなどの質問をしたが，本章では移民児童生徒の文化に関する下記の〈質問〉の回答に絞って，結果をまとめる[6)7)]。

〈質問〉

(1) ひとつの国に2つ以上の人種や民族がいる場合，「それぞれが固有の慣習や伝統を守っていくのがよい」という意見と，「数の多い方のグループに合わせるのがよい」という意見があります。先生のお考えをお聞かせください。

（ア）固有の慣習や伝統を守っていくのがよい

（イ）数の多いグループに合わせるのがよい

（ウ）上記以外，または「～～の場合はア，～～の場合はイ」などのご意見（詳しくお聞かせください）

（エ）わからない／無回答

(2) 上記質問の答えについて，なぜそのように思われますか。

4. マイノリティ文化の維持とマジョリティ文化への適応に対する教員の見方

日常的に移民児童生徒に接し，彼らの社会化や学力形成の過程を目の当たりにしている教員は，移民児童生徒の母文化・言語の継承と日本語やマジョリティ文化や価値観・習慣の獲得について，どのように考えているのだろうか。

質問1の結果，24名中10名の教員が「マイノリティ文化の維持」を支持し，2名が「マジョリティ文化への適応」を支持した。また，6名が「維持と適応の両方」と回答し，同じく6名が「選べない／わからない」という回答だった（表2「元の回答」)。

しかし，教員に回答の理由や具体例などを詳しく聞いてみたところ（質問2)，「マイノリティ文化の維持」と回答した教員の多くが，公の場でのルールが守られる範囲でマイノリティ文化を維持することが望ましいと考えていることがわかった。例えば，教員Ｉは次のように語る。

母語を忘れないで欲しいなっていうのはあるんですね。母語もきちっと確立させながら，日本語もできるのが一番理想だと思うので，もしご家庭で母語を使ってるんだっ

表 2　ニューカマー児童・生徒の文化についての教員たちの回答

	元の回答	筆者によるコーディング結果	
維持と適応の両方	6	15	グループ I
維持	10	5	グループ II
適応	2	3	グループ III
選べない	4	0	
わからない	2	1	
合計	24	24	

出典：髙橋（2016: 37）より抜粋

たら，ぜひ使って忘れないようにしてくださいってことは，言っています。[中略]あとはやっぱり習慣ていうか，学校生活はね，こちらの方の習慣に慣れてもらわなきゃいけないので，それは，思いますね。伝統とか文化とかはね，もうぜひ忘れないで，継承していければいいなと思ってるんですけど。[中略] やっぱりきちっと日本のね，ルールっていうか約束はこういったもんだよって教えていかないといけないって思ってるんですけどね。なので，学校生活については同じように，きちっとやらせたいとは思いますね。

学校生活において「こちらの」（マジョリティの）習慣に「慣れてもらわなきゃいけない」，「ルール」や「約束」については「教えていかないといけない」と，学校や公的領域でのマジョリティの習慣や規範への適応，家庭での母語や母文化の継承というように，場を基準に適応と維持を分け，学校を公的領域と位置づける語りは多く見られた。

そこで，マイノリティ文化維持の強調の度合いで「維持と適応の両方」か「マイノリティ文化の維持」を分け，コーディングし直したところ，表 2「筆者によるコーディング結果」のとおりとなった[8)]。

質問紙調査は，調査協力者が選択肢の中から自分の意見に近いものを選ぶことで，人々のものの見方や考え方が持つ複雑さや曖昧さなどを集約し，全体的な傾向をつかみやすくするという利点を持つ。一方で，選択肢をどのように解釈したか，どのような意図で選択肢を選んだかなどの，誰かに語ることで深まり変化する考えまでは拾いきれない。本調査はISSPが行った質問紙調査の質問を引用して，聞き取り調査を用い，さらに回答の理由などを聞き取ることで，選択した回答の意図や回答の背景にある経験など，質問紙調査だけでは見えづらい点を明らかにすることを試みた。

以降，「維持と適応の両方」あるいは「マイノリティ文化の維持」が望ましいと考える教員の語りに絞って（24名中20名），マイノリティが適応を期待されている文化とは何か，維持を期待されている文化とは何か，そしてその背景にある考え方を見ていく。

守るべき「ルール」と文化

教員Iの語りにもあったが，「ルール」という言葉は他の多くの教員の語りでも，守るべき，合わせるべきものとして頻繁に言及された。教員Xは，「維持と適応の両方」が重要であるとしたうえで，「基本的にその国に合わせなきゃいけないところは，合わせるべきであって，自分の中の，そうですねえ，難しいな。結構子どもと接していて，思わず，ここ日本でしょ，って言ってしまう場面はあります。[中略] 日本の学校のルールに合わせなきゃいけないんだよって話はしますね」と述べ，学校の行き帰りの買い食いや部活動の上下関係などをルールの例として挙げた。他にも放課後の掃除や上履きの使用，時間を守ることなどが学校内のルールとして挙げられた。学校外のルールについては，電車の整列乗車やエスカレーターの乗り方，ゴミの出し方などが挙げられた。

多くの場合，このような「ルール」を守ることは，マジョリティ文化への適応や同化とは別のものと捉えられている。例えば教員Hは次のように語る。

H：どこに暮らしていても，自分のルーツがはっきりしているのであれば大事にしていて欲しいとは思いますけれどもね。これ［「マジョリティ文化への適応」］はないと思います。

髙橋：数の多い方に合わせる……

H：はい。それは危険ですよね。それこそ，アイデンティティがなくなってしまうという問題もありますし。[中略] 合わせるというのが何を合わせるか，っていうのにもよるじゃないですか。**社会のルールっていうのは，それは合わせるじゃなくて，合わせるとかじゃないですよね。[中略] 多い方に与するというのは違うなと，だけれどもその社会で育っていくならルールは守らないといけないし，それぞれお家のことで大事にしていることはあるんだから，尊重するところは尊重しないといけない。**それは日本人同士でも同じで。日本に来る前に生きた国のことは忘れて欲しくないですし，両親もありますからね。

このように，多くの教員にとって，学校や日本社会の既存の「ルール」を教えることは，それが日本の学校や社会に特有のものであったとしても，適応や同化とは異なると捉えられている[9]。

そして，「家ではやっぱり自分の国とか，家庭の慣習だとか伝統をきちっとやりながら，一歩外出たときにっていうのは，そうですね，はい」（教員X）のように，学校を含む公的な場でのルールを破らない範囲で，家庭やエスニックコミュニティ内で独自の慣習や伝統を守ることが望ましいと考えているようである。

特に母語については，アイデンティティや親子のコミュニケーションにとって重要であるという視点で，維持継承を支持する教員が多かった。

結局，その自分が生まれた国の言語をね，無視してまで日本語を押しつけるつもりはない。[中略] 自分が生まれた国の，いわゆる母語をね，忘れないで，大事にして欲しいなって。それは，彼らのアイデンティティの問題になってくるので。そこを完全に否定しちゃうとね，私は何人なの？ってことになってしまう。（教員S）

慣習や伝統は守っていくのがよいと思います。が，それは朝から晩まで生活のすべてでということではなく，[中略] 日本［の慣習や伝統を守るべき］という場面なら［マジョリティの慣習や伝統を］大事にして欲しいと思います。が，そうでない場面では，［マイノリティの慣習や伝統を］守っていくのが良いと思っています。[中略] 私はお家の中では，もしそっちのお家の中の言語が日本語じゃないのがメインならその言語でしゃべって欲しいなと思っています。私個人は。例えば，日本語を勉強していても，お家でお父さんお母さんとのコミュニケーションが中国語の方が便利というか，その方が，彼の，なんていうのかな，お父さんお母さんが言いたいことが彼を育てていくために，中国語の方が心が届くような話ができるなら，中国語でコミュニケーションとって欲しい。（教員K）

では，基本的には家庭内のマイノリティ文化や母語の維持継承を望ましいとしつつ，学校を含む公的な場ではマジョリティの「ルール」（規範）を身につけるべきであるとする背景にはどのような考え方があるのだろうか。

東京都の小学校で日本語指導を担当する教員Ｅは，ランドセルなどのように，みんなが同じ持ち物を持つことに違和感を感じる移民児童もいることに言及したうえで，次のように既存の「ルール」や習慣に合わせることで周りの子どもたちと仲良くできると語った。

> やはりみんなで行動することを大事にしていくところで生活し，生きていくのであれば，そういうことを気にしない民族だったらいいけれども，気にする人たちの中で生きていくのであれば，**その子が大事にされる，自分自身が大事にされるっていうことを考えたときに，流れに流されるということではなく，様子を見て，自分ができる範囲で納得できる範囲で周りと同じように動いたり，合わせるのではなく，自然に動いちゃったとか，そういうことであれば，その方が子どもたちは仲良くできるんだろうなって。**

また，中国出身の児童が多く在籍する６年生のクラスを担任している教員Ｆは，持ち物や身だしなみ，授業中の飲食禁止などの学校の「ルール」について言及したうえで次のように語り，マジョリティの「ルール」を守ることが移民児童の日本での将来にとって「プラスになる」とした。

> そういうところも，**今後ここで生活していくあなたにとって，知ってて，わかってて，やれた方があなたにとってプラスになるからということは伝えると思います。**そういう意味では郷に入りては郷に従えですけど。［中略］**愛されると思うんですよ。日本に合わせられる人の方が。で，そこで出してくんですね。**小出しに。自分のアイデンティティを。

このように，学校を含む公的な場での既存の規範や習慣を身につけることは，移民児童生徒が友人を作り，日本社会で生きていくために必要であるとされていることがわかる。

それでは，本調査の結果から見えてくる多文化社会における「社会化」と教員の置かれる立場や役割，意義とは何だろうか。

5. 多文化社会における「社会」化とは
——教育は社会を変えるのか，再生産するのか

本章の知見は以下の３点にまとめられる。

①移民児童生徒を指導している教員の多くが，学校や公的な場ではマジョリティにより作られた既存の規範や慣習を破らず，私的領域では，彼らの母語や母文化を維持することを望ましいと考えている。

②しかし，既存の規範や慣習は守るのが当然の「ルール」と捉えられているため，マジョリティ文化への同化や適応ではないと解釈されやすい。結果的に，それが同化や適応を迫るという帰結を生む可能性はある。

③マジョリティである教員によるこうした認識の背景には，移民児童生徒が学校や日本社会でうまくやっていくためには，それらの「ルール」を身につけた方が良いという見方がある。

教員のこのような姿勢は，リベラリストによる多文化主義批判（例えばBarry 2002）と類似しており，移民児童生徒にとって，日本社会の支配的な規範や習慣を身につけることが社会参加のための資源であると捉えていると言えるだろう。また，日本のエスニックマジョリティを中心に作られた既存の教育システムにおいては，学校が母語や母文化の維持継承の機会を提供できない。そのため，マイノリティ文化の維持を望ましいと考えていたとしても，教員はそれを家庭やエスニックコミュニティの役割として期待せざるを得ない。

しかし，それは同時にマジョリティによって構築された既存の規範や慣習を問い直さないことも意味する。すなわち，この点において，教員はその意図にかかわらず，マジョリティ中心の規範で構成されている日本社会を維持・再生産することに加担していると言える。

多民族化・多文化化が進むなかで，学校や教員が深く関わる社会化の先に想定される「社会」とはどのような社会なのだろうか。エスニックマジョリティ中心の規範を継続する社会なのか，それとも，マイノリティも含め，日本社会を構成する多様な人々によって，規範や習慣を再構築していく社会なのか。マ

ジョリティ中心の既存の「ルール」を問い直し，マイノリティを含めて「ルール」を再構成する可能性はないのだろうか。民族や人種にかかわらず，公正・平等な社会を構築することを目指すのであれば，学校や公的領域の「ルール」に埋め込まれているマジョリティの特権性を問い直し，多様な人々によって再構築していくことが重要ではないだろうか（Takahashi 2020）。教育は社会を変革するものなのか，再生産するものなのかが問われているとも言えるだろう。

注

1）本章の第2節以降は，高橋（2016）および博士論文 Takahashi, F.（2015）を基に加筆・修正を行い，議論を発展させた。

2）国連経済社会局によれば，「移民の正式な法的定義はありませんが，多くの専門家は，移住の理由や法的地位に関係なく，本来の居住国を変更した人々を国際移民とみなすことに同意して」いる。https://refugeesmigrants.un.org/definitions（2020年10月2日アクセス）

3）本章では，公教育，特に義務教育段階である公立の小学校・中学校に焦点を絞って論じていき，公立の小中学校のことを「学校」と表記する。

4）ISSP は，約50の国や地域を対象に，毎年異なるテーマで行われている社会調査である。本章で扱うのは，ナショナルアイデンティティをテーマに行われた2013年の調査結果（日本語版は「国への帰属意識についての国際比較調査」）である。

5）日本の回答者1234名のうち，日本国籍者は1225名（99.2％），日本国籍を持たない人は7名，無回答2名である。

6）聞き取り調査は半構造化インタビューの形式をとり，〈質問〉として記載した2問に対する回答をさらに掘り下げていくような聞き取りを行った。

7）〈質問〉の（1）は，ISSP 2013年の質問をもとに筆者が修正したものである。

8）他に，当初「マイノリティ文化の維持」と回答していた教員のうち1名の語りの詳細が「マジョリティへの適応」を意味するものであると判断できたため，コーディングをし直した。「選べない／わからない」と回答した教員も，具体的な語りを分析しコーディングをし直した（高橋 2016）。

9）ISSP の結果，日本で他の先進諸国と比べて「マイノリティ文化の維持」を支持する人が非常に多い背景には，このように何を文化と捉え，何を適応や同化と捉えるかという解釈の違いがあるのかもしれない。本調査は少数の教員を対象としているため，仮説の域を出ないが，多文化共生が多くの外国人集住地域でスローガンとして叫ばれるなか，同化主義的であるとされる日本社会の内実を明らかにするヒントとして，今後探求すべきだろう。

参考文献

Barry, B.（2002）. *Culture and equality: An egalitarian critique of multiculturalism.* Harvard university press.

金井香里（2001）「ニューカマーの子どもに対する教師の認知と対処――ボーダーの形成と調整を中心に」『教育学研究』68(2), 181-191.

苅谷剛彦（1996）『知的複眼思考法――誰でも持っている創造力のスイッチ』講談社.

児島明（2006）『ニューカマーの子どもと学校文化――日系ブラジル人生徒の教育エスノグラフィー』勁草書房.

Kymlicka, W.（2001）. *Politics in the vernacular: Nationalism, multiculturalism, and citizenship.* Oxford: Oxford University Press.

太田晴雄（2000）『ニューカマーの子どもと日本の学校』国際書院.

Portes, A., & Rumbaut, R. G.（2001）. *Legacies: The story of the immigrant second generation.* University of California Press.

志水宏吉・清水睦美（2001）『ニューカマーと教育――学校文化とエスニシティの葛藤をめぐって』明石書店.

清水睦美・児島明編著（2006）『外国人生徒のためのカリキュラム――学校文化の変革の可能性を探る』嵯峨野書院.

Takahashi, F.（2015）. *Integration and separation of immigrants in Japan*（Doctoral dissertation, University of Oxford）.

髙橋史子（2016）「「文化」の適応と維持から見る日本型多文化共生社会――ニューカマー児童・生徒を教える教師へのインタビュー調査」『異文化間教育』44, 33-46.

髙橋史子（2019）「誰を「日本人」らしいと見なすのか――多文化社会におけるナショナルアイデンティティと教員」『東京大学大学院教育学研究科紀要』58, 563-582.

Takahashi, F.（2020）. Japaneseness in immigrant education: Toward culturally responsive teaching in Japan. *Educational Studies in Japan,* 14, 15-27.

コラム3

多文化化する在日韓国系学校，多様化する生徒の歴史認識

李璱妃

日本には多様な外国人学校が存在する。韓国系学校もそのひとつである。1910年より始まった日本帝国主義による植民統治をきっかけに少なくない韓国人が日本列島社会に移住した。移住民たちは数十年間日本式教育を受けたが，1945年母国の独立とともに母国語で学習する民族教育の場として学校を設立した。1946，7年ごろ大阪・京都地域に3校が，1954年東京に1校が開校し，今日に至っている。また2014年つくば市にもう1校が設立され，現在は計5校が存在する。

ところが，他の4校が日本の学校教育法が定めた「一条校」であるのに対し，東京所在の1校は法律では「各種学校」として位置づけられている。すなわち，文部科学省が定めたカリキュラムを充足しているのではなく，基本的に本国（韓国）への帰国を想定している生徒たちを教育対象としており，だからこそ韓国の教育課程に従っている。

学校現況（2017年4月基準）を見てみると，中高部の在学生673名のうち，韓国を出生地としている生徒が453名，日本が208名，その他が12名で母国出身の比率が残りの2倍に達する。保護者の構成からしても韓国に本社を置く商社（企業）および機関の駐在員が圧倒的に多数である。在留資格の面でも永住者より一時定住者の数が1.5倍ほど多い。ほとんどの生徒が韓国所在の大学に進学することを希望するのも先述の状況と無関係ではない。

最近の統計によると，日本所在の大学への進学を希望する生徒が少なくないことが確認される。また，アメリカなど欧米圏への進学事例も増えている。グローバル化が日本内の韓国系学校にも影響を及ぼした結果である。グローバル化，多文化化する韓国系学校はそのような変化に応じるため英語没入式教育（Immersion program）をはじめ，生徒たちのニーズにあわせた多様なカリキュラムを運営している。例えば，韓国への進学を想定する「Kコース」，日本の大学入試に備える「Jコース」などの複数の教育課程を置く方式である。このような多重複合のカリキュラムは生徒たちが自由な進路選択に柔軟に取り組むことができる点で大きなメリットを持つ。しかし，カリキュラムの相違によってまったく異なる教育的効果が発生する。特に生徒たちの文化に対する認識には大きな差異が確認され

る。歴史授業ではそのような現象が最も明確である。

一般的に日本，韓国をはじめとする東アジア地域はナショナリズムが非常に強いと言われている。民族や国家によって歴史認識も異なり，隣国に対して排他的・否定的なイメージを持つ人も少なくない。ところが東京所在の韓国系学校の生徒を対象としたマインドマップ調査（李 2012）ではそのような認識が必ずしも正しいわけではないという結果が出たことが注目される。民族学校という性格が濃厚であった従来とは違って，生徒が置かれた背景によって日韓間の歴史的争点，領土問題などに関する認識が変わってきただけでなく，その認識の形態も多様化した。要するに，マインドマップ調査によると，歴史認識は単に国籍や民族に影響を受けるものではなく，むしろ生徒の育った家庭，地域，そして長時間生活する学校環境，友人関係などに強く規定されるとのことである。今後日本の外国人学校（特に民族学校）に関する研究でも民族，国籍以外の多様な環境的条件および要素をあわせて考慮し，注目すべきであろう（Tsuneyoshi et al. 2018）。

参考文献

李瑥妃（2012）「日本所在韓国系学校の高校生が語る成長過程・授業・進学――ライフストーリーの分析を中心に」「日本教育学会特別課題研究委員会「東アジアの教育――その歴史と現在」最終報告書」，171-186.

Tsuneyoshi, R., Takahashi, F., Ito, H., Lee, S., Sumino, M., Kihara, T., Kubodera, S., & Ishiwata, H. (2018). Japanese schooling and the global multicultural challenge: Globalization from below. *Globalization and Japanese "Exceptionalism" in Education: Insider's Views into a Changing System*. London: Routledge.

第4章

「日本的グローバル人材」の形成

就職活動を通じた留学生人材の日本への同質化[1)]

譚君怡

1.「高度人材獲得モデル」の留学生受け入れ政策へ

近年，グローバリゼーション，知識経済化，第4の産業革命が広く世界で加速しているなかで，人材の育成こそがその流れに取り残されないための鍵であると広く認識されており，世界各国ではグローバル社会に通用する人材の育成・誘致が優先課題となってきている。日本でも，この潮流の中で，少子高齢化などの国内の諸課題への対応に加えて，世界的に活動し，日本の産業をリードできるいわゆる「グローバル人材」の育成が急務とされている（グローバル人材育成推進会議 2012）。それを受けて，大学には「グローバル人材」を育成する役割が期待されるようになり，優秀な留学生を多く受け入れたり，日本人学生に海外学習体験を積ませたりするなどして，高度に活躍できる「グローバル人材」を育成し，社会に輩出していくことが求められるようになった（芦沢 2013: 22）。また，2012年に導入された「高度人材ポイント制による出入国在留管理上の優遇制度」は，日本の大学・大学院での学位取得がポイントの加点になり，留学生を引き留めようとするメッセージが伝わってくる。在日留学生は高度人材の予備軍であると同時に，日本で教育を受けたため，日本の言語や社会的な慣習などをよく理解している外国人材としても期待されるようになったのである。

こうして，留学生10万人計画の時代以降，典型的な「外交・国際理解・国際協力モデル」[2)] から，留学生30万人計画の時代をむかえて，「高度人材獲得

表1　在日留学生の卒業後の進路希望（複数回答設問）　（単位：%）

	日本で進学希望	日本で就職希望	日本で起業希望	出身国で進学希望	出身国で就職・起業希望	日本・出身国以外の国で進学希望	日本・出身国以外の国で就職・起業希望	まだ決めていない	不明
2009年	44.6	56.9	—	3.6	28.5	10.3	7.6	7.1	2.0
2011年	49.6	52.2	—	4.2	27.8	8.5	7.2	5.7	1.4
2013年	45.2	65.0	8.7	3.4	26.4	5.7	4.0	4.0	0.3
2015年	50.4	63.6	10.8	5.3	20.0	5.9	5.8	6.0	0.8
2017年	51.5	64.6	10.6	5.7	18.4	6.2	5.2	5.2	1.0

出典：日本学生支援機構（JASSO）（2010; 2012; 2014; 2016; 2019）「私費外国人留学生生活実態調査」（2009, 2011, 2013, 2015, 2017年度調査）

表2　在日留学生の卒業後の進路（準備教育課程から博士課程）

	日本国内（%）			出身国（地域）（%）			日本・出身国（地域）以外（%）			卒業留学生総数（人）
年度	就職	進学	その他	就職	進学	その他	就職	進学	その他	
2012	23.5	29.6	14.8	10.8	0.9	19.0	0.4	0.6	0.4	39,295
2013	24.7	27.1	15.2	10.5	0.8	19.9	0.3	0.7	0.7	39,650
2014	27.0	28.7	13.0	10.4	1.0	18.2	0.4	0.6	0.7	37,397
2015	30.1	30.0	13.2	8.5	0.6	15.2	0.3	0.6	1.4	42,643
2016	31.1	30.6	12.7	8.2	0.5	14.8	0.3	0.5	1.2	48,598
2017	32.4	29.7	12.3	8.7	0.6	14.0	0.4	0.5	1.4	51,636

出典：日本学生支援機構（JASSO）（2014; 2015; 2016; 2017; 2018; 2019）「外国人留学生進路状況・学位授与状況調査結果」（2012–2017年度調査）

モデル」へと日本の留学生政策のパラダイムが転換してきていると言えよう（芦沢 2013: 18）。従来の国際協力モデルは，留学生の進路として，卒業後は帰国して母国の開発に貢献してもらうことを想定していたが，「高度人材獲得モデル」のもとでは，卒業後は日本で就職し，日本経済の持続的成長や社会の国際化に貢献してもらうというイメージへと移行したのである（寺倉 2009）。

就職希望と現実とのギャップ

一方で，日本学生支援機構（JASSO）の調査「私費外国人留学生生活実態調査」と「外国人留学生進路状況・学位授与状況調査結果」からは，6割以上の留学生が日本で就職したいという希望を持っているにもかかわらず，実際にはその半分の3割しか就職できていない傾向が見られる。これは，外国人人材の獲得，日本での就職の促進という近年の留学生政策の目標から大きく乖離しており，日本政府と留学生支援関係者の間で問題視されている（文部科学省 2016; 原田 2012; 高度人材受入推進会議 2009）。

こうした状況については，せっかく受け入れた外国人人材を大量に流出させてしまっているのではないかという指摘もある（経済産業省 2016）。つまり，2017年に文部科学省が打ち出した「留学生就職促進プログラム」が掲げる留学生の日本国内での就職率50%という目標を達成するまでにはさまざまな努力・工夫が依然として必要であると思われる。留学生が一層日本で就職しやすくなるような就職支援への期待も，拡大する一方である。

先行研究から見た留学生就活の課題

このような現状を背景に，留学生の日本での就職に関する先行研究では，いかに留学生の就職活動を支援し，就職の成功を促進するかという課題意識に注目する傾向が見られる。まず，留学生が新卒一括採用の就職活動に参加する際の困難や課題が指摘されている。留学生が直面した困難として，留学生を採用する企業が少ないこと，留学生を対象とする求人数が少ないこと，SPI（適性検査）など日本独自の筆記試験が外国人には難しいこと，就職活動の仕組みがわからないこと，入社後の仕事内容が不明確であることなどが挙げられている（労働政策研究・研修機構 2009; 新日本有限責任監査法人 2015）。また，日本式就職活動への戸惑い，SPI試験や複雑化したプロセスへの対応の困難，就活開始時期への乗り遅れ，「総合職」への疑問，入社後のキャリアの不明確さなども挙げられている（徳永 2013）。

守屋（2009）は，留学生が「自己分析」の意味や企業が重視する人物像の特性・資質をうまく把握できないこと，日本で働く意味や会社を志望する理由について説明できないこと，また具体的に希望する仕事内容が不明確であること，就職の数年後に母国へ帰国することを希望し，自分の将来へのキャリアビジョンが不明確であること，留学生の大多数が母国でも有名な日本の大企業を就職志望先とし，それらの大企業にのみ就職活動を行う傾向があることなどの課題を挙げている。

さらに，留学生と企業との双方の意識に着目し，ミスマッチがあることを指摘する研究もある。横須賀（2007）は人材ニーズの面において，企業は留学生の期待よりも「採用時の試験や検査の結果」，「年齢」，「日本語力」，「日本人との協調性」を重視し，一方，留学生は企業に対して「外国人特性」（「日本人と異なるメンタリティー」，「日本人にない発想」），「学校歴評価」，「奨学金受給者であること」を重視してほしいと考えているという双方の意識のズレがミスマッチをもたらしていることを指摘している。志甫（2009）は，留学生の多くは明確なキャリアパスを思い描いておらず，日本での就職に固執する者ばかりではない一方，企業の多くは留学生が日本人学生とどのような点で異なる魅力を有するのかについて明確に意識しておらず，日本人学生と「同等に」就職活動を行うことができる留学生であれば採用したいと考えていると分析している。第1章で問題にされた同質性前提が就職活動でも制度に組み込まれている。

守屋（2012）は，欧米企業や多くのアジア企業が「職務主義」の人事管理技法慣行を持ち，選考は職務能力や職務の専門性を問う試験で行っていることに対して，日本企業の新卒採用試験では，将来の日本企業の管理職候補者を選定するビジネスパーソンとしての基本的な資質を問う「属人主義」的な試験となっているという差異があるため，職務主義的な意識を持った外国人留学生が，日本独特の採用試験，そして日本企業での勤務に大きな違和感を覚えると分析している。

一方，茂住（2013）は，これまでの留学生の就職に関する先行研究は，在学中の留学生研究と同様，「適応」の視点に基づき，「留学生 vs. 日本企業」という構図を前提に，いかに留学生の行為，意識，能力を企業側の求めるものにあわせるかという問題意識が働いていると指摘している。こうした先行研究のように日本の新卒一括採用慣習への「適応」を研究の前提として取りいれてしまうと，留学生の多文化性が見えなくなり，いかに留学生の多文化性を，日本社会の「多文化化」に活かすかを検討できなくなる。そこで，本章では，留学生が必要とする支援を検討するにあたって，採用側ではなく，留学生の当事者視点から接近したい。留学から就職への移行段階における日本での就職活動に焦点を当て，就職活動の経験と当事者の意味づけを明らかにする。

2. 留学生の経験と視点への接近

本章は，質的アプローチの手法で「半構造化インタビュー」を用いてデータを収集した（譚 2017: 29）。インタビューでは，留学生が日本に独特な新卒一括採用慣習を通じて得た就職活動の経験だけでなく日本留学全体を通して得た「グローバル人材」像の形成という，より広い視野からこの課題を考察した。日本の高等教育機関に留学した留学生・元留学生を対象に，2008 年から 2012 年にわたって行った 3 つの調査からデータを収集した。合目的的に「雪だるま式サンプリング」方法を使用し，調査対象者 56 名を募集した。本章は留学生の日本での就職活動の経験に焦点を当て考察するため，56 名のうち，日本における新卒採用の就職活動経験を持つ 30 名に分析対象者を絞っている。

分析対象 30 名のうち，17 名は A 大学，1 名は B 大学，11 名は X 大学，1 名は Y 大学に在籍している。A 大学と B 大学は日本の中では，知名度が高く大規模な研究型大学である。X 大学と Y 大学は全学的教育国際化を推進しているという特色を持つ大学である。インタビュー対象者は，留学生受け入れの「高度人材獲得モデル」（芦沢 2013: 18）が想定する「外国人高度人材」に近い層であり，日本の近年の「グローバル人材」育成政策で注目する「グローバル人材」の予備軍にあたる層である。

出身国・地域の内訳は，台湾（21 名），中国（5 名），韓国（4 名）。多くが文系である（23 名）。ただし，外国人留学生の内訳から見れば，高等教育機関に在籍している外国人留学生のうち，文系留学生がそもそも 6 割以上を占めており，さらに，卒業後に日本で就職した留学生のうち，7 割近くは在留資格上の「人文知識・国際業務」という文系職務に就いているので対象者がこの点で特異であるわけではない。

インタビューでは，1 人あたり 120 分程度の聞き取りを行い，許可を得て会話を録音した。半構造化インタビューの形で，以下の 5 点の質問軸に沿って聞き取りを行った。

①日本留学の契機，留学先を選択した理由

②大学内外の学習経験，意見

③大学内外の留学生活経験，意見

④卒業後の進路についての意識，就職活動の過程
⑤日本留学を通した成長と変化，将来への展望

本研究は当事者の視点，経験したことをどのように解釈したか，意識変化の過程に重点を置くため，質問軸に沿いながら，参加者に自由に回答してもらったのち，その回答に応じて，質問を追加して深く掘り下げる形で進めていった。インタビューでは，中国，台湾人留学生に対しては調査対象者の母語である中国語を使い，調査対象者の語りは筆者が日本語に翻訳して引用した。韓国人留学生に対しては日本語を使い，引用は語りのままとした。引用文中の傍点による強調と［　］内の補足，……での中略は筆者により，太字は語りの中で強調されていた部分である。

3. 日本に独特な就職活動慣習へのチャレンジ

本節では分析対象者の新卒一括採用形式の就職活動経験に焦点を当て，留学生の語りを分析した。質的分析を経て留学生の就職活動経験と意味づけから，日本の企業の求める人物像を重視する選考をめぐって生じたカルチャーショックとそれへの同調，そして新たな自分らしさの形成という過程が浮上してきた。また，その過程の中心となるのは，留学生の場合，日本に独特な新卒採用のプロセスで評価されるために獲得した，ある種の，人物像選考に対応するスキルの熟練であり，熟練レベルに到達するか否かが内定獲得を大きく左右する（少なくともそう思われている）ことがうかがえた。

人物像重視の選考へのカルチャーショック

分析対象者たちは来日後，日本の新卒一括採用慣習，そして「就活」という異文化に触れ，正社員という最も労働条件のいい雇用を得るためには他の就職ルートよりも王道であると認識するようになったため，在学中，積極的に「就活」にチャレンジしようとしていた。しかし，自分の国の就職事情とはあまりにも異なるため，就職活動のプロセスから面接での自己アピールの仕方まで，さまざまなカルチャーショックを受けるという。特に，面接でのアピールポイントには，出身国である台湾，中国，韓国の新卒採用事情と根本的な差異があ

ることに驚いたという語りが一般的である。例えば韓国からのP-35さんのこの語りは典型的である。

> 会社からも成績とかもあまり求めないことを聞いて本当に驚いたんですね。……韓国はすごく資格が大事で，「スペック」が大事で，……［日本では］本当にこの人間がどんな人間か，この人が本当に優秀なのか優秀じゃないのかじゃなくて，この人が……会社とあってる，あってる人間なのかを見てくる。
>
> （P-35さん，女性，韓国，学部4年）

このように，留学生たちは母国労働市場における選考評価のあり方を想定して日本の就職活動に最初は挑んでいた。就職活動の初期は，何人かの韓国人留学生調査対象者が「スペック」と呼ぶように，大学名，在学中の成績，専門資格，語学試験の点数といった具体的な選抜条件に沿って，応募者が大学での学習によって得た「優秀さ」もしくは該当するポストに関連する職務経歴，専門的知識，職務関連能力などの具体的な技能を自己アピールしようとしていた。

また，面接で他の日本人学生の入社動機に接した際の戸惑いもうかがえる。

> 日本では，ひとつの夢があって，社会のために何かをやりたいって言うね。心の中で本当かよって思っちゃう。だけど，……面接の時，隣の日本人学生は，みんなすごく将来ビジョンを持っているように回答する。お金を稼ぐためではなく，夢を叶えたいからって。
>
> （P-2さん，女性，台湾，文系，修士2年）

台湾では抽象度の高い入社動機を語る習慣がない，もしくは特に強調しないため，P-2さんはカルチャーショックを感じたという。このように，就職活動の初期には，留学生たちはさまざまなカルチャーショックを経験していた。

日本企業に評価されそうな人物像への同調

就職活動の対策本での勉強の効果を実感し，面接での失敗経験も重なってくるにつれて，日本と出身国との文化的な差異に留学生たちは気づき，日本の就職活動では評価される特定のポイントが存在すると次第に意識するようになる。

そして，自分のアピールポイントをそれらへ転換するようになったという。

自分も面接するたびに，［そういうふうに］自分は"夢"を持っている人なんだ，人類のために貢献したいんだと設定するようになってきた。

（P-2さん，女性，台湾，文系，修士2年）

後になって中国語力を強調しなくなってきて，"よく頑張りたい，みんなと一緒に働きたい"っていったような回答になってきちゃった，ハハハ……

（P-9さん，女性，台湾，理系，修士2年）」

あるいは，P-11さん（女性，台湾，文系，修士2年）はアピールする人物像を「**柔軟性，弾力性，ポジティブ，根性**」といったキャラクターに変更したという。P-14さんは提示する人物像の変更についてこう語っている。

自分がちっとも重視してこなかったことを大げさに解釈してアピールしていた。……日本企業は枝葉末節のことにこだわっているのね。例えば，サークルでは，大した幹部ではないのに，ただの部員だったのに，自分がいかにこのサークルに献身的にやってきたか，そして**下で支える，「縁の下の力持ち」**というふうに，自分がどうやってこのサークルを支えたかと。本当はごく普通の部員だったよ。大げさに述べていたね。台湾ではそれは全然**大したこと**と思っていないんだね。

（P-14さん，女性，台湾，文系，日本にて就職）

以上のように，留学生は採用試験のなかで多くの試行錯誤をくりかえすことによって，自分の想定していた就職活動のあり方を修正しながら，新しい対応策を練っていく。留学生は日本の新卒採用では学業面での「優秀さ」もしくは該当ポストに当てはまる技能ではなく，その人のポテンシャル，人間性，人物像，将来ビジョンが重要視されていると認識するようになり，アピールするポイントを具体的な職務関連能力から，抽象的な性格の特徴へと転換したり，そして日本企業に評価されそうな新しい自分の人物像を練り上げたりして戦略を変更していった様子がうかがえた。

真似から新たな「自分らしさ」の形成へ

就職活動を続けるうちに，留学生たちは，日本では人物像が重視されるのだ，という自分の文化と異なる選抜基準をようやく意識するようになり，それに対応しようとするようになる。その直後の一時期，就職活動の対策本にあるような標準回答を真似する行動があるという。

> 日本人学生向けの就職対策本をたくさん読んで，**就活赤本，コツ**っていう感じのもの，とにかくたくさん，たくさん読んで，自分を日本人の**就職モデル**に当てはめようとしていた。もっと極端な時は，面接の**コツ本**，いっそそこの文章を丸暗記してしまったり，標準的な答えで対応していた。自分を日本企業が好むような人に変えようとして，そうすればうまくいくのかなと試していた。
>
> （P-14さん，女性，台湾，文系，日本にて就職）

一方で，日本企業に評価されそうな人物像へ自分が同調しなくては選抜されないという認識はスタート地点にすぎず，ただの真似，演出だけでは，内定獲得につながらないとも考えられていた。最終的に日本企業から内定をもらった分析対象者には以下の2点の特徴が見られる。

第一の特徴は人物像エピソードの使いこなしに長けていることである。日本企業に評価される人物像を理解した上で，自分がそれに該当するように見せるためのエピソードの選択，強調が重要なポイントとなっていた。どのように「適切な」経験の物語を選択し，要領よくアピールポイントを組み込むかということに留学生は苦心していた。これは小山（2008）が概念化した「注力エピソード」[3] への対策であると言えよう。さらに，前もって練り上げた複数の人物像エピソードを用意し，それぞれの企業が求める人物像にあわせて，調節して使いわけているという留学生もいた。

> 使えそうなエピソード，例えば3つあって，聞かれる質問は大体決まってるから，こうした質問を聞かれたらこのエピソードでって感じ。3つのエピソードはそれぞれ異なる部分を**アピール**できる。例えば，このエピソードだと，ポジティブで前向きな人を**アピール**し，このエピソードだと，自分が努力する人って感じだね。
>
> （P-17さん，女性，台湾，理系，元留学生，日本にて就職）

また，エピソード自体の立派さではなく，エピソードに対する意味の付け方，伝え方の要領が，人物像エピソードの使いこなしにあたって重要であることも，留学生の語りから浮かびあがってきた。例えば，次のP-11さんの語りである。

> 要点は，やってたことが一体どれぐらい立派だったかではなく，なぜその時にそのことをやったか，困難にぶち当たった時，なぜそうすることにしたか，そうしていたうちに，その経験から何を学んだかといったことこそが重要なんだ。日本企業が知りたいのは，その人が困難に遭うときどのように向き合うか，どのような心構えで向き合うかということなんだ。……出来事の立派さはまったく要点ではなく，要点はどのような心構えで向き合うかということなんだ。（P-11さん，女性，台湾，文系，修士2年）

P-14さんが語っていたように，「優秀さ」重視の東アジアの留学生は，サークルや部活のリーダーでなければアピールできそうなエピソードがないと思いがちで，「縁の下の力持ち」という発想はなかった。留学生はこうした既存の概念を乗り越え，エピソード自体ではなく，エピソードに対する意味の付け方，伝え方を使いこなしてはじめて熟練の域まで到達するのである。

最終的に内定をもらった分析対象者たちの第二の特徴は，日本企業が評価する人物像を察知したうえで，新たな「自分らしさ」に練りあげることである。日本企業が評価する人物像を理解し，自分を当てはめようとしても，ただ真似する程度の当てはめ方では通用せず，新たな「自分らしさ」に到達しなければならないことが留学生の経験からはうかがわれた。つまり，本当にそう思っていなければならないのである。これは，日本とは異なる価値基準のもとで育ってきた留学生にとってはたやすいことではない。そのためには，これまで気づいていなかった価値観を意識するようになることや，これまで意識していなかった自分の特長を引き出すことが重要になってくるのである。

例えば，P-14さんは就職活動の後期になってようやく，比較的自分らしく表現できるようになったという。

> 後になって，……ちゃんと比較的本当に考えていることを言えるようになった。……面接での回答は，書かれているとおりに読み上げるって感じではなくなった。

（P-14 さん，女性，台湾，文系，日本にて就職）

P-11 さんも活動の後期には「本当の自分」を見せることが重要であるということにたどりついたという。

> 後になって，面接では完全に自分を見せる，本当の自分が喋っているという感じ。……就職活動って，……その人の**「キャラ」**が決め手なんだ。自分がどのような人，そしていずれかの方法で自分がこういう人だと伝えるかということこそが，［日本の］就職活動で最も重要なことだと思う。　（P-11 さん，女性，台湾，文系，修士 2 年）

このように，日本企業に評価される人物像の中で，自分が本当に当てはまる部分を見出して強調し，複数の人物像と適切なエピソードを使いわけながら，本当の自分らしくアピールすることが重要なポイントであることが留学生の語りからはうかがえた。

4. おわりに——留学生の多様性を活かす「補完型」人材確保の課題

近年，日本は「外国人高度人材」の受け入れを積極的に推進し，それとともに，日本の留学生政策は「高度人材獲得モデル」に転換している。「外国人高度人材の卵」とされる留学生の就職のゆくえが注目されている。

一方，これまでの留学生の日本での就職については，先行研究では主にいかにして留学生が日本の新卒一括採用慣習に適応するか，そのためにどのように支援するかが議論されてきた。それに対して，本章では，留学生の就職活動経験と経験に対する当事者の意味づけから，留学生の日本での就職活動の実態を検討した。これにより留学生の「グローバル人材」の形成と活用について，以下の 3 点の課題が見えてきた。

第一に，留学生が日本企業に期待される人物像に同調することで，日本人学生と「同質的な」人材が選ばれてしまう，もしくは留学生を「日本人化」させてしまっているのではないかという課題である。分析対象者たちは，人物像選考に対応するスキルを熟練させるにつれて，大学で学んだ専門的知識・スキルから，日本企業が評価しそうな「協調性」，「柔軟性」，「ポジティブ」，「根性」，「縁の下の力持ち」，「夢，ビジョンのために働く」などの，日本企業により評価されやすそうな新しい自分像へとアピールポイントを転換していった。これまで見えてこなかった自分を発見することが留学生の自己形成にとってプラスの意味を持つ面もあるのかもしれないが，それらの「新しい自分」は，すべて日本の就職先で評価される資質であり，それに同調することは，日本人と「同質的な」人材になることをも意味している。つまり，日本の職場の多文化化改革に活かせるかもしれない，せっかくの留学生が持つ多様性が，日本の企業に評価されないからと，隠されたままになってしまう可能性がある。

第二に，留学生にとっては，前述したような人物像選考への対応はある種の技術のようなものとなり，訓練可能であるという特徴から，留学生その人の本当の能力，資質，潜在力ではなく，人物像選考に対応する技術そのものの熟練が試されているのではないかという疑問が生じることである。加えて，技術の熟練については，身近に「日本人コーチ」がいるかどうか，そして丁寧な就職支援を受けられる大学に所属しているかどうか，が大きく就職活動の結果に影響することも譚（2017）からはうかがわれた。つまり，留学生の就職活動の訓練機会をめぐる格差が，面接における熟練段階の到達度合いに影響しているのではないかということである。

第三に，日本企業に期待される人物像に同調したくない，日本式の人物像選考に納得したくないと考えるような，本来であれば有望な人材を，就職活動から離脱させ，多様性を持つ人材を見逃す可能性があるという課題である。就職活動のプロセスや人物像選考に対応するスキルの熟練には，ただでさえ膨大な時間をかけなければならない。留学生は日本語の問題もあり，就職活動を学期中に行うという日本式の就職活動に従うと，大学院における勉強，研究との両立が難しい状況に陥ってしまい，これがまた就活を断念する要因となるのである（譚 2017）。

「外国人高度人材」の受け入れの目的と意義は「日本人とは異なるバックグラウンドやセンス・発想力を持つ優れた外国高度人材の能力と日本人の能力を上手く組み合わせ，両者が切磋琢磨することで，日本人の潜在力を開花させ，チームとしての付加価値創造力を高める」（高度人材受入推進会議 2009: 4）と日本政府は説明している。つまり，日本で期待される人材は，人口減による人手不足の「代替型」人材ではなく，日本の組織に新風を吹き込むようなイノベーターとしての役割を果たし，日本人にない特質を持つ「補完型」の人材なのである（李 2019）。

しかし，本章では，日本の新卒一括採用慣習においては，大学での成績や保有資格などの具体的な指標よりも人物像を重視した選考を企業が行うために，留学生の中から日本人と「同質的な」人材，より「日本人化」した人材が選ばれやすいこと，つまり，限りなく「日本化」した「日本的グローバル人材」が実際には求められていることを指摘したい。よって，もし日本が国際的に求められている多文化の活用を実現しようというのであれば，留学から就職への移行段階では，より留学生のダイバーシティを見出し評価する多様な選考方法が必要だと思われる。また，留学生の参入は，日本社会，日本企業によい刺激となり，外国人と共に想像力を高める機会だという考え方に基づき，「同質性前提」（第1章）から脱却してありのままの留学生の異質性を受け入れることが求められる。

注

1）本章は東信堂より出版予定の『日本高等教育のグローバル人材教育力――外国人留学生の人材形成から見た機会と課題』の序章と第3章の一部を大幅に加筆修正したものである。

2）芦沢（2013）は留学生受け入れ理念の形態について，「外交・国際理解・国際協力モデル」「顧客・戦略的留学立国モデル」「高度人材獲得モデル」という3つのモデルを提起している。

3）「注力エピソード」とは面接において企業が応募者である学生に対して行う主要な質問内容であり，学生時代に「取り組んだ活動内容，そこでの行動とその理由，そこで学んだ内容とそれをどう会社に生かしたいのか等」を含むものである（小山 2008）。

参考文献

芦沢真五（2013）「日本の学生国際交流政策――戦略的留学生リクルートとグローバル人材育成」横田雅弘・小林明編『大学の国際化と日本人学生の国際志向性』（13-38）学文社.

グローバル人材育成推進会議（2012）「グローバル人材育成戦略（グローバル人材育成推進会議 審議まとめ）」http://www.kantei.go.jp/jp/singi/global/1206011matome.pdf（2020年9月6日アクセス）

原田麻里子（2012）「大学における留学生のキャリア支援に関する考察——留学生の就職（進路）に関するアンケート調査を基に」『留学生交流・指導研究』15, 39-52.

経済産業省（2016）「若手外国人材から見た日本企業の特徴が明らかになりました——「内なる国際化」研究会で対応策を議論します」http://www.meti.go.jp/press/2015/02/20160205003/20160205003.pdf（2017年6月30日アクセス）

高度人材受入推進会議（2009）「外国高度人材受入政策の本格的展開を（報告書）」https://www.kantei.go.jp/jp/singi/jinzai/dai2/houkoku.pdf（2020年9月5日アクセス）

小山治（2008）「なぜ新規大卒者の採用基準はみえにくくなるのか——事務系総合職の面接に着目して」『年報社会学論集』21, 143-154.

李敏（2019）「日本における外国人留学生の採用——「高度外国人材」という虚像」『大学論集』51, 17-32.

文部科学省（2016）「外国人留学生の就職促進について（外国人留学生の就職に関する課題等）」http://www.jasso.go.jp/gakusei/career/event/guidance/_icsFiles/afieldfile/2016/06/29/12_h28guidance_ryugakuseission_monkasyou.pdf（2020年9月6日アクセス）

守屋貴司（2009）「外国人留学生の就職支援と採用・雇用管理」『立命館経営学』47(5), 297-316.

守屋貴司（2012）「日本企業の留学生などの外国人採用への一考察」『日本労働研究雑誌』54(6), 29-36.

茂住和世（2013）「国際移動時代の日本留学モデルの再構築に関する研究——外国人留学生の自己形成の視点から」青山学院大学大学院社会情報学研究科学位論文.

労働政策研究・研修機構編（2009）『日本企業における留学生の就労に関する調査（JILPT 調査シリーズ No. 57）』労働政策研究・研修機構.

志甫啓（2009）「外国人留学生の日本における就職は促進できるのか——現状の課題とミスマッチの解消に向けた提言（グローバル人材の論点）」『Works review』4, 208-221.

新日本有限責任監査法人（2015）「平成26年度産業経済研究委託事業（外国人留学生の就職及び定着状況に関する調査）報告書」http://www.meti.go.jp/policy/economy/jinzai/global/pdf/H26_ryugakusei_report.pdf（2020年9月6日アクセス）

譚君怡（2017）『日本留学における「グローバル人材」の形成――留学による「自己形成」の視点から在日留学生の経験に接近して』東京大学教育学研究科学位論文.
寺倉憲一（2009）「我が国における留学生受入れ政策――これまでの経緯と「留学生30万人計画」の策定」『レファレンス』59(2), 27-47.
徳永英子（2013）「外国人留学生の就職・採用に関する研究――留学生の就職活動に対する“戸惑い”から考察」『リクルートワークス研究所研究紀要』8, 62-73.
横須賀柳子（2007）「企業の求人と留学生の求職に関する意識比較」『留学生教育』12, 47-57.

第 II 部

多文化社会と教育

どのように多様性を包摂するか

第5章

高等専修学校におけるインクルーシブ教育

伊藤秀樹

1.「共に生活し共に学ぶ」インクルーシブ教育の探究

本章で紹介するのは，障害のある生徒と障害のない生徒[1]が同じ教室で共に生活し共に学ぶ，高等専修学校（詳しくは後述）でのインクルーシブ教育の取り組みである。

ユネスコによる「サラマンカ宣言」(1994年）や国連総会での「障害者の権利に関する条約」の採択（2006年）に見られるように，インクルーシブ教育の実現は全世界での課題とされてきた。インクルーシブ教育は，UNESCO（2009）などの記述にも見られるように，障害や貧困，人種的・言語的マイノリティなどの理由で社会の中で周縁的な立場に置かれてきた子どもたちの特別な教育的ニーズに配慮し，万人が平等に参加するインクルーシブ社会を形成することを目標としてきた（例えば岡ほか 2016; 中村 2019)。そうしたなかで日本では，インクルーシブ教育という言葉は，主に障害のある子どもが障害のない子どもと共に地域の学校で教育を受ける仕組みや実践を指すものとして用いられてきた。本章で注目するのも，そうした意味でのインクルーシブ教育についてである。

日本では，現在も依然として，特別支援学校や特別支援学級などの形で障害のある児童生徒と障害のない児童生徒が別々に学ぶ「分離教育」が維持される傾向にある[2)]。しかし，各学校に目を向ければ，映画『みんなの学校』で有名になった大阪市立大空小学校のように，子どもたちが障害のある／なしにかかわらず同じ教室で共に生活し共に学ぶ，「共生共学」によるインクルーシブ教育を貫く学校も存在する。さらに近年では，小・中学校だけでなく後期中等教育段階の学校でも，こうした共生共学の実践が行われるようになった。例えば神奈川県では，公立の全日制高校14校が「インクルーシブ教育実践推進校」に指定され，知的障害のある生徒が障害のない生徒と同じ教室で学ぶ実践が行われている。

筆者が約10年間にわたりフィールドワーク調査を行った高等専修学校（以下，Y校[3)]）も，後期中等教育段階（つまり高校段階）で共生共学の実践を行ってきた学校のひとつである。Y校では長年にわたり，自閉症や高機能自閉症などの診断を受けている生徒と，障害の診断を受けていない生徒が共に入学し，同じ教室で同じ内容の授業を受ける環境のもとで，一緒に学校生活を送る実践を行ってきた（以下，Y校での呼称をもとに，自閉症や高機能自閉症の診断を受けている生徒を「自閉症の生徒」，障害の診断を受けていない生徒を「健常の生徒」と呼ぶ）。

Y校の取り組みは，後期中等教育段階での共生共学によるインクルーシブ教育が，障害のない生徒の学校適応・進路形成やそのもととなる価値観に影響を与えるものであることを教えてくれる。一方で，こうした共生共学の実践は，Y校が私立の高等専修学校であるからこそ継続可能になっているものだと考えられる。また，Y校の取り組みからは，共生共学の実践を貫き通すことの難しさも垣間見ることができる。

本章では，「一条校」を中心とする日本の教育システムから見ると「周辺部」にあたるかもしれない，高等専修学校やその生徒たちに着目する。高等専修学校は，学校行政の中で「周辺部」としての扱いを受ける反面，「一条校」に比べてさまざまな制度的な縛りが弱いことから，柔軟で先進的な取り組みを行うことができる。そうした先進的な取り組みのひとつであるY校でのインクルーシブ教育は，学校・学級の中のさまざまな多様性に向き合う私たちに，ヒントを与えてくれるものである。

2. Y校について

Y校の説明に入る前に，高等専修学校について説明しておきたい。高等専修学校は，中学校卒業者を対象とした後期中等教育段階の専修学校であり，中学校卒業者の0.7％ほどの進学先になる小規模な学校種である（伊藤 2017）。3年制で「大学入学資格付与指定校」に認定された学校の卒業生は，高等学校卒業者と同じ扱いでの就職や公務員試験の受験，大学・短大・専門学校などへの進学が可能になる。

高等専修学校の生徒たちは，普通教科の授業も受けつつ，情報処理，農業，看護，調理・製菓，理容・美容，ファッションデザイン，音楽・演劇などの専門的な技能の習得を目指すことになる。とはいえ，生徒たちは必ずしも専門的な技能の習得という点に強く惹かれて入学してくるとは限らない。学業不振や不登校，非行傾向，発達障害などの背景があり，全日制高校に不合格になった，あるいは全日制高校への進学が難しいと考えたために，高等専修学校を進学先に選んだ生徒も少なくない。文部科学省が発行したパンフレット『未来をひらく高等専修学校』では，高等専修学校の4つの特徴として，「仕事に活かせる資格を取得できる」「夢の実現をサポートする」といった点に加え，「不登校経験者の自立を支える」「多様な個性のある生徒の自立を支える」という点が挙げられている（文部科学省 2019）。

そうしたなかでY校は，上記の4つの特徴を備えるものの，特に「多様な個性のある生徒の自立を支える」という側面の強い学校であると言える。Y校では「自閉症の生徒」が全体の約6割を占めるが，それはY校が学校法人内の幼稚園，小・中学校で受け入れている自閉症の児童生徒の最終教育現場として設立されたという，非常に特殊な経緯を持つためである。一方，全生徒の約3～4割は障害の診断を受けていない「健常の生徒」であり，そのうち約半数には不登校や高校中退の経験がある。また，自閉症以外の発達障害や知的障害の診断を受けていて，療育手帳[4]を取得した状態で入学する生徒や，健常の生徒として入学したが在学中に療育手帳を取得する生徒も各学年に数名いる。

Y校は全校生徒が200名程度の小さな学校であり，各学年3クラスの構成をとっている。主に生徒の学力にあわせてクラス編成がなされるが，A組とB組では自閉症の生徒と健常の生徒が混在し，普通教科の授業（国語，数学，体育など）やホームルーム，学校行事をはじめとした日々の生活のほとんどを共に過ごしている。C組は日々の生活での困難度が高い自閉症の生徒のみで構成さ

表1　Y校の概要（筆者の調査当時）

学校の形態	私立・高等専修学校
所在地	首都圏
専門コース	絵画，陶芸，体育，調理，被服，情報，大学受験（2年次後期以降） ※普通教科と専門教科の授業の割合は5：5
修業年数	3年制（大学入学資格付与指定校） ※授業は週5日，昼間に開講 ※毎日の授業に出席し，単位を取得することが卒業の要件になる
生徒構成	男子：約8割，女子：約2割 ※不登校経験者は，健常の生徒の約半数 ※高校中退者は，健常の生徒の1割程度 ※調査当時の就学支援金加算分（年収350万円程度以下）の対象者は1割強
教員数	30人強　※1学年の担任団は8人
卒業率	約9割
授業出席率	9割以上（長期欠席の生徒はほとんどいない）
卒業後の進路 （2009～2013年度）	［健常の生徒］進学67.2%，就職31.9%，その他0.8% ※進学→専門学校：約4割，4年制大学：2割強，短大：約5% ※専門コースに関連する進路を選ぶ生徒は少なく，保育系・福祉系が多い ［障害のある生徒］進学4.5%，就労95.5%，その他0.0%

れているが，専門教科の授業（絵画，陶芸，調理など）においては，C組の生徒もA組・B組の生徒の手助けを得ながら共に授業に参加している。こうした共生共学の実践は，創立当初から30年以上にわたって行われてきた（その他のY校の特徴については，表1を確認してほしい）。

筆者は2005年から2014年にわたり，Y校で教師・生徒・卒業生へのインタビュー調査や，授業・学校行事などの参与観察などのフィールドワーク調査を行ってきた。それは，Y校の健常の生徒たちの学校適応や進路形成のプロセスについて研究するためであった。Y校に入学する健常の生徒の多くは，学業不振や不登校，非行傾向，対人関係の苦手さなどの背景から全日制高校への進学が難しかったために，Y校を進学先に選んでいる。また，入学時点では学校や教師に不信感を抱いている生徒も多く，喫煙・飲酒・家出などの「問題行動」や無断欠席，教師への反発・無視などもたびたび起こる。しかし，そうした生徒たちがやがて毎日登校するようになり，教師のさまざまな指導を受け入れるようになっていく。そして，ほぼすべての生徒が進学先や就職先を決定して卒業していく（詳細なプロセスやそれに伴う困難については，伊藤（2017）にまとめている）。

こうした研究の過程で見えてきたのは，健常の生徒たちの学校適応や進路形成のプロセスに，自閉症の生徒の存在が大きく関わっているということである。しかし，Y 校のことを知れば知るほど，共生共学の実践は後期中等教育では容易に実現できるものではないことを思い知らされる。以下ではそれらのことを，調査結果をもとに示していきたい。

なお，本章の記述の一部は伊藤（2017）の内容を再構成して示したものであることをご了承いただきたい。

3. 共生共学の実践がもたらす 2 つの影響

健常の生徒にとっても，自閉症の生徒にとっても，その他の障害のある生徒にとっても，Y 校での共生共学の実践の中で得られたもの，変化したものは数多くあるだろう。ただしここでは，元々健常の生徒に焦点化して研究を進めてきたという調査上の限界もあり，健常の生徒たちの学校適応や進路形成について見ていくなかで浮かび上がった影響に絞って紹介していく。

不登校経験者の登校継続が支えられる

はじめに紹介したいのは，自閉症の生徒との関わりによって，不登校経験がある健常の生徒の登校継続が支えられている様子である。

Y 校では，主に宿泊学習をはじめとした学校行事の際に，健常の生徒（または一部の障害のある生徒）が C 組の生徒とペアを組み，1 対 1 で日常生活の手伝いをする「バディ」という取り組みを行っている。こうしたバディの取り組みは，1 年生の 7 月の林間学習からはじまるが，生徒によっては 3 年間同じ生徒とペアを組み続けることもある。

不登校経験がある生徒へのインタビューでは，こうしたバディの相方の存在が学校に通い続ける動機となっている様子が語られている。例えばエミ（当時 2 年生）は，今 Y 校に通い続けられている理由のひとつとして，バディでペアを組んでいる生徒と一緒にいたいということを挙げている。

エミ：で，私にはバディの子がいるんです。C組の友だちで。その子がすっごくクセがある子で，なかなか他の子になつかなくて，で人に触れられることも干渉されることもすごく嫌がる子で，なんかあの子と一緒にいたいって思うからこそっていうのもあるし。

ただしインタビューからは，バディを組んだ生徒に限らず，その他の自閉症の生徒たちも，さまざまな形で不登校経験がある生徒たちの登校を支えている様子が読み取れる。マキ（当時2年生）は，学校生活の疲れを癒してくれたり，いろいろなことを学ばせてくれたりした自閉症の生徒たちがいたことで，Y校に通い続けられていると考えている。

マキ：この学校の特色として，障害を持った友だちがたくさんいて，今までの学校だったら落ちこんだときとかも友だちに気づいてもらえなかったり，先生だって落ちこんでるときも話を聞いてもらおうとしても「ちょっと今忙しいから」ってはねのけられてしまったんですけど，やっぱそのあの子たちは，暗い顔してるだけで話しかけてきてくれて「大丈夫？」って聞いてくれたり，なんだろうな，人によってはああいう子たちを差別したりする人が世の中にはいて，でもあの子たちはとても優しくて，普通の人よりも人の心を持っていて，誰よりも純粋で人間らしい子たちなんだなって気づけて，その子たちに学校生活とか人間関係で疲れていたものを癒してもらったりとか，いろんなことを学ばせてもらったりとかして，やっぱり彼ら彼女らがいなかったらここまでがんばろうとは思えなかったと思いますかね。

マキは自閉症の生徒について，「暗い顔してるだけで話しかけてきてくれ」ると述べているが，そうした様子は実際に参与観察の中でも見られた。進路選択を控えた3年A組の授業を見学したときのことである。副担任の田端先生は，試験勉強を怠った生徒が多数見られたため，大学や専門学校などへの学校推薦について「これでは推薦は出せません」と話すなど，クラス全体に向けてかなり厳しい口調で指導を行った。授業後も生徒たちの間で重たい空気が流れるなかで，泣いている女子生徒のもとにひとり向かい，真っ先に「大丈夫？」と話しかけたのは，ある自閉症の男子生徒だった。

Y校の健常の生徒たちから自閉症の生徒とのエピソードを聞くたびに実感させられるのは，自閉症の生徒たちが，決して健常の生徒たちから一方的にサポートを受け続けるだけの存在ではないということである。彼ら／彼女らは，一緒にいたいと思わせる存在になることで，あるいは苦しいときに手を差し伸べる存在になることで，不登校経験者が学校に通い続けることを支えている。

「やりたいこと」の発見による進路決定

次に紹介したいのは，自閉症の生徒との関わりによって，健常の生徒の「やりたいこと」（≒つきたい仕事）が定まり，進路決定へと水路づけられていく様子である。

生徒へのインタビューでは，6名の生徒が，自閉症の生徒との関わりが将来「やりたいこと」の発見につながった様子を語っている。例えば，「ほんとにバディがいなかったら進路も決められなかったし，学校も辞めてたかもしんない」と語っていたサトル（当時3年生）は，バディとの関わりの中で障害のある人への見方が肯定的なものに変わり，障害者介護の仕事を志望して福祉系の専門学校への進学を志すようになったという。

筆者：［福祉系の専門学校に進学することについて］バディの友だちと交流してる間に，どうしてそういう，思うようになったのかってのは。

サトル：障害を持った人たちってのをまず，よく思ってなかったんですよ。差別って言い方は悪いですけど，そういう感じで思ってたんですけど，こう一緒に接してて，自分たちとそんな変わらないような存在で，素直で，一緒にいて楽しいっていうのがすごくあって，見方がどんどん変わってて，福祉の道も進んでみたいなって気持ちができて，選びました。

自閉症の生徒との関わりは，他にも，さまざまな形で生徒たちの「やりたいこと」の発見へと結びついている。例えば，自閉症の生徒との関わりから，「誰かに教える仕事がしたい」「誰かをサポートする仕事がしたい」という思いが芽生え，特別支援学校の教員や高齢者介護の仕事を目指すようになったと語る生徒たちもいた。一方で，上記のサトルの語りからは，サポートがしたいということではなく，自閉症の生徒と一緒にいることの楽しさが，障害者介護の仕事を目指すきっかけになっている様子がうかがえる。彼は，自閉症の生徒たちを「自分たちとそんな変わらないような存在」と語るように，障害のある人々をサポートする対象としてではなく，同じ地平に立つ存在としてまなざしているように見える。

また，シンゴ（当時３年生）も，自閉症の生徒との関わりから障害者介護の仕事を希望するようになり，卒業後は４年制大学の福祉系の学科に進学したが，在学中のインタビューの中ではその動機について，障害のある人への「世話」という言葉だと一方的だと，言いよどむ瞬間があった。彼は障害のある人との関係について，「ある種の相互関係だと思うんですよね。たぶん，こっちからもなんかそういう得るものがあるんじゃないかなって思って」と語り直している。

Ｙ校の健常の生徒たちにとって，自閉症の生徒との関わりは，他者のサポートをしたいという思いを芽生えさせるものにもなりうる。一方で，障害のある人たちが自身と同じ地平に立つ存在であったり，相互に影響をもたらす存在であったりすることに気づくきっかけを与えるものにもなりうる。しかしいずれの場合でも，それらの思いや気づきは卒業後の「やりたいこと」の発見へとつながり，進路決定へと生徒を水路づけていく役割を果たしている。

4. 共生共学の実践を継続可能にする要因

このように，Ｙ校での共生共学の実践は，健常の生徒にとってさまざまな経験や思い・気づきにつながり，登校継続を支えたり，「やりたいこと」の発見や進路決定につながったりするものである。一方で，Ｙ校で共生共学の実践を継続できているのは，以下の２つの要因があるからだと考えられる。

関係づくりのための小刻みで周到なプロセス

入学してくる健常の生徒の中には，これまでの学校生活の中で，障害のある生徒と共に学校生活を送る経験がなかった生徒もいる。Ｙ校の自閉症の生徒たちは，系列の中学校での経験もあってか，物怖じせずに周りの生徒たちに積極的に話しかけていくし，授業中も教師の問いかけに即座に反応し，挙手も積極的に行う。こうした学校生活に前向きな態度は，教師不信や人間不信の状態で入学してくる健常の生徒にとっては，カルチャーショックを覚えるものであるかもしれない。また，前述のサトルのように，入学当時は障害のある人に対して差別的な見方をしていたという生徒もいる。自閉症の生徒と健常の生徒との間でいじめやトラブルが起こらないかということも，気にかけておかなければならない事柄である。

そうした点をふまえてＹ校では，自閉症の生徒と健常の生徒が良好な関係を築けるようにするための制度的仕掛けが周到に用意されている。入試の方法やカリキュラムに埋め込まれているこうした制度的仕掛けは，Ｙ校が私立の高等専修学校だからこそ可能なものだと言える。また，教師たちはタイミングを見計らって，自閉症の生徒と健常の生徒の関係づくりのための声かけや指導も適宜行っていく。そうした関係づくりのための小刻みで周到なプロセスこそが，Ｙ校で共生共学の実践が継続できている一番の要因だと考えられる。

例えば，Ｙ校の推薦入試では，事前に体験入学に参加していることが受験の条件となる。その理由のひとつには，健常の生徒に自閉症の生徒と共に学校生活を送ることを理解したうえでＹ校に入学してもらいたいという意図がある。

また，入学後には，健常の生徒に自閉症の生徒についての理解を促すための働きかけが徐々に行われていく。例えば，Ｙ校では４月下旬に２泊３日の１年生研修が行われるが，筆者が参加した年度の１年生研修では，初日の夜に，健常の生徒だけを会議室に残して教師たちが話をするという時間があった。この直前には，自閉症の生徒２人がお互いに感情のコントロールができずに，殴り合いの大げんかになってしまう事件が起きていた。それを見ていた健常の生徒たちが自閉症の生徒との関わりを避けてしまわないかという危惧から，大崎先生は健常の生徒たちに向けて，「変な区別をしないでほしい」というメッセージを伝えている。

自閉症の生徒の中には外の世界ではいじめられた子も多い。歯向かわないから，レンガで顔をボコボコに殴られた子もいる。親御さんは心配しているわけで，入学式でポケットに手を入れてだらしなく椅子に座っている生徒を見たら，親はまたいじめられるのではないかと心配に思ってしまう。[中略] だから,「どうだい」と聞きたい。彼ら彼女らの方が純粋かもしれない。ひとつ理解してほしい。変な区別をしないでほしい。そして,彼らから学ぶことはたくさんある。 [フィールドノーツより]

その他にも,自閉症の生徒と健常の生徒の関係づくりのために,教師たちはさまざまな配慮や働きかけを行っている。例えば,1年生の7月からはじまるバディは,自閉症の生徒と健常の生徒の関係づくりのための制度的仕掛けのひとつだが,教師たちはバディが双方の生徒にとってプラスなものとなるよう,学年会議で双方の性格や特性などについて話し合いながらペアを決定している。また,日々の生活の中では自閉症の生徒と健常の生徒との間でさまざまなトラブルが生じる。それらのトラブルは小さなものでも即座に教員間で共有されて,必ず双方に対して指導が行われる。

健常の生徒が自閉症の生徒と共に学ぶという環境を受け入れ,彼ら/彼女らへの関わり方を覚えていく過程を支えるために,Y校では体験入学やバディなどの制度的仕掛けを設けると同時に,生徒同士の相性などにも配慮している。また,教師たちは機を見て生徒たちに言葉がけや指導を行っていくが,その内容は長年の共生共学の実践経験に基づくものである。こうした制度的仕掛けや長年の経験に基づく働きかけが,自閉症の生徒と健常の生徒が共に生活を送るという環境を維持することを可能にしていると考えられる。

「受験学力」向上のプレッシャーの弱さ

Y校で共生共学の実践が継続可能になっている理由として,もう1点付け加えておきたい。それは,Y校が専門的な技能の習得に力点を置く高等専修学校であり,生徒や保護者が大学の一般入試に必要な「受験学力」の向上を求めることが少ないということである。

Y校の自閉症の生徒の中には,知的な遅れを伴わない「高機能自閉症」の診断を受けている生徒もいる[5)]が,大多数の自閉症の生徒は知的な遅れを伴う「自閉症」の診断を受けている。また,健常の生徒の中には,学業不振が理由で全日制高校への進学が難しく,Y校に入学することになった生徒も多い。不登校経験者の場合,不登校の期間にまったく勉強をしていなかった生徒も少なくない。そのためＹ校の普通教科の授業では，Ａ組でもＢ組でも，知的な遅れを伴うと診断されている自閉症の生徒や学業不振の健常の生徒でも理解でき，かつ楽しめる授業になることが目指されている。

一般入試での大学受験を希望する生徒が多い学校の場合，Ｙ校のような共生共学の実践を導入することは難しいかもしれない。なぜなら，授業のレベルを知的な遅れを伴う自閉症の生徒が理解できる内容に設定したら，大学受験者から不満が出るであろうし，大学受験者に授業のレベルをあわせたとしたら，自閉症の生徒の多くは置き去りになってしまうためである。

しかしＹ校の場合，卒業後に大学進学を希望する生徒は健常の生徒（全体の３～４割）の中の２割強にすぎない。しかも，彼ら／彼女らのほとんどは一般入試ではなく，AO入試や指定校推薦を利用して大学を受験する。そのため，大学受験を希望する生徒やその保護者から，一般入試に必要な「受験学力」を高めてほしいと要望が出ることは少ない。

大学進学を希望する生徒へのインタビューの中では，自閉症の生徒や学業不振の生徒に理解可能であることを目指した普通教科の授業について，全日制高校と比較して不安や焦りを口にする者もいた。しかしそうした生徒たちも，授業の楽しさや他の生徒への配慮もあってか，授業のレベルが大きな不満にはなっていないようであった。

5. 共生共学の実践を貫徹することの困難

Ｙ校ではこうした２つの要因もあり，共生共学の実践が継続されてきている。しかしＹ校でも，すべての授業が共生共学の形で行われているわけではない。

Ｙ校では毎年２月から３月に，自閉症の生徒をはじめとした障害のある生徒と健常の生徒が分かれて，卒業後の進路に向けた授業を受ける期間がある。２月中旬までは普通教科の授業であった時間に，健常の生徒が今後の進路選択のための授業を受けたり，時事問題や社会でのマナーに関する授業を受けたりしている間，障害のある生徒は別の部屋で，卒業後の就労に向けたスキルアップのために，丁合・封入・検品などの作業を行っている。

このように分かれて授業を受けるのは，障害のある生徒と健常の生徒で，卒業後の進路が大きく異なるためである。障害のある生徒の場合，ほとんどの生徒が障害者雇用枠による企業への就労か，障害福祉サービスを活用した事業所での就労を目指すことになる。丁合・封入・検品をはじめとした作業のスキルアップや，作業に臨む態度の育成は，本人や保護者にとってより望ましい就労先を選び取るための，雇用可能性の向上のために必要だと考えられている。一方で，健常の生徒の就職や進学に関して，雇用可能性や合格可能性を高めるためには，面接・小論文対策や時事問題・社会でのマナーの理解など，障害のある生徒とは異なる内容の授業を行う必要がある。

後期中等教育段階では，障害のある生徒と障害のない生徒との間で，卒業後の進路の選択肢が大きく異なってくる。Y 校の事例からは，生徒たちの雇用可能性／合格可能性を高めることと，共生共学の実践を貫き通すこととの間のジレンマを垣間見ることができる。

6. さらなるインクルーシブ教育に向けて

Y 校での共生共学によるインクルーシブ教育は，障害のない生徒たちの登校継続・進路形成や，そのもととなる経験や思い・気づきなどに影響を与えていた。そうした共生共学の実践が継続できていた背景には，関係づくりのための小刻みで周到なプロセスと，「受験学力」向上のプレッシャーの弱さという 2 つの要因があると考えられる。一方で，後期中等教育段階では障害のある生徒と障害のない生徒との間で卒業後の進路の選択肢が大きく異なり，それぞれの生徒たちにあわせた形で雇用可能性／合格可能性を高める必要性がある。そのことが，Y 校で共生共学の実践を貫徹することを困難にさせていた。

最後にここまでの話を，学校・学級の中の多様性という点についてどのようなヒントが得られるかという観点から考え直してみたい。以下の 3 点は，ここまでに見てきた障害のある子どもに関するインクルーシブ教育に限らず，貧困や人種的・言語的マイノリティなどさまざまな子どもたちを射程に入れた世界的な意味でのインクルーシブ教育においても，一定程度当てはまるのではないだろうか。

①学校・学級の中の多様性は，生徒たちに新たな経験や思い・気づきを与えたり，学校に通い続けようとする気持ちを支えたり，「やりたいこと」や進路を決定するきっかけを与えたりする。

②学校・学級の中の多様性を維持し続けるためには，関係づくりのための制度的仕掛けや教師の言葉がけ・指導など，早い段階から小刻みで周到なプロセスが必要となる。

③学校・学級の中の多様性を維持し続けることの困難の一端は，卒業後の進路の分化と，各々に合わせた雇用可能性／合格可能性の向上が求められることにある。

インクルーシブ教育は，マジョリティ／マイノリティの分断が融解したインクルーシブな社会へとつながるような，さまざまな気づきや影響を子どもたちに与えるはずである。彼ら／彼女らは，多様性の維持に配慮した学校・学級の中で，自分とは異なるバックグラウンドを持った他者が自身と同じ地平に立つ存在であったり，相互に支え合う関係であったりすることなどに気づくかもしれない。

しかし，障害であっても，貧困であっても，人種的・言語的マイノリティであっても，それらのカテゴリーに含まれる子どもたちが他の子どもたちと別の進路へと水路づけられていく現状がある限り，雇用可能性／合格可能性の向上と共生共学によるインクルーシブ教育を両立させることは難しくなる。現行の選抜システムの中では，学校段階が上がれば上がるほど，卒業後の進路分化にあわせて生徒たちを分離し，それぞれの卒業後の雇用可能性／合格可能性を高めていく学校の営みが，生徒や保護者のニーズに適ったものとなる。しかし同時に，そうした分離によって，生徒たちが共生共学によるインクルーシブ教育を通してさまざまな気づきを得る機会は失われるかもしれない。

現行の選抜システムを無批判に前提にしていたり，それをより十全に機能させることに躍起になっていたりする人々（研究者を含む）は，回りまわって，学校がインクルーシブな社会の形成という価値を追求することを妨げる存在になっているかもしれない。多様性が受け容れられる社会のための教育を阻害するそうした身振りに，私たちは自覚的になっていく必要があるだろう。

注

1）本章では「障害のある生徒」「障害のない生徒」と記載するものの，これらはそれぞれ，「診断などによって障害があるとされている生徒」「診断などによって障害があるとされていない生徒」のことを指す。
2）こうした「分離教育」を容認する形での特別支援教育を，批判的意味を込めて「日本型インクルーシブ教育」と呼ぶ文献もある（原田ほか 2020）。しかし本章では，「共生共学」としてのインクルーシブ教育に焦点化して議論していく。
3）登場する学校名，生徒名，教師名はすべて仮名である。
4）児童相談所または知的障害者更生相談所において，知的障害があると判定された際に交付される障害者手帳のこと。
5）彼ら／彼女の中には，定期試験では多くの健常の生徒より高い点数を取り，学年の上位 10 番以内に入っている生徒もいる。

参考文献

原田琢也・濱元伸彦・堀家由妃代・竹内慶至・新谷龍太朗（2020）「日本型インクルーシブ教育への挑戦――大阪の『原学級保障』と特別支援教育の間で生じる葛藤とその超克」『金城学院大学論集　社会科学編』16(2), 24-48.

伊藤秀樹（2017）『高等専修学校における適応と進路――後期中等教育のセーフティネット』東信堂.

文部科学省（2019）『未来をひらく高等専修学校』.

中村信雄（2019）「インクルーシブ教育の視点による学校教育の変革の可能性について――ユネスコのインクルーシブ教育の理念と実践について」『東京理科大学教職教育研究』4, 119-128.

岡典子・品田彩子・相賀頌子・宮内久絵（2016）「ドイツにおけるインクルーシブ教育改革への模索――社会的・教育的基盤との関連に着目して」『筑波大学特別支援教育研究』10, 65-74.

UNESCO. (2009). *Policy Guidelines on Inclusion in Education.*

コラム 4

帰国生大学入試における課題
――救済策から能力主義的・競争的選抜への移行

井田頼子

帰国生を対象とした大学入試は，1980 年代から海外帰国生の受け入れ救済策として普及した選抜方法である。その後，グローバル人材育成政策が謳われ，帰国生の進学体制が整備されたように思われる。しかしながら，帰国生入試では，出願資格における「帰国生」の定義や，教育経験の評価体制によって，一部の帰国生のみが帰国生入試を利用できるなどの不平等や排除が生じている（井田 2015）。

そうしたなかで，近年，大学によっては，帰国生入試が総合型選抜（旧 AO 入試）に組み込まれていく兆候が見られることは注目に値する。総合型選抜の対象に帰国生を組み入れることにより，受験対象者が国内外を問わず広く設定されていることとなる。総合型選抜は，選抜体制の検討課題，「帰国生」定義による排除が緩和されうる体制だと言える。

ただし，総合型選抜においても，面接や書類審査だけではなく一斉筆記試験を採用する大学が多いのが現状である。さまざまなカリキュラムで教育を受けてきた受験生の能力を，どのような指標を用いて測るのか。これは大学に求められる新たな検討課題となっている。

さらに，帰国生当事者たちの動きからも変化の兆しが読み取れる。2000 年以降，入試対策のために塾に通う帰国生数は増加傾向にある（帰国児童・生徒教育の調査研究会 2012）。入試が多様化し，総合型選抜に帰国生が受験機会を得たとしても，帰国生たちは入試対策を経て，受験に挑む。こうした現象から読み取れるのは，帰国生の入試体制が，当初の救済策から，能力主義的，競争的選抜へと移行していることである。

教育経験の多様な帰国生たちを，不平等や排除を払拭したうえで，どう大学受験において選抜するのか。高校までの多様な教育システムをふまえた上で，帰国生たちの多様な能力をどう測るか。これは，帰国生の選抜体制において浮かび上がる，新たなグローバル化における課題である。

参考文献

井田頼子（2015）「日本の大学の帰国生入試における多様性とその帰結——「能力の社会的構成説」を参考に」ソシオロゴス編集委員会『ソシオロゴス』39, 45-60.

帰国児童・生徒教育の調査研究会（編著）（2012）『帰国児童・生徒教育に関する総合的な調査研究報告書』海外子女教育振興財団.

第6章

ひきこもり当事者を対象とした居場所支援

御旅屋 達

1. ひきこもり当事者の自立支援としての「居場所」

本章では,「ひきこもり」という状態をめぐる社会的孤立とその支援について取りあげる。事例として紹介するのは, ひきこもり状態にある／あった若者たちに対して提供される「居場所」と呼ばれる支援実践における語りである。欧米のそれを参考に展開されてきた日本の若者支援において,「居場所」という支援の形態は独自なものに思われる。「居場所」という支援形態が必要とされたのはどのような事情においてなのか, 社会的なつながりから切り離され孤立した若者や, 彼らを支援する人々の語りを手がかりに検討していく。

「若者」と労働・生活にまつわる困難は, 先進諸国においては共通の課題である。日本においては, バブル景気や職能を持たない新規学卒者を人材確保の要とする日本の雇用慣行によってその問題化は先送りされてきたが(濱口 2013), バブルが崩壊した1990年代以降, 欧米に20年ほど遅れる形で, 労働市場からこぼれ落ちる若者が社会的な課題として認識されるようになる。特に2000年代に入ってからは,「ニート」と呼ばれる無業状態の若者たちの存在が政策上の課題に挙げられたこともあり, 若者自立支援の制度化が進められるようになった。その当初において若者支援の主流であったのは, 若者のエンプロイアビリティを向上させ, 速やかに就労につなげることを目的とした, 教育的な就労支援であった。

しかし, 支援が制度化されていく過程においてわかってきたことは, 教育や労働，福祉などさまざまな社会的なつながりから排除され，孤立した若者たち——具体的には，長期間ひきこもり状態にあり，働く意欲，生きる意欲を失った若者たちや，発達障害や精神障害の疑いがあり，医療的な支援を必要とする若者たちなど——が想定以上にいるという事実であった。それまでの完全雇用を前提とした社会においては，「行くところがない」，さらには「家にもいられない」というような若者の存在はほとんど想定されていなかった。こうした若者たちにとっては，支援に継続的に通うこと自体が困難として立ちはだかる。

こうして，1対1の関係によるカウンセリング・面談とも，職能を獲得することでエンプロイアビリティを向上させようとする職業体験・訓練とも，就労能力のある若者を仕事にマッチングさせるような職業紹介とも異なる，安定した人間関係の構築，家庭外での生活体験などを目的とする「「学校から社会へ」と渡っていくための中間施設として」（佐藤 2004: 134）「居場所」あるいは「フリースペース」と呼ばれるような支援施設が，民間の支援団体や自治体などによって相次いで設置されるようになってきた。厚生労働省（2010）の「ひきこもりの評価・支援に関するガイドライン」においても，居場所は支援の段階のひとつとして位置づけられるなどしており，現在では就労支援の前段に「居場所」を提供することは，ひきこもり支援における方法論のひとつとして定着したと言ってよいだろう。

2. 若者支援団体XとXの運営する「居場所」の概要

具体的に取り上げるのは，首都圏の若者支援NPOであるXが運営する「居場所」支援施設である。筆者は2010年から2015年にかけて，Xの運営する「居場所」において参与観察，聞き取り調査を行ってきた。まずはXとその「居場所」について簡単に説明をしておく。

Xは1970年代に地域の子どもの学習支援の活動を始め，その後若者支援にも参入した。現在では国や自治体の委託事業や自主事業など，複数の形態の支援を提供している。本章で対象とするXの「居場所」支援はもともと「ひきこもり」状態を経験した若者を対象とした，自治体の委託事業としてスタートしたものである。現在ではその看板は外されているものの，依然「ひきこもり」経験者の割合は高い。利用者は心理アセスメントや面談を通じて，困難の度合いやパーソナリティにあった支援形態を選ぶことになるが，就労や就学に対する困難の度合いが高い若者が「居場所」支援を利用することが多い。

Xの「居場所」は週4日開所されている。「いつ来てもよい・何をしてもよい」とされ，自由な場であることが強調される。一方で調理会や地域の祭りへの参加，遠足などのプログラムも数多く企画され，その際においては強制ではないものの積極的な参加が促されるなど，一定の活動性を重視した場という側面も持つ。こうしたプログラム企画においては利用者による立案や実施が重視されており，自律的に活動が作り上げられること，そのプロセスへの参画によって利用者が活動的になることが企図されている。来所人数は1日に十数名であり，毎日通う者も月1回程度の参加の者もおり，月の実利用人数は60名前後になる。利用者の年齢層は10代後半から30代までと幅広いが，そのうち20代が半数以上を占めている。男女比は7：3であり，「広義のひきこもり」の49％が20代，男女比は約6：4とする内閣府（2016）の調査結果と概ね重なっている。

以下では利用者や支援者の語りを参照しながら，孤立した若者に対する支援のあり方について見ていきたい。なお，データの記載において，筆者による発言の補足は［　］，その他の補足は（　），省略は……で表す。プライバシーの保護，読みやすさのため，インタビューデータには若干の修正を行っている。

3. 当事者／支援者の語りから見る支援としての「居場所」[1)]

幻想としての「普通」のライフコースからの排除

ひきこもり状態にある／あった若者が，しばしば「普通」の生活についての規範や自身とそれとのズレに関して喪失やコンプレックスを表明することについては，既にいくつかの指摘がある。（例えば井出 2007; 岡部ほか 2012）。しかし，特に個人化と価値の多様化が進行したとされる現代社会において，「普通」の生活というもののイメージを共有することは難しい。この「普通」の生活とは何を意味しているのだろうか。

目標はいずれは普通の生活をするってのがあるんだけど，普通ってなかなかできない。[Xの支援から］卒業して仕事して税金納めて彼女つくってー。…… ［「居場所」は］社会不適合者のユートピアって感覚が自分にもあって，ここにいても居心地がいいって思う感覚があまりない。ここはなんか，社会との隔たりを感じちゃう。（利用者A）

「居場所」に来るまでは，［「居場所」の利用者が］働いてもいないのにただ集まって遊んでるなんて，受け入れられなかった。……ひきこもりの人たちは，家にいて，なまけて，働いてなくて，［自分も］家で同じことしているのに，なぜか，抵抗があるんです。（利用者B）

Aさんにとって「普通の生活」を象徴するのは，「仕事」「税金」「彼女」であり，それらの欠落ことは，「社会不適合」であることが語られる。労働者になることは納税者になることと連続的であるように一般に言われがちでことを考えると，仕事と恋愛，すなわち親密な対人関係の獲得がAさんにはある種の「文化的目標」（Merton 1957）として認識されているといえよう。

こうしたコンプレックスや自己肯定感の低さは，ときに既存の社会規範への過剰適応を呼び起こす。Aさんにとっての「居場所」は「社会不適合者」の集まる，いわばアノミー化した「ユートピア」であり，外部社会の規範には適合しない空間として位置づけられている。Bさんもまた，利用者が「集まって遊んでる」ことについての抵抗感を隠そうとしない。しかし一方で「同じことしている」自分自身も含め，自罰的に「ひきこもりの人たち」の規範意識の低さに対し批判的に語ってもいる。困難を抱えた当事者の共同体である「居場所」での活動が，それに参加しようとする当事者にとっては，ときに自身のライフコースにおける欠落を映し出す鏡としても機能しうることがうかがえる。

これらの語りから見えてくるのは，当事者には，外部社会における標準的なライフコースのあり方や規範が――それがたとえ幻想であったとしても――内面化されており，それが支援に対する抵抗感につながりうることである。こうした規範意識や支援への抵抗感を解きほぐし，緩やかに支援へと結びつけていくことが，ひきこもり支援において最初に求められることだと言える。

「普通であること／ないこと」の承認

少なくないひきこもり当事者が，自身の生活が標準的なライフコース観に照らして「普通」ではないことに強いコンプレックスを抱えていることについては既に述べた。考えてみればあたりまえのことではあるが，ライフコースが「普通」でないことは，（そもそも「普通」とはいかなる状態か，ということをさしおいても）本人のパーソナリティが「普通」でないことを意味しない。しかし当事者の中には，自身のパーソナリティの「普通でなさ」を強く自覚し，自信を失っている者も少なくない。中学1年のころからいじめをきっかけに6年間ひきこもり，18歳以降は断続的に働いたりひきこもったりを繰り返していたCさんは，まさにそうした状態にあった。

［Xで紹介されたアルバイトでは］全然職員の人とコミュニケーション取れなくて，自分に対して嫌になってたんですけど……●さんにならいろいろ，Xに対する不信感みたいの言えるかなって，言ってみたら，「別にそう考えるの普通じゃん」って［言ってもらえた］，ああ，俺普通なんだって，元気になりました。……自分でもあんまよくわからないですけど，なんで外に出られるようになったのかとか。まあ，■さんとかが，なんか，「Cさん全然普通じゃん」みたいな，「早く働いて卒業して友だちとして付き合おうよ」とか言われたのがうれしかったのかもしれないです。そういうこと言われたこと今までなかったので。ずっと友だちとかいないまま十何年も来ちゃって。それはうれしかったし，自信にはとりあえずなりましたね。

Cさんは25歳ごろから支援機関に通いはじめ，いくつかの機関を経てXにたどり着いている。Xの支援についても緊張感を抱えながらの利用となっていた。転機になったのは，2名の支援者と出会い，言動が「普通」であるという指摘をされたことであり，そのことは「元気にな」ったり，「外に出られ」たりしたきっかけとなったという。語りだけを見れば，単純に過ぎる話のように見えるが，不登校をきっかけに「友だちとかいないまま十何年も」過ごしてきたCさんは，このような些細な他者からの承認の声がけからも遠ざかってきたのだとわかる。Cさんは次のように続ける。

［「居場所」のスタッフが］●さんと■さんと▲さんになって，すごいなんか学校って

こんな感じだったのかなみたいな。で，いろんな企画とかにも積極的に参加しようと思って。で，バイト（就労体験）を減らしたんですよ。バイト行くよりこっちに行った方が楽しそうだって。

Cさんは自身の正常性の承認をきっかけとして，支援者との関係を中心に「居場所」における良好な対人関係を取り結ぶようになった。このような「居場所」における包摂の体験は「学校」のメタファーを通じて語られているが，そうした「普通」のライフコースの擬似的な追体験は，Cさんに就労体験より「居場所」での活動を選ばせるなど，就労に対する規範も弱めている。

このように「普通である」ことが承認されたのをきっかけに，「普通」のライフコースへのこだわりが軽減されるケースがある。その一方で，失敗の経験を重ねたために，「普通」であろうとすること，あるいはそれを要求されることなどに疲れてしまうケースも，もちろんある。自身を発達障害ではないかと疑うDさんは，自身が一見「普通」と認識されることへの違和感を表明する。

あんまこの人（担当の支援者）わかってないなって気がしていて。……［自分は］割と落ち着いてて，はたから見ると仕事も全然普通にできるんじゃないのみたいに思われがちなとこがあって。自分自身は全然そういうスキルがないのわかってるから……だけどいろんな検査とかやっていくうちに，あれ？と思い始めたみたいで。

Dさんには「エリートコース」を歩む2人の兄がいる。兄と比較されることで「普通である」どころか，より卓越した個人として生活を送ることを期待されながら育ってきたという。そのプレッシャーもあり，高校卒業後7年間のひきこもり生活を送ることになる。その後は支援期間を転々としながらXにたどり着いている。この段階では自身の「障害」を明確には意識していないものの，何度も「パニック発作で倒れた」経験などから，自身の特性，少なくとも仕事を「普通」にできないことについては自覚的であった。ここで注目すべきなのは，Dさんが自身を「普通」であるとは認識しておらず，支援者から正常性を押しつけられていると感じていることであろう。確かにDさんは身だしなみや会話の受け答えにおいて，一見それほどの困難を感じているとは思わせないような雰囲気を纏っている。これまで何度も仕事の場においては排除されながら，支援の場においては「普通である」という誤承認にさらされてきたことにより，彼自身の困難は周囲に承認されずにいた。この場においてDさんが求めていたのは自身の正常性の承認ではなく，「普通ではない」自身の能力や身体状況に対する承認であった。Dさんはその後スタッフとの対話や，「居場所」内の利用者同士の関係性の中で自身の障害を受容され，障害者枠での就労を果たしている（御旅屋 2017）。

Cさんと D さん両者の事例は，どちらもその方向性は異なるものの，「普通」というイメージと自身の身体の状況の距離にまつわる承認の不在として理解できる。X の支援者らによって，外部社会における価値基準とは異なる基準へと利用者の「普通」の水準を置き換えていくような関わりがなされている。

支援現場における多様な利用者の包摂とその排除性

このように「居場所」という空間には，その外部において排除されてきた人たちのパーソナリティを承認し，その場に包摂する役割が期待される。それゆえ，他者に危害を与えないなどの最低限の規範を侵さない限り，どんな利用者も排除しない，高度に包摂的な空間であることが求められる。そしてそのことによって生じる成員の多様性は，X においては利用者の規範意識や価値観を解きほぐしたり，揺らがせるための葛藤を呼び込むという意味において概ねポジティブに捉えられている。

> 発達障害の方だけの場じゃないのは，大きいと思っていて。発達障害の人だけを集めてしまっても［私たちの考える支援は］できないし，かといって，発達障害の人もいないと。よく言うのは，問題児がいないと，葛藤が［起こらない］。……前にホワイトボードに数式をワーッと書いてみたいな人がいて，大変だったんですけどね。それはある意味，暴力的な，場の状況も何も関係なくやるような。［最初は］みんなびっくりして，何も言えなかったんですけど。彼がいない時に……「どうしたら受け入れられるか」っていうふうにみんな考えていて。……彼も「自分ってこういう部分があるんだ」って気づいていき，素直になれるというか。排除されてきたから，逆に，そういう行動になってしまうと。
> （支援者）

「ひきこもり」とは「長期間自宅に居続けている」という状態にすぎない。そのきっかけや背景は多様であり，元来支援現場は多様な若者によって構成されている。そうした環境下においてこのような多様な成員の包摂の可能性が期待されるのは，ひとつには，若者たちがそれぞれの人生において困難な体験をしている，という事実が共有されている点にあるだろう。こうした共同性によって，各自の困難が理解され，言語化されたり受容されたりするという相互作用も確認できる（御旅屋 2017）。

一方で危惧すべき点もある。ここで障害を抱えた利用者は「問題児」という言葉によって表象されている。言い換えるならば，健常の利用者の立場から見て「大変な人」として他者化されているように見える。困難経験を共有した者の共同体であるXの居場所においてもなお，より困難な状況に置かれた者は，「どうしたら受け入れられるか」という「包摂」概念の暴力性（倉石 2017）から逃れることはできない。

自立のための「居場所」というジレンマ

さて，若者支援は――特に国・自治体の施策の委託事業としてのそれは――最終的には就労その他の方法によって若者が自立，あるいは次の支援の段階に進むことをその目的としている。それゆえ「居場所」においても，最終的にはそこを「出ていく」ことが目指されることになる。どれほど利用者にとって「居場所」が安心な場であったとしても，その場はいつか出て行かなくてはいけない場所であり，自立のためのツールのひとつとしての意味づけを避けられないというジレンマを最初から内包している。象徴的な例として，ある支援者が利用者に向かって語りかけた言葉とそれへの利用者の反応を紹介したい。

> 居場所にどっぷり浸かることがスタート。どっぷり浸かって気持ちのよい関係性ができれば外に出たくなる。（支援者）

「どっぷり浸かる」というメッセージからは，外部の社会への参加の志向を一旦弱める含意を読み取ることができる。この支援者の投げかけに対して率直に「居場所」の楽しさや居心地の良さを語る利用者が続くなかで，先ほども語りを紹介したBさんは次のように反応した。

「浸かる」って聞くと，ここに来ることが簡単なように聞こえるけどそれはあんまりよく思わない。……がんばってがんばってここに来た。だから［簡単に浸かれって言われるのは］不愉快。

Bさんは先にも触れたように，「居場所」の利用を開始した当初，自身の強い規範意識によって「居場所」への参加を拒んでいた。この段階でBさんは「居場所」の中心的なメンバーとして，「居場所」の内外で行われるさまざまなイベントにも積極的に参加しており，「X以外［の支援］は考えられない」と語るなどXに対する強い信頼を表明している。しかし一方で，「居場所」に「浸かる」ことは受け入れがたい選択肢でもあるという。Bさんにとって「居場所」は包摂性の高い空間などではなく，主体的な参画が求められる訓練の場として位置づけられていることがわかる。

「居場所」において利用者は，その場から出ていくために主体的に居続ける，外部の規範に同化しないために「居場所」の規範に同化するなどのいくつかのジレンマと向き合うことは避けられず，特に一定程度エンパワメントされた後にはその後の目的に応じて「居場所」を柔軟に活用することが求められる（御旅屋 2015）。

4. 日本社会における「場」からの排除と居場所支援の意義，そして限界

本章ではごく限られたものではあるが，ひきこもり状態を経験した若者や支援者の声から，「居場所」という支援が孤立した若者を包摂するその方法や論理の一端を紹介してきた。最後に，社会的に孤立した若者に対して支援として「居場所」が提供されてきたことの含意について考えたい。

リスターは，「社会的孤立」とは「広い社会からの断絶ということであって，個人的なネットワークの喪失ではない」（リスター 2011: 129）とし，狭いコミュニティにおける「包摂」と広い社会における「排除」は同時に進行しうること

を指摘している。

日本における「ひきこもり」とは，端的に言えば，家族以外のあらゆる社会的関係から排除・周辺化された状態であり，それはリスターの語彙に置き換えれば，広い社会からの断絶がそのまま個人的なネットワークの喪失に直結したケースといえる。例えばCさんのように，教育の場から切り離されたことがそのまま対人関係からの排除に直結するようなことが生じうる。それには仕事や教育から排除されたときに自宅以外に包摂される場がない，という日本的な事情も大きいように思われる[2)]。

例えば鈴木（2014）は内閣府の国際意識調査のデータから，日本の若者において何らかの所属があること，特に在学が友人の数を規定していることを示している。このように，日本の学校という「場所」は，そこに属する児童生徒の人間関係も含めて包摂しようとする特徴を持っている。

職場という場もまた同様である。リクルートワークス研究所（2013）による若者の意識についての国際比較調査では，「仕事をする上で大切だと思うもの」について，ほぼすべての国の若者が「賃金・福利厚生」を最も重視しているのに対し，日本では「職場の人間関係」が最も多く支持されること，「前職の退職理由」についても賃金より人間関係が重視されることが示されている。日本においては，教育の場だけでなく，労働の場も，対人関係を形成する場として機能したり，その人間関係によって維持される場であったりすることがわかる。

しかし，これまで見てきたように，教育や労働の場が包摂の場であるがゆえに，そこから排除されたときにはあらゆる社会的資源から切り離されることになる。日本の学校の同質性志向の強さについてはよく指摘されているが，同質性の高い集団は異質な者を受け入れることを得意としない。

ブリントン（2008）は，日本の若者の困難な状況を「場」の喪失と表現した。それは学校という「場」から職場という「場」への移行不全が生じていることを意味しているが，同時にそれぞれの「場」がそこに属する成員の対人関係を包摂することにも限界が生じてきた，と指摘することもできる。学校は職業斡旋機関としての機能を失うと同時に，生徒のコミットメントを低下させてきた。職場もまた，正社員という形で従業員を包摂することはできなくなり，不安定な非正規雇用を増やすことにより，その居場所としての機能を喪失させてきた。

職場や学校が個人の生活を丸ごと引き受ける日本型の包摂社会は既にその説得力を失っている。そこから周辺化された者が居られる場所は自宅以外には存在しない。同化も他者化も志向せず，ただ「自己を承認し確認し，自己肯定感や安心感を感じて」「他者から受容されているという実感をもつことができる」（住田 2003: 5）「居場所」を用意することの価値はここにある。

しかし，これまで見てきたように，支援としての「居場所」に包摂されながら，教育や労働からの排除状態が解決していない状態は，リスターの指摘する「社会的孤立」という状態そのものとも理解できる。もちろん「居場所」支援を通じて若者たちは標準的なライフコースや規範への同化の圧力から解放され，気力を回復させてきている。「居場所」のような包摂的な場が当事者にとって重要な意味を持つことについては異論を挟む余地はない。しかし，「居場所」が自立支援の枠組みによって設置されている以上，困難を抱えた若者をいつまでも包摂し続けることはできない。

こうした限界があることに対し，ひきこもりの当事者は「就労の状態をもってして，とても“ゴール”とは言えない状況」（泉 2019: 28）にあり，自立支援の場を離れた後の居場所の確保の必要性があるという認識から，ひきこもり経験者・当事者主体による永続的な支援・自助活動が各地で立ち上がっていることは重要な動きと言える。X においても，X の支援を経て就労に至った若者に向けて，就労後の「居場所」を用意する試みが試験的にではあるが行われはじめている。

移民や外国人といったカテゴリーにおいても同様である。まずは既存の教育や労働といったシステムへの包摂が目指されるだろう。しかし，それ自体はゴールではなく，その後継続的に社会に参加し続けられることこそが本当の課題となる。例えば第 7 章で徳永が紹介するように，居場所としてのエスニックコミュニティを配置するなどの方法によって，複数の社会集団の間を行き来できるような仕掛けが求められるだろう。

そのためには社会参加の仕方の多様性を認めていくことが必要となる。本章の議論から言えることは，労働や教育によって社会参加を行うということと対人関係上の包摂を切り分けることだろう。同質性の高い文化を前提としてきた日本社会はこのことを苦手としている。新谷（2008）は日本の学校教育に対し，

「同化を求めない承認」という提案を行っている。集団活動の達成や，みんなと仲良くすることなどの同化のロジックによる承認は，価値が多様化した現代ではもはや限界であり，そうではない「自立と相互貢献」を重視した承認に切り替えるべき，という主張である。

新谷のこの主張は，労働の場においても十分に示唆的であるように思われる。近年経済界などによっても，（人件費の抑制を主な目的として）メンバーシップ型の雇用システムの限界が指摘されはじめているように，社員の帰属意識をベースにした働き方においては，職場の規範に同化できない個人は排除されることになる。規範に同化せよというメッセージがひきこもりの若者の意識にも強く内面化されていたのは，本章で確認してきたとおりである。

「ひきこもり」という現象は私たちが生きる社会の規範がいかに一面的かつ一元的なものであるかを問いかけてくる。今後日本が国際化を進行していく過程においても，社会生活を営むなかでいかに「居場所」を確保していくのかという問いは，ますます重要性を増していくだろう。

注

1）以下で取り扱うデータとその解釈については，一部御旅屋（2015; 2017）と重複している。

2）海外にも日本で言うひきこもりに近い状態にある当事者の存在は確認されている（例えば Teo et al. 2015）。

参考文献

新谷周平（2008）「居場所化する学校／若者文化／人間関係——社会の一元化を乗り越えるための課題」広田照幸編著『若者文化をどうみるか？——日本社会の具体的変動の中に若者文化を定位する』（62-93）アドバンテージサーバー.

ブリントン，M. C.（2010）［池村千秋訳（2008）］『失われた場を探して——ロストジェネレーションの社会学』NTT 出版（Brinton, M. C.（2010）. *Lost in Transition: Youth, work, and instability in postindustrial Japan*, Cambridge University Press）.

濱口桂一郎（2013）『若者と労働——「入社」の仕組みから解きほぐす』中央公論新社.

井出草平（2007）『ひきこもりの社会学』世界思想社.

泉翔（2019）「当事者だからできる永久支援——「ひきこもり」自助グループの活動」『都市問題』110(4), 27-32.

厚生労働省（2010）「ひきこもりの評価・支援に関するガイドライン」https://www.mhlw.go.jp/file/06-Seisakujouhou-12000000-Shakaiengokyoku-Shakai/0000147789.pdf（2021年2月22日アクセス）

倉石一郎（2017）「「貧困」「ケア」という主題の学問への内部化——教育社会学における排除／包摂論の生成と残された課題」『教育社会学のフロンティア 1 学問としての展開と課題』（189-209）岩波書店.

リスター，R（2011）［松本伊智朗監訳，立木勝訳］『貧困とはなにか——概念・言説・ポリティクス』明石書店（Lister, R. (2004). *Poverty*, Cambridge: Polity Press).

Merton, R., K. (1957) *Social Theory and Social Structure*. Free Press（森東吾・金沢実・森好夫・中島竜太郎訳（1961）『社会理論と社会構造』みすず書房).

内閣府（2016）「若者の生活に関する調査報告書」https://www8.cao.go.jp/youth/kenkyu/hikikomori/h27/pdf-index.html（2021年2月22日アクセス）

岡部茜・青木秀光・深谷弘和・斎藤真緒（2012）「ひきこもる若者の語りに見る“普通”への囚われと葛藤」『立命館人間科学研究』25, 67-80.

御旅屋達（2015）「若者自立支援としての「居場所」を通じた社会参加過程——ひきこもり経験者を対象とした支援の事例から」『社会政策』7(2), 106-118.

御旅屋達（2017）「若者支援における「障害」の位置価」『教育社会学研究』101, 131-150.

リクルートワークス研究所（2013）「Global Career Survey 基本報告書」https://www.works-i.com/research/works-report/item/140501_glo.pdf（2021年2月22日アクセス）

佐藤洋作（2004）「若者の居場所づくりと社会的自立」子どもの参画情報センター編『居場所づくりと社会つながり』（124-140）萌文社.

住田正樹（2003）「子どもの「居場所」と対人的世界」住田正樹・南博文編『子どもたちの「居場所」と対人的世界の現在』（3-17）九州大学出版会.

鈴木翔（2014）「生活環境と個性が友人数に与える影響——韓国・アメリカ・イギリス・ドイツ・フランス・スウェーデンの比較分析から」内閣府「平成25年度我が国と諸外国の若者の意識に関する調査報告書」，150-164.

Teo, A. R., Fetters, M. D., Stufflebam, K., Tateno, M., Balhara, Y., Choi, T. Y., Kanba, S., Mathews, C. A., & Kato, T. A. (2015). Identification of the hikikomori syndrome of social withdrawal: Psychosocial features and treatment preferences in four countries. *International Journal of Social Psychiatry*, 61(1), 64-72.

コラム 5

日本の多文化保育

長江侑紀

出生総数が 2016 年に 100 万人を下回り少子化がすすむ日本で，うち少なくとも一方の親が外国籍の子どもは 3.5 万人を超し，その割合は年々増加している。2018 年には生まれた子どもの 27 人に 1 人の割合になった[1)]。こういった人口動態を反映するように保育・幼児教育領域でも多文化化の状況は広く認識されはじめているが，多様性を尊重する多文化保育はまだまだ模索の途上である。

そのなかでも，多文化保育のひとつのモデルとなる保育園が川崎市桜本にある。桜本はオールドカマーである在日コリアンの市民運動から「共生」を目指してきた地域でもあり，同時期に設立された保育園の歴史はその運動の歴史と併走している。その後 1990 年代ごろからは，地域に居住する南米やアジアからのニューカマーの子どもたちが通うようになり，保育園は「多文化共生」を模索するようになった。

桜本保育園の多文化共生の実践は，日常の保育に埋め込まれている。例えば，保育室の掲示物やクラス名，挨拶は多言語である。給食も「にじいろメニュー」という各家庭の料理を提供する日が月に数回ある。ただし，保育に取り入れる言語や文化は，在籍する園児たちのルーツのものである。園児たちの名前も彼らのルーツの言葉で記される。この「ルーツ」は，その子どもの社会的・文化的背景を捉えようとした概念で，桜本保育園では保育者が日常的に使用している言葉である。

桜本保育園が追求してきた共生の理念では，「ちがう」ことで差別され，隠すように生きてきた人々の苦しい経験を繰り返さないように，「ありのまま」が認められるような環境を整え，そのような態度の育成が目指される。一方で，葛藤もある。多様性と子ども個人の尊重と，保育指針に示される発達の概念に基づいた支援のバランスの取り方である。他にも，家庭の母語教育と就学後の学習言語である日本語習得の支援を，実践でどのように取り組むのかも課題だと保育者たちは言う。保育園に通う子どもと家庭に向き合う姿勢は保育園の多文化共生を反映している。

園児の誕生日を祝う掲示。人形は園児たちの「ルーツ」の文化を表現するような衣裳を着ており，「誕生日おめでとう」と多言語で表記されている。

韓国・朝鮮の「オイ・キムチ」を作って食べる園児たち

注

1）厚生労働省政策統括官（統計・情報政策，政策評価担当）『人口動態統計』に基づいて整理された，国立社会保障・人口問題研究所『人口統計資料集

2020年版』の「表4-2 父母の国籍別出生数1987～2018年」を参考にし，その統計から筆者が算出した。

第7章

アメリカのNPOによる中国系移民生徒の教育支援

ストレングス・アプローチから

徳永智子

1. 移民の子ども・若者へのまなざしの転換——「欠如」から「強み」へ

移民であることを誇りに思っているよ（*I feel proud to be an immigrant*）

これはアメリカ東海岸の中華街で移民生徒の教育支援を行うNPO（Non-Profit Organization: 非営利組織）で出会った，17歳（2014年当時）の中国系高校生フア[1]の語りの一部である。彼女は中国の広東省で生まれ育ち，2012年に家族でアメリカに移住し，英語の習得や学業に追いつくことに困難を抱えていた。しかし，上の語りにも見られるように，彼女との対話からは，英語力が向上したことで自信を持てたこと，居心地の良い空間を出て多様な人々とつながりを持てるようになったこと，バイリンガルであることを活かして周りの生徒の通訳もできるようになったことなど，主にNPOでの活動を通して自らをポジティブに捉え，自己肯定感を高めていく様子がうかがえた。高校での4年間を通してNPOの活動に参加し，途中からピア・メンター[2]としてプログラムづくりや後輩のサポートに関わった。そして彼女は現在，給付型奨学金を得て市内の有名私立大学で学びつつ，地元の中華街に恩返しをすべく，中華街で活動する市民団体で働き，メンター[2]として中国系移民高校生の支援もしている。

アメリカでは，フアのような移民の子ども・若者の教育支援を行う場として，CBO（Community-Based Organization）と呼ばれる，地域社会に根差して支援活動を行うNPOが数多くある。CBOはマジョリティの論理が強く働く学校とは異なり，移民の子ども・若者の文化や言語を尊重し，エンパワメントやアイデンティティの形成などを行っている（Fine et al. 2000; Heath 2001）。CBOの特徴は，移民の子どもやコミュニティを問題として見る「欠如モデル」ではなく，子どもが本来持つ資源や能力を活かす「ストレングス・モデル」[3]に基づくことである。移民の子どもをめぐる言説は，低い英語力，低学力，非行や犯罪の問題など，ネガティブなものが多い。また，移民の子どもの教育について語る際には，子どものニーズや課題に着目し，パターナリスティックなまなざしから，足りない何かを補完する発想になりがちである。しかしCBOでは，移民の子どもや若者は課題を抱えていながらも，社会で生き抜く資源やネットワークを持っており，それらの強みをどう引き出し，伸ばし，活かすことができるかという問いが設定される（Weis & Dimitriadis 2008）。

このようなストレングス・モデルに基づくアプローチは，多文化化が進展する日本における移民の教育研究や実践にも示唆的だろう。筆者は約15年前から関東圏内の複数の学習支援教室や学校で，移民の子ども・若者の支援に従事してきた。ブラジルやペルー出身の中学生の高校受験の支援をしたり，中学段階で来日したフィリピン出身の生徒の教科学習支援などを行ったりした。移民の子どもを対象とする教育施策や学校の支援体制が不十分ななかで，学校の機能を補完する形で，地域のボランティアが中心となり，移民の子どもたちの学習支援や進路支援，日本語支援，居場所づくりなどが行われてきた。しかし，日本の教育制度・政策を生き抜くための学習支援と日本語支援が中心とされており，移民の子ども・若者たちが持つ複層的なアイデンティティや複数言語能力などの強みに着目して，それらを伸ばす取り組みは数少ない。

こうした教育支援のあり方に違和感を持ちながら，2008年に大学院の博士課程でアメリカに留学し，ワーキングクラスのアジア系生徒300名に放課後支援プログラムやメンタリングプログラムを実施しているCBOに出会った。子どもを無力化するのではなく，子どもが持つポテンシャルをいかに伸ばすかというアプローチが取られていることに衝撃を覚えた。当該CBOは，地域や社会に貢献する市民を育てるべく，生徒のエンパワメント，アイデンティティの形成，リーダーシップスキルやライフスキルの育成を目的とした多様なプログラムを提供していた。また，子どもたちが持つ複数の言語・文化・伝統が尊重され，例えば，プログラムの中ではハイブリッドな言語が使用され，子どもたちが日常的に消費するアジアのポピュラー・カルチャーを取り入れたカリキュラムが作られていた（Tokunaga 2018）。子どもたちが生き生きと活動しているのを見て，国内でもストレングス・アプローチによる教育支援のあり方を模索したいと思った。最近では実践者と協働して状況改善や社会変革を目指す「参加型アクション・リサーチ」（Participatory Action Research: PAR）（Cammarota & Fine 2008）の視点から，日本とアメリカで移民の若者のエンパワメントと居場所づくりの研究・実践を行っている（Tokunaga 2019）。

本章では，2014 年からアメリカ東海岸の中華街で活動する CBO でのフィールドワークに基づき，移民の教育支援における CBO の役割について考察する。特に，ワーキングクラスの中国系移民生徒にどのような教育支援を行っているのか，支援者側と生徒側の視点から考察する。今後日本で発展が望まれる，移民生徒のエンパワメントを目指した教育支援のあり方への示唆を提供することも目的とする。

もちろん，アメリカと日本では，移民やマイノリティをめぐる歴史的・社会的文脈，市民活動や NPO の歴史，ボランティア制度・政策なども大きく異なるため，単純な比較や実践の導入は慎むべきだろう。アメリカは，「移民の国」という理念を持ち，公民権に基づいて移民を「市民」として社会に統合することが目標とされてきた（南川 2016: 192）。また，NPO 大国と呼ばれるように，草の根から国家を作ってきた伝統があり，NPO をめぐる制度・政策・法律も充実しており，教育の分野でも NPO は重要な役割を果たしている（野津 2007）。一方日本は，「単一民族国家」言説が根強く残っており，「日本人」と「外国人」の差異が強調され，日本人像が問い直されることなく「外国人」との共生が目指されている（第 1 章・第 2 章を参照）。また，市民活動の基盤が脆弱なため，NPO は財政的に不安定である場合が多く，移民の教育支援においてもボランティア活動として行われることが多い。そのため，学校の補完的な機能を担う場合が多く，規模や数，機能も限定的とならざるを得ない。

しかし近年では，音楽や映像製作など自己表現活動を通じた移民の子どものエンパワメントや社会発信，外国人の権利擁護活動（アドボカシー）などを行う先進的な事例も報告されており（例えば落合 2012），今後さらにストレングス・アプローチによる教育支援の発展が望まれる。NPO は社会変革を担う重要な組織であり（柏木 2003），アメリカの NPO の事例を見ることで，私たちの移民の子どもへのまなざしや支援のあり方を問い直すことにもつながるだろう。

2. アメリカにおける中国系移民生徒の教育支援

アジア系移民と教育

本節では，対象となる中国系移民やその子どもたちが置かれているコンテクストを説明する。アメリカ社会において，中国系をはじめとするアジア系は「永遠の外国人」や「見えない外国人」として排除・抑圧されてきた歴史を持つ（Lowe 1996）。アジア系アメリカ人という人種カテゴリが使用されるようになったのは 1960 年代以降であるが，中国人の入国を禁止した 1882 年の中国人排斥法をはじめとして，アジア系は人種や階層を軸として多層的な抑圧構造の中に位置づけられてきた。1965 年の移民法改正に伴い，移民割当制度が廃止され，家族呼び寄せが可能となるとアジア系移民は急増した。現在，アジア系は全人口の約 5% であり，2000 年から 2010 年にかけて最も増加が著しいマイノリティとして注目されている。アジア系の中で最も多いのが中国系（台湾系を除いて 520 万人），次にインド系（450 万人），そしてフィリピン系（410 万人）である（US Census 2020）。

アジア系は，高い教育達成や就業率，収入などから，アメリカ社会や制度の中で成功した「モデル・マイノリティ」と見なされてきた。アジア系は，エスニシティ，階層，ジェンダー，セクシュアリティ，言語，宗教，移民世代，移民史，居住地域など非常に多様であり，アジア系内での教育達成や職業達成にも大きな差異がある。しかしながら，「モデル・マイノリティ」のステレオタイプにより，アジア系は「成功したマイノリティ」として一括りにされるため，貧困層や難民など，多様なニーズのあるアジア系の子どもが抱える教育課題が不可視化されてしまう（Lee 2009）。また，アジア系の子どもが概して成績優秀であり，高い学歴を獲得していることから，社会や制度の変革は必要ないという論理に陥ってしまう。本章で対象とする，ワーキングクラスの中国系移民の教育に関する先行研究からも，限られたネットワークや資源，言語の障壁などから，孤立や適応の問題，学校で困難を抱えるケースが多いことが指摘されている（Louie 2004; Wong 2010）。さらにトランプ政権下での排外主義や新型コロナウイルスの感染拡大に伴い，アジア系生徒への人種差別や偏見が強まっていることも報告されている。

このようにアジア系移民の子どもが重層的な差別構造を生きるなかで，地域におけるCBOは子ども固有のニーズを深く理解し，子どもや地域のストレングスを尊重した支援を担ってきた（Wong 2010）。音楽・演劇・ダンスなどのアートや映像作成を取り入れるなど（Reyes 2007），多様な方法でエンパワメントが試みられている（Heath 2001）。また，CBOの教育支援のもうひとつの特徴は，学校・大学・行政など多様なアクターと協働し，ネットワークに基づく支援に従事していることである。野津（2007）は，その支援のあり方を「ネットワーク型支援」と呼び，基本理念を「地域社会のさまざまな人や資源を利用し，多様で水平的なつながりの中から支援を模索し構築すること」（野津 2007: 3）と指摘する。アメリカでは，連携を促進する制度政策やネットワーク形成を重視する社会的・文化的土壌があり，NPOも多様な人や組織とネットワークを結びつけながら教育支援を行っている（野津 2007）。ネットワーク形成においても，個人や組織の強みを活かしたアプローチが取られていると言えよう。

中華街におけるCBO

本章で取り上げるCCFF（Community Center for Families）は，大都市圏に在住するワーキングクラスの中国系移民を中心とした，アジア系移民の家族・子どもの支援をアメリカ東海岸の中華街で約50年間にわたって行っているCBOである。子ども，若者，大人など幅広い年齢層を対象に，教育，職業開発，家族支援，文化保障などの包括的な支援を行い，アジア系移民のアドボカシーも行っている。

中華街では中華街の住民や大都市圏に暮らす移民を対象として，法律，住宅，医療，英語，教育，職業など多様な分野の支援を，CCFF以外にも多くのCBOが英語と中国語のバイリンガルで提供している。中華街にはもともと多くの中国系移民が暮らしていたが，近年，中流層や開発業者が流入したことで家賃や生活費が上昇し，旧住民がこの地区から追い出されるというジェントリフィケーションの問題が深刻化している。他にも，都市に固有の住宅不足，大気汚染，交通渋滞などさまざまな問題が出現するなかで，直接支援，ロビー活動，アドボカシーなどを通して，中華街の保護や住民の支援をCBOが中心となって，積極的に行ってきた。CCFFを含め複数のCBOでは，移民の子ども・若者自身も中華街の歴史や現状を学び，課題解決を目指して，草の根運動，住民の組織化，交流の場づくりなどに参加している。

CCFFには，ストレングス・アプローチによる，中国系移民1世の高校生のリーダーシップ育成やエンパワメントを目指したCYLP（Chinese Youth Leadership Program）というプログラムがある。CYLPには，主に広東省出身でアメリカ在住1年から3年の18名の生徒たち（15歳から20歳）が参加していた（2013年度）。2011年にCCFFとセントラル高校が協働し，中国系移民生徒の多様なニーズに応え，生徒が地域コミュニティのリーダーとなることを目標としてCYLPが作られた。

中国系移民生徒の親の多くは，中華街のレストランや食料品店などをはじめとするサービス産業で低賃金の長時間労働に従事しており，資源やネットワークも限られている。セントラル高校には中国語のイマージョンプログラムがあることから多くの中国系移民生徒が在籍しているが，生徒たちへの人種差別やいじめが大きな問題となっていた。

そこで，中国語のイマージョンプログラムの担当教員が中国系移民生徒たちのためのプログラムづくりをCCFFに呼び掛けた。数年かけて両者の間で対話を重ねるなかで関係性を形成し，カリキュラムを作り，成果を出していった。CYLPは2013年度にはセントラル高校の選択科目に認定されており，週4日各50分，CYLPの中国系アメリカ人の女性であるメイが高校でユースコーディネーターとしてプログラムを英語と中国語のバイリンガルで担当していた。中華街のジェントリフィケーションに関するプロジェクトからアイデンティティ形成に関する内容まで，幅広いテーマが扱われていた（Tokunaga & Huang 2016）。

筆者は2014年から中華街や大都市近郊でアジア系移民の子どもの教育支援を行うNPO，学校，大学などを訪れ，NPOスタッフ，教員，子ども・若者などへのインタビューおよび参与観察を行っている。また2014年の3月から8月にはCYLPで参加型アクション・リサーチ（PAR）を行い，CYLPのユースコーディネーターと協働して，中国系移民生徒を対象に「居場所プロジェクト」を実施した。主に「居場所（*ibasho*）」概念に関する講義，アートワークショップ，インタビューを行った。学校や地域で周辺化されている中国系移民生徒が居場所の視点を学ぶことによって，自らのストレングスを意識化し，ひとりひとりが居場所づくりの当事者となり，学校や社会に働きかけることを目指した（Tokunaga 2019）。

3. ストレングスに基づいた教育支援 ——CYLPによる資源提供とエンパワメント

本節ではストレングスに基づいた教育支援として，①制度を生き抜くための教育支援と資源提供，②地域貢献と社会変革を目指すリーダーの育成，という2つの役割を具体例とともに見ていく[4)]。

制度を生き抜くための教育支援と資源提供

バイリンガル・バイカルチュラルの尊重——CYLPでは中国系移民生徒の文化的資源や言語的資源が尊重されており，生徒のバイリンガル能力やバイカルチュラル・アイデンティティを活かし，自己肯定感を高める工夫がなされていた。生徒たちは社会や学校において，英語力が低いことや中国系移民であることへのネガティブな視線にさらされており，母語や母文化に劣等感を持ち，自己肯定感が低い傾向にある。この状況を改善するためにCYLPが最も重要視していることは，生徒が中国にルーツを持ち，中国語（多くの生徒が中国国内の複数の方言も話す）と英語のバイリンガルであり，複数の文化を持つことなどの，ストレングスを生徒たちに意識化させることである。コーディネーターのメイは次のように語る。なお，引用文中の［　］は筆者による補足，……は中略を意味する。

生徒たちは他の［英語以外の］言語がいかに軽視されているかを目の当たりにしてい

ます。親の言語を話すのが恥ずかしいと感じ，コミュニケーションの壁や家族との文化的な障壁に直面してしまうのです。移民の若者たちは，同じ言語で両親とコミュニケーションをとることができていますが，英語を話すことへの恐怖心を持っています……私たちはバイリテラシーの重要性を強調しており，また［生徒たちが］社会の中でアイデンティティを形成できることも大切にしています[5)]。

社会に「同化」するのではなく，複数のアイデンティティや言語を保持しながら，社会に「統合」できることを強調する。生徒が日々の英語環境から受けるストレスを緩和すべく，プログラム中は意見や考えを表現しやすい言語で話すよう推奨している。特に年度当初は，生徒の名前の由来や個人的な経験についてエッセイを書き，中国語と英語で話し合う時間を取っている。また中華街の歴史について学ぶ学習では，中華街で無料配布されている中国語と英語のバイリンガルのコミュニティ紙を使いながら，中華街のニュース，CCFF など CBO の取り組みなどについて学んでいる。生徒たちは母語も使いながら，コミュニティの知識を深め，新聞記事に関する発表の機会を通じて，人前で話す練習や，積極的に人の話を聴く練習をしている。

また CYLP では，人前で恥ずかしがらずに考えを英語で発言することの重要性が繰り返し語られており，生徒ひとりひとりの「声」を大切にしている。筆者が参加した CYLP の最終回でも，メイが CYLP の修了証を生徒に渡しつつ，自分を誇らしく思った瞬間についてすべての生徒に発表させていた。高校のアジア系アメリカ人の文化遺産継承月間を祝う学校行事において，「ルーツ，困難，足跡」をテーマにそれぞれが書いた英語の詩を大勢の人の前で披露したときに誇らしさを感じたと数人の生徒が嬉しそうに語っていた。高校で中国系移民生徒たちが「見えない」存在となっているなかで，全校生徒や教職員に自らの文化的背景や考えを直接伝える重要な機会になったのだろう。

このように生徒たちは CYLP の活動を通して「自信を持った」「勇気を持てた」「英語を人前で話せるようになった」など頻繁にポジティブな語りをしており，自己肯定感を高めていく様子が見られた。フアは，次のように語る。

移民であることを誇りに思っているよ。だって，現地語が第二言語であっても，学ぶことができるから。アメリカで生まれた人よりも多くの言語を知っているよ。

［CYLP は］移民には良いと思う。だって，CYLP に参加した時は英語がとても苦手だったけど，CYLP に参加したことで，自分自身をどうやって向上させることができるかを知り，もっと自信を持って，恥ずかしがらないようになることができたよ。Ms. メイは私たちのために一生懸命頑張ってくれたと思う。

メイが「生徒に自分のストレングスに焦点を当てるように促しています」と語るように，CYLP では，生徒が「英語ができない」ことを強調するのではなく，複数の言語能力を持ち，英語力が向上していくプロセスを意識化するように働きかけている。

ライフスキルの提供とつながり形成――CYLP は中国系移民生徒が社会や教育制度を生き抜けるよう資源やネットワークを提供している。メイは CYLP の理念のひとつとして「社会制度を生き抜くために必要なツールを提供すること」を挙げ，特にライフスキルの重要性を次のように説く。

私たちにとっては，中等教育で成功するためのライフスキルと，生徒たちが大学進学を決断してもしなくても，それに伴うライフスキルを提供することが重要だと思います。

一般的にライフスキルとは，子ども・若者が自立した大人になるために身につけるべきスキルであり，衣食住など日常生活に関わるものから交通手段へのアクセスや時間管理，人との交流などコミュニティスキルに至るまで幅広い（Aviles & Helfrich 2004）。CYLP では特に移住後まもない生徒や家族がアメリカでの日常生活を送れるよう必要な支援につなげ，プログラムの中でライフスキルを身につけられるよう工夫をしている。また付随的な目標として，大学進学支援[6]や英語支援も行っている。

以上のような支援は，多くの CBO が行う内容であるが，CYLP に特徴的なことは，生徒自身が持つつながりを拡張していくストレングス・アプローチによる支援をしていることである。子どもや家族を，NPO，高校，大学，行政など組織とつなげる支援だけではなく，生徒自身が自らの居心地の良い空間を飛び出して，新しい人や組織と出会い，ネットワークを形成・維持・拡大できる力を育成しているのである。生徒たちの多くは，人との出会いや，地域や大学などさまざまな企画への参加を通して，人とつながることができるようになったことに自信を獲得していった。ロンはCYLPの活動を通して，性格も変わり，人と関係性が構築できるようになったことを誇らしげに語る。

もしこのプログラム［CYLP］に入っていなかったら，もしかしたら人見知りのままで，今の自分ではないかもしれない……このプログラムの本当の目的は，私の英語力を高めることでなく，他の人と話せるようにサポートをすること。このプログラムでは他のイベントに行く機会がたくさんあって……他の人とどうやってコミュニケーションをとるか［を学ぶことができるよ］。

フアとリリは大学に進学し，当時のCYLPでの活動を振り返って，つながり形成の役割について次のように語っていた。

CYLPは，居心地の良い空間から出て，もっとたくさんの新しい人たちと出会って，ネットワークを作るために助けてくれているよ。（フア）

新しい人との出会い方や，新しい人と出会うためのスキルを学んだよ。人とつながることなど。（リリ）

市内の大規模大学に進学したリリは，CYLPに参加していなければ，大学で多様な文化的・言語的背景を持つ学生たちと知り合い，関係性を作ることが難しかったのではないかと話す。

生徒がつながりを形成しやすいように，CYLPは地域やNPO，近隣の大学との協働を深めており，つながりを形成しやすい環境整備にも努めている。市内の公立大学やコミュニティカレッジとのパイプラインづくりも積極的に行っており，例えば，中国にルーツを持つ大学生がCYLPで年間を通じたインターンを行ったり，大学でアジア系学生の学業支援を行う組織のコーディネーターがCYLPのワークショップを複数回担当したり，CYLPの生徒たちが公立大学を訪問し，大学の授業で教員や学生と交流したりする取り組みなども見られた。特に複数回にわたる大学訪問や大学の授業への参加や発表の機会は生徒たちの自信獲得につながり，生徒たちが大学に進学することを現実的にし，大学の教員や学生とのネットワーク形成にも役立っていた。

地域貢献と社会変革を目指すリーダーの育成

CYLPでは，アメリカ社会や制度を生き抜くための支援だけではなく，中国系移民生徒が地域社会に貢献し，社会変革の担い手になれるようなエンパワメントが行われている。

移民高校生のひとりひとりがリーダーになる能力やスキルを持っており，地域貢献や社会変革を担う重要なアクターであるという理念がCYLPのプログラムの根幹にある。若者を支援するCBOでは，しばしば若者のリーダーシップ育成が目指されており，プログラムの数だけリーダーシップの定義があると言われている。CYLPでも独自のリーダーシップの意味づけがなされている。

メイはプログラムの中で生徒たちにリーダーになる重要性について頻繁に語っていた。ある回では，生徒たちとともにリーダーという言葉の意味することについて議論がなされていた。メイによると，リーダーには，いわゆる主導権を握ってイベントを企画したり牽引したりする人だけでなく，家族のために通訳をしたり，友人に助言をしたりする人も含まれるという。周りにいる家族や友人の困りごとやニーズに気づき，「声」を聴き，課題解決に向けて主体的にアクションを取ることが重要であると伝え，生徒たちもそれを受け止めていた。

CYLPではリーダーシップを育成するべく，ピア・メンター制度を導入している。上級生が下級生のメンタリングを行い，ピア・メンターは重要な「声」を持つ存在としてCYLPのカリキュラムづくり（例：コミュニティ・プロジェクトの企画・運営）やプログラムの司会進行にも関わる。生徒たちに意思決定権や責任を与え，共にプログラムを作るオーナーシップを持たせている。CYLPは2011年度当初からこの制度を取り入れており，毎年ピア・メンターの参画の度合いを高めていた。7名のピア・メンターを選出した2014年度からCYLPがセントラル高校ではなくCCFFで開催されることになり，メイによるとCYLPの使命をピア・メンターと共に再考するという。

ピア・メンターの上には，ピア・アドバイザーがおり，メイの代わりにピア・メンターの育成や，コミュニティ・プロジェクトの企画・運営などを行う。

2013年度のCYLPの最後の回では，ピア・アドバイザーの4名の生徒たちが司会を務め，CYLPの生徒たちに，CYLPで良かったこと，次年度に向けて改善すべき点に関して尋ねながら，ワークショップ形式で進めていた。生徒たちはお菓子を食べながら，CYLPが「居場所」であったこと，次年度はアイスブレーキングゲームを多く取り入れ，大学訪問の数を増やすことを希望するなど，さまざまな意見を自由に出し合っていた。また，ピア・アドバイザーを中心に，生徒たちが主体的にプログラムを作っていた。メイは，下級生（高校1年生）がまだ認識できていないストレングスに，ピア・メンターとの交流の中で気づけることに期待している。

CYLPでは，生徒の多くが暮らす中華街やアメリカ社会において生徒たちがどのようにリーダーシップを発揮し貢献できるのか，どのような役割を持つのかについて，プログラムを通して問いかけている。学校の授業では扱われにくい，中華街の歴史やジェントリフィケーションの問題などについて学び，中国系移民が長い間暮らしてきたコミュニティの保護を求めて抗議や活動に参加している。フアは，中華街の学びについて次のように語る。

メイはいつも私たちにコミュニティについて新しいことを教えてくれたよ。社会のことも。近所について多くのことを学んだよ……中華街にはホテルがたくさんあるよ。家は高いし，[CYLPは] 路上でそのことを抗議するの。

CYLPではただ歴史を学ぶのではなく，アメリカにおけるアジア系の移民史に生徒たちの移住の物語を位置づけ，生徒が当事者意識を持てるように工夫がなされている。メイは，生徒たちがアジア系アメリカ人の歴史を学ぶことはエンパワメントにもつながったと次のように語る。

過去に起こったことや人々がどのように扱われてきたかの歴史を理解すれば，「このように [ここに属さないと] 感じているのは自分だけではなく，自分もアメリカ人だと思われている」と考えるようになるでしょう。そして，「自分がここにいるのは，[さまざまな苦難を] 乗り越えて，それらを経験し，この国に貢献してきた人たちのおかげだ」と思うようになるのです。

中国系移民が人種差別や排外主義の標的になりながらもコミュニティづくりに貢献してきたように，生徒たちも同じく「市民」として社会づくりに貢献することの重要性が指摘されている。学校のカリキュラムでは教えられていない内容に焦点を当て，中華街の活動やデモに参加するなど，若者が変化の担い手となるために行動を起こすことにCYLPは力を入れている。これらの取り組みは，他のCBOなどとの連携を通して行われる場合も多く，多くの若者やスタッフ，住民と共に，中華街の課題の解決に向けて，協働して実践や運動を行っていた。2020年の時点で，CYLPを卒業した数名の生徒は，大学に通いながら中華街の複数のCBOでインターンやボランティアを行い，コミュニティの貢献に積極的に関わっている。

4. おわりに――日本への示唆

本章で着目したCYLPの実践からもわかるように，CBOは移民の子ども・若者への資源提供だけでなく，生徒たちが発信や行動を起こすことを通して，自己，他者，地域，社会の変革をもたらせるようなエンパワメントの役割も担っている。また，移民生徒たちを支援の対象者として無力化するのではなく，内在化された資源やつながりを引き出し，家族や地域，社会に働きかける能力を育てる様子も見られた。日本とアメリカの社会的文脈は大きく異なっていても，CBOがとるアプローチは，日本国内で移民の子ども・若者の教育支援の実践・研究を行う私たちに有益な視点を提供してくれるのではないか。

近年，国内でも「若者の参加・参画」という言葉が示すように，若者が大人と対等な立場で主体的に社会に関わる重要性が指摘されており，地域におけるユースワークの活動などが展開されている（田中・萩原 2012）。何らかのマイノリティ性を持つ「日本人」の若者の支援体制ともつながりながら（第5章・第6章を参照），日本で育つ移民の子ども・若者のストレングスを引き出す支援のあり方を考えることができるのではないだろうか。その際，生徒の長所や良さを伸ばすという個人レベルの議論だけではなく，移民生徒のストレングスを活かした支援のあり方や連携のあり方を考えるなど，マジョリティを中心とした支援の枠組自体を問い直す必要があるだろう。また，マジョリティが変容しないままで，移民生徒の母語や母文化をストレングスとして取りあげ，生徒たちを「ダイバーシティ」や「多文化共生」の象徴として消費することのないよう，十分な注意が必要である。

私たちは，どのように移民の子ども・若者への「欠損」に基づく社会のまなざしをポジティブなものに変えることができるのだろうか。参加型アクション・リサーチ（PAR）に取り組む研究者として，より公正で包摂的な教育や社会をつくるために，移民の子ども・若者と共に歩みを進めていきたい。

注

1）本章で取り上げる生徒やNPO，学校などの名前はすべて仮名化している。

2）移民の子ども・若者を支援する上で，メンターの役割の重要性が指摘されている。ホスト社会で親以外の知り合いが少ないなかで，年上のメンターとの信頼関係を構築することにより，学校や社会とのつながりが形成されていく。また，同じ移民背景を持つメンターであれば，ロールモデルにもなり，バイカルチュラル・アイデンティティを形成する上でも重要な意味を持つ（Roffman, Suárez-Orozco, Rhodes 2003: 101-102）。

3）ストレングス・モデルは，個人や環境に「問題」や「欠陥」があるのではなく，資源などのストレングスがあると捉える（ラップ＆ゴスチャ 2014）。社会福祉を中心に発展してきており，ストレングスを基盤とした支援のあり方が模索されてきた。

4）Stanton-Salazar（2011）によると，「組織的エージェント」は，ワーキングクラスの若者に資源や組織的支援を提供するとともに，「エンパワメントエージェント」として若者が批判的意識を形成することを促す役割も担う。本研究はこの分類も参考にし，分析している。

5）インタビューは主に英語で行い，読みやすさに配慮して，筆者による日本語訳を引用した。

6）CCFFでは，CYLPとは別に，高校生の大学進学支援として，SAT（大学進学適性試験）準備コースや大学進学に向けてメンターと定期的に相談をする大学アクセスプログラムを提供しており，CYLPの生徒の一部もこれらのプログラムに参加していた。

参考文献

Aviles, A., & Helfrich, C. (2004). Life skill service needs: Perspectives of homeless youth. *Journal of Youth and Adolescence*, 33(4), 331-338.

Cammarota, J., & Fine, M. (2008). Revolutionizing education: Youth participatory action research in motion. New York: Routledge.

Fine, M., Weis, L., Centrie, C., & Roberts, R. (2000). Educating beyond the borders of schooling. *Anthropology & Education Quarterly*, 31, 131–151.

Heath, S. B. (2001). Three's not a crowd: Plans, roles, and focus in the arts. *Educational Researcher*, 30(7), 10–17.

柏木宏（2003）「共生社会へのストラテジー」野口道彦・柏木宏編著（2003）『共生社会の創造と NPO』（277–299）明石書店.

Lee, S. J. (2009). *Unraveling the "model minority" stereotype: Listening to Asian American youth*. 2nd ed. New York: Teachers College Press.

Louie, V. S. (2004). *Compelled to excel: Immigration, education, and opportunity among Chinese Americans*. Stanford, CA: Stanford University Press.

Lowe, L. (1996). *Immigrant acts: On Asian American cultural politics*. Durham, NC: Duke University Press.

南川文里（2016）『アメリカ多文化社会論――「多からなる一」の系譜と現在』法律文化社.

野津隆志（2007）『アメリカの教育支援ネットワーク――ベトナム系ニューカマーと学校・NPO・ボランティア』東信堂.

落合知子（2012）『外国人市民がもたらす異文化間リテラシー――NPO と学校，子どもたちの育ちゆく現場から』大学図書.

ラップ，チャールズ・A＆ゴスチャ，リチャード・J（2014）［田中英樹監訳］『ストレングスモデル――リカバリー志向の精神保健福祉サービス（第３版）』金剛出版.

Reyes, A. (2007). *Language, identity, and stereotype among Southeast Asian American youth: The other Asian*. Mahwah, NJ: Lawrence Erlbaum Associates.

Roffman, J., Suárez-Orozco, C., & Rhodes, J. (2003). Facilitating positive development in immigrant youth: The role of mentors and community organizations. In F. Villarruel, D. Perkins, L. M. Borden & J. G. Keith (Eds.), *Community youth development: Programs, policies, and practices* (90–117). Thousand Oaks, CA: Sage.

Stanton-Salazar, R. D. (2011). A social capital framework for the study of institutional agents and their role in the empowerment of low-status students and youth. *Youth & Society*, 43, 1066–1109.

田中治彦・萩原建次郎編著（2012）『若者の居場所と参加――ユースワークが築く新たな社会』東洋館出版社.

Tokunaga, T. (2018). *Learning to belong in the world: An ethnography of Asian Amer-*

ican girls. Singapore: Springer.

Tokunaga, T. (2019). To find a better way to live a life in the world: An autoethnographic exploration of *ibasho* project with Chinese immigrant youth in the United States. In H. Mahmoudi & S. Mintz (Eds.), *Children and globalization: Multidisciplinary perspectives* (148-164). New York: Routledge.

Tokunaga, T., & Huang, C. (2016). I feel proud to be an immigrant: How a youth program supports *ibasho* creation for Chinese immigrant students in the US. In W. Ma & G. Li (Eds.), *Chinese-heritage students in North American schools: Understanding hearts and minds beyond test scores* (164-179). New York: Routledge.

US Census. (2020). Asian American and Pacific Islander Heritage Month: May 2020. https://www.census.gov/newsroom/facts-for-features/2020/aian.html (2020 年 10 月 12 日アクセス)

Weis, L., & Dimitriadis, G. (2008). Dueling banjos: Shifting economic and cultural contexts in the lives of youth. *Teachers College Record*, 110(10), 2290-2316.

Wong, N.-W. A. (2010). Cuz they care about the people who goes there: The multiple roles of a community-based youth center in providing "Youth (Comm) Unity" for low-income Chinese American youth. *Urban Education*, 45(5), 708-739.

コラム6

カナダにおける反人種主義の取り組みと課題

住野満稲子

多文化主義を政策として掲げるカナダでは，異なる人種・エスニシティの人々が調和し共存しあう国家イメージが国際的に浸透していると言える。カナダ国内においても，人権の尊重や自由を社会の基本的価値として掲げていることを多くの人々が誇りとしている。そのためカナダでは，その隣国である「米国のような人種主義は存在しない」という自画像を多くの人々が共有してきたとも言われる（O'Neil 2020）。その一方で，人々は自国における人種主義や不公正の問題に対して，目を背ける傾向があることも近年指摘されている（例えばMaynard 2017）。

2015年，連邦政府と教会とが行ってきた，寄宿舎学校への強制入学を通じた先住民への人権侵害や暴力の概要が報告書として公表された（Truth and Reconciliation Commission of Canada 2015）。連邦政府による寄宿舎学校政策は，1883年から最後の学校が閉校となった1996年まで行われ，先住民コミュニティに多くの傷跡を残した。カナダにおける人種差別は先住民に限られてはいないものの，いずれのグループへの差別においても，一部の個人が持つ偏見や差別という観点ではなく，このような制度的に繰り返されてきた人種主義という観点で問題を見ることが重要視されるようになっている。また近年では，従来の多文化主義の枠組みは，表層的な次元での多様性の尊重を掲げる一方で，歴史的に存続してきた人種間の不平等を覆い隠してきた側面があるという指摘もある（Srivastava 2007）。このような議論においては，制度的人種主義に対する真の変革を目指す概念として「反人種主義」が用いられるようになっている。

こうした変化を受け，連邦政府においても「反人種主義」に重点を置いた具体的な施策がはじまりつつある。2019年，カナダ遺産省は「カナダの反人種主義戦略」を発表し，連邦機関における人種主義対策，コミュニティのエンパワーメント，社会啓発のための投資をそれぞれ行うことを発表した（DCH 2019a）。この戦略の策定に先立って行われた，被差別コミュニティを対象とした意見調査では，連邦政府に対して「多文化主義」よりも「反人種主義」をタームとして使用するよう求める声があったことが触れられているように（DCH 2019b），人種差別に対するより厳格な改革を求める声がカナダ国内で高まっていることがうかがえる。こうした動きは比較的近年のものであるが，今後，カナダが反人種主義の枠組みを取り入れていくなかで，どのような変化を遂げるのかが注目される。

参考文献

Department of Canadian Heritage（DCH）（2019a）. Building a Foundation for Change: Canada's Anti-Racism Strategy 2019-2022. https://www.canada.ca/content/dam/pch/documents/campaigns/anti-racism-engagement/ARS-Report-EN-2019-2022.pdf（2021 年 3 月 1 日アクセス）

Department of Canadian Heritage（DCH）（2019b）. What we heard: Informing Canada's Anti-Racism Strategy. https://www.canada.ca/en/canadian-heritage/campaigns/anti-racism-engagement/what-we-heard.html（2021 年 3 月 1 日アクセス）

Maynard, R.（2017）. *Policing Black Lives: State Violence in Canada from Slavery to the Present*, Halifax and Winnipeg: Fernwood Publishing.

O'Neill, M.（June, 12, 2020）. Canada has a long, documented history of racism and racial discrimination. Don't look away., The Globe and Mail. https://www.theglobeandmail.com/opinion/article-canada-has-a-long-documented-history-of-racism-and-racial/（2021 年 3 月 1 日アクセス）

Srivastava, S.（2007）. Troubles with anti-racist multiculturalism: The challenges of anti-racist and feminist activism, In Hier, S. P., & Bolaria, B. S.（Eds）., *Race and racism in 21st century Canada: Continuity, complexity, and change*,（291–311）, Ontario: University of Toronto Press.

Truth and Reconciliation Commission of Canada（2015）. Honouring the Truth, Reconciling for the Future: Summary of the Final Report of the Truth and Reconciliation Commission of Canada. http://nctr.ca/assets/reports/Final%20Reports/Executive_Summary_English_Web.pdf（2021 年 3 月 1 日アクセス）

第 III 部

グローバル化の中の日本の教育

どのように国際化・多文化化できるのか

第8章
国際的に見た日本の教育の強さと弱さ

恒吉僚子

1. 日本の教育の「アキレス腱」再考

文化的多様性に「ピンとこない」社会の課題

「国際化」「多文化化」教育改革の推進力の弱さは日本の教育の「アキレス腱」であると第1章で述べた。その意味はここまでの各章を読み進んでいくうちに明らかになってきたことと思う。日本の学校は多くの成果をあげながらも社会の多様化に関しては長らく同質性を前提とし，なかなかそこから抜け出せないできた。

日本人の多くは自分が移民やその子孫でもなく，海外で長く生活してきたわけでもなく，外国語を共通語として用いる経験や，民族や宗教の違いに対して日ごろ意識する経験を積む機会を与えられたわけでもない。機会がないゆえに「ピンとこない」わけだが，グローバル社会の一員であると同時に，人口減少社会でもある日本では，次の世代は内外において単に多様性に対して「ピンとくる」だけでなく，多様性をプラスに活かすスキルを今までよりも間違いなく求められる。文化的に多様な人々と力を出し合って協働することの重要性が増すからである（OECD 2017）。そしてこの流れはおそらくますます強まるだろう。

つまり，児童生徒には多様性を日常的に実感できる環境の中でスキルを磨く機会を与えながら，既に成人している教育関係者は自分でスキルを磨く機会を積極的に見出して，児童生徒と共に学ぶ必要があるということである。スキルの中には，外国語・コミュニケーション関連のスキルや諸外国や国内の多様性に関する知識だけでなく，民族，宗教，ジェンダーなどに関する多様な文化関連の経験値的スキルも含まれている。

「多文化化」教育改革の遅れ

大きな課題は，同質性前提が日本の諸制度に組み込まれ，それが児童生徒に必要な多文化関連スキルの育成を阻んでいることであろう。日本では生産年齢人口が減少し，「一時的に」人手不足を補う「労働力」として移民労働者（通称「外国人労働者」）が位置づけられてきたことはここまででも見た。家族の帯同が許可されないなど，低スキルの「外国人労働者」は定住しにくい仕組みになっている。これは諸外国でもしばしば見られる傾向であり，名称にも「一時的な」，外から来る労働者（*temporary* migrant workers, *guest* workers, *foreign* workers）であるというニュアンスがこめられたりする。しかしこうした「一時的」であるとされる人々は，諸外国の例を見ても少なくとも一部は必ず定住化していくことがわかる。彼らが制度を通して合法的に定住できるのか，法的地位を得ずに不法滞在化していくのかは別として，移民労働者が長期にわたってある社会に暮らす以上，その社会がそう簡単に去ることのできない生活の基盤となっていくのは自然な現象である。

日本社会も例外ではない。特に日本で成長していく子どもは，まさに日本の学校で社会化され，人格を形成され，多くは日本語で友達と話して成長するのであるからなおさらである。小学生として来日した子どもでもすぐに中学生，高校生の年齢になっていく。大人の数年よりも成長途中の子どもの何年かは，その社会とのつながりにおいてずっと重い意味を持つ。

今日では日本でも，フィリピン系日本人やベトナム系日本人などの「〇〇系日本人」や，たとえ国籍は外国でも日本で育つがゆえに日本が生活の基盤となっている移民の子どもがいることについてこれまでの各章で見てきた。しかし，一時的に来て出身国にもどる「外国人」を建前として想定している日本の教育では，彼らの社会的統合，特に彼らが日本社会で育っていくなかで獲得すべきスキルや知識，肯定的なアイデンティティや自尊感情などに直接的につながる，教育を通した社会的統合，「多文化化」教育改革が進んでいない。

「リスク・コスト」論からの転換

日本の移民児童生徒をめぐる教育政策は，移民労働者（特に低スキルの）が日本社会に定住していくことの社会的リスクやコストに目が行くあまり，日本の社会で既に育っている移民児童生徒を社会的に統合できない場合に社会と個人にかかるコストの大きさに対して，スピード感を持って対応できていないように見える。文部科学省（2020）が市町村教育委員会に対して2019年5・6月に行った「外国人の子供の就学状況等調査結果について」（各地方公共団体の住民基本台帳上の学齢期相当の外国人の子どもが原則対象）では，小中合わせて義務教育諸学校就学者数は9万6370人，「外国人学校等」就学者数は5023人で，「就学状況確認できず」（8658人）を含めて，不就学の可能性があると考えうる外国人の子どもが1万9471人，「出国・転居（予定を含む）」を入れると2万2488人であった（文部科学省 2020: 6-7）。「外国人」の就学状況などについての大規模統計把握の進展自体はよいことであるが，一定数の「外国人」移民児童生徒が既に不就学の状態にある可能性が明らかになりつつあるのは，将来への警鐘を鳴らすことになろう。

多様性に「ピンとこない」ことが課題である日本において，逆に移民などを社会的に統合することに成功した場合，こうした移民児童生徒は社会の活力やリソースとなる可能性を持ち，彼ら個人の人生も豊かになりうる。移民の統合は民族，貧困，言語，宗教などが多面的に関わる課題であり，容易なプロセスではない。しかしそれをしないことは，国際的な人道主義や民主主義的な観点からだけでなく，日本社会や個人に及ぼす影響の観点からも望ましい選択肢ではない。

同質性前提で成り立っている仕組みの例として，帰国生や「外国人」対象の入試（第1章，コラム4），新卒一括採用（第4章），学校教育の問題（各章）などをここまでの章で取りあげてきた。筆者が学校における移民の子どもを観察してきた経験によれば，同質性前提の一斉共同体主義（恒吉 1996）の中では，学校の対応は仕組みとしても意識としても同化圧力と例外扱いとの間で揺れやすい。

言い換えれば，一斉に同じことを要求して同じような教育的効果を期待する同質性前提の制度のもとでは，ある子どものニーズが著しく他と異なる場合には，ニーズが異なっても皆と「同じ」ようにしてもらうか，ニーズが違いすぎるとして，「例外」として別扱いするかのいずれかになりやすい。皆と同じときに同じ活動をする考え方からすれば前者はよいのだが，ニーズが大きく異なる移民の子どもの場合，前述のように同質性前提の制度では異質なものは想定されていないため，日本語ができ**ない**，算数もリコーダーもでき**ない**などの，「ない，ない」パターンになりやすい。他方，後者の場合は皆が一緒に一斉に頑張っているところで別行動すること自体に負のレッテルを貼られかねない。いずれにせよ，同質性前提のもとに作られた仕組みがそれが想定していない異質性を持つ児童生徒への教育関係者の対応に影響していることを意識する必要があろう（第3章）。教師，保護者などが直接制度を変えることは難しいかもしれないが，その制度のあり方を理解することによってそれに対抗する力を持つことはできるからである。

だが，課題となるこうした特徴とは異なり，国際的に見て日本の学校教育が先進的な部分もある。例えば，先行きが不透明な世界で求められる「協働性」は，日本の教育のさまざまな仕組みを通して育成されている（教師の協働性，子どもの協働性）。そして，こうした先進性は，日本の教育の「アキレス腱」である「国際化」「多文化化」教育改革力の弱さを乗り越えるためにも活用しうる性格を持っていると筆者は考えている。次にこの点について考える。

2. 国際モデル化する教師の協働的な学び

国際的に見た日本の教育の長所を活用する

日本の教育の長所を「アキレス腱」の克服に活用する話題に入る前に，ここで言うところの長所とは何であるのかについてまず考えてみたいと思う。それにあたり，国際的な文脈から評価しうる日本の教育の特徴を取りあげる。例えば，日本の理数系，イノベーション，技術などの教育は国際的にも定評があり，高等専門学校，KOSEN（高専）の教育モデルの意義はこれから経済発展を推進しようとしている開発途上国の政策関係者にとって実にわかりやすく，国際モデルとなっている（Isami 2020）。数字などの世界共通の記号を使い実験・実習を伴うため，国境を越えて評価もされやすい。

一方ここで取りあげるのは，理数系や技術系の教育に比べると意義がわかりにくいが，「国際化」「多文化化」教育改革には活用しやすい文系領域のモデルである。ひとつは日本の授業研究から派生したレッスン・スタディであり，もうひとつが日本の特別活動から派生したtokkatsuと呼ばれている教育モデルである。両者とも珍しくアジア発の国際モデルとして通用している。

レッスン・スタディの登場

まずレッスン・スタディは，協働的なテーマのもとに教師が同じ授業を見て，検討し積みあげてゆく授業改善の協働的なメソッドである。今日では世界授業研究学会（The World Association of Lesson Studies: WALS）ができ，国際レベルでの制度化が進んでいる。レッスン・スタディのモデルは香港版などのヴァリエーションが生まれながら，アメリカ，インドネシア，イギリス，シンガポールなど，各国に広がった。日本のレッスン・スタディの特徴は，学校共同体の中に教師が協働的に学ぶ仕組みが組み込まれ，学校の中で相互に学ぶ教員同士の同僚性，子どもを理解する見方（子どもを「見取る」）などの，日本では半ば自明視されている制度や規範の存在にある。また，指導案，映像，授業実践の記録，授業検討会，校内研究などの装置や制度が活用されている。

ウルフ・秋田（2008: 27）はレッスン・スタディと西欧式のアクション・リサーチとを比べながら，前者は「学校の学習活動システムとして業務に埋め込まれ，学年の『年度』が1サイクルのはじまりと終わりとなり，校内研修として組み込まれているために，授業に対して問題意識が高くても低くても半ば義務的に参加することが良くも悪くも求められ」，ある教師に「問題意識がなかったとしても，学校教員の共同体の中に成員として参入し関わっているうちに，次第にそれが生まれ追究がなされてゆく」と指摘しているが，こうした同僚（集団）を使った学びを構造化した点が日本発レッスン・スタディの大きな特徴であろう。これは，次節に挙げるtokkatsuでは対象が教師から子どもの仲間（集団）になるものの，多くの点で共通している。

そもそも，例えば教職員室が大部屋で話し合いが容易な構造になっている日本の学校の構造的特徴や，中学校段階でも生徒は自分の教室にいて教師の方が移動するなどの，アメリカなどとは異なる学校共同体の特徴が，教師の協働的学びにも子どもの協働的学びにも関係している。同時に，この仲間（集団）の中での学びが，圧力となって同化を求めたり負の作用をもたらしたりしないための担保が後述するように必要となってくる（第6章）。

レッスン・スタディはアメリカで1990年代以後に広がったが（Lewis et al. 2006; Stigler & Hiebert 2009），それに先立つ1980年代はアメリカの教育の質的危機をめぐって論争が繰り広げられた時期であった（National Commission on Excellence in Education 1983）。そこで日本のレッスン・スタディは授業改善の方法としてアメリカの研究者などによって紹介され，国際的に知られることになったのである。教師が協働的に授業を計画し，同じ授業を見て，子どもの学びを理解し，議論し，授業の改善を繰り返してゆくような，ボトムアップ的に教師の協働的な学びを可能にするステップや理念が評価されるようになった。

例えばレッスン・スタディの早くからの支持者であったルイス（Lewis 2002: 12）は，外部の「専門家」主導ではなくボトムアップ的で教師主導のモデルであり，実践することによって学び，研究によって実践が動かされるのではなく実践そのものが研究であるなどのレッスン・スタディのメリットを指摘している。ここでは，教員同士が競争的関係にあり，学校外部の大学や財団などの「専門家」のモデルが学校に採用されて，教員が訓練（train）される「受け手」として見られていること，必ずしも教員の専門性や地位が認められていないことなどのアメリカの教師教育に現存する問題点だとされることに対する代替モデルとしてのレッスン・スタディへの期待がうかがわれる。

国際モデルとしてのレッスン・スタディ

日本の授業研究は1890年代以後，外国の影響も受けながらも，日本の文脈で作られてきたものであるとされている（佐藤 2008）。一方，国際モデルとしての「レッスン・スタディ」は，同僚性，他の教師の研究授業を見て，子どもの学びを共に助けてゆこうとする「教師主導」で，「協働的」かつ「ボトムアップ的」な教師の学びや，授業改善とそれを可能にする仕組みや論理群が体系化されていることが，国際的に評価されて作られてきたものである。先進国では教師のネットワークによるレッスン・スタディの展開が，開発途上国においてはJICAの支援によるレッスン・スタディの展開が見られた。だが上記の国際モデルとしてのレッスン・スタディは，国内の授業研究の語りと重なりながらも国際的文脈で変容している。例えばレッスン・スタディのステップは，歴史的にそれに馴染みのない各国の教員にも実践できるように言語化され，国際的なテンプレートやチェックリストになってインターネットでアクセスできるようになっていたりする（例えば図1）。

3. 国際モデル化する子どもの協働的な学び

Tokkatsu の登場

他方 tokkatsu モデルの方では，実践することによって学ぶ子どもの協働性，特に体験的な協働性がクローズアップされて国際的に評価されつつある。子どもの人間形成に広く関係してくるだけに，tokkatsu はレッスン・スタディに比べてより価値教育的な要素が強いなどの違いはあるものの，レッスン・スタディで国際的に評価されてきた協働的な教師の学びの子ども版としての特徴も見られ，子どもの「見取り」などの子ども観や授業観も共通している。

国際モデルとしての tokkatsu は，日本の特別活動（小学校では学級活動，児童会活動，学校行事，クラブ活動）を軸として，認知的な教科学習でなくとも，学習として重要な非認知的な学習，班や学級や学校の中での体験的，協働的な学習などを指している。既存の国際モデルを見ると，教科以外の体験的活動を協働的に公的なカリキュラムに位置づけていること自体が珍しい。知識や教科学習と教科以外の学習を全人的な（holistic）学習の機会と捉え，共にカリキュラムに位置づけて教育目標などを設定していることが特徴的である。

ちょうど日本の「授業研究」が国際モデルの「レッスン・スタディ」になっていく過程で見られたように，「特別活動」が国際モデル tokkatsu になる過程で自ずから国際的文脈の中での変化が起きた。海外の教員にとって，教科以外の領域が学びの対象となりカリキュラムに位置づけられている全人的な枠組みは魅力であっても，特別活動やそれ以外の教科以外の時間との区別は，ほとんど意識されない。また，海外では日本のように tokkatsu にあたる時間がカリキュラム内にあるわけではなく，エジプトのようにコア tokkatsu 時間の設置をしてカリキュラム調整をする場合はあるが，大抵は既存の時間割に時間枠が

一目でわかるレッスン・スタディの手順

教師たちがスケジュール，ルール（norms）と仕事のプロセスを一緒に決める

- □ チームを作る
- □ ファシリテーションを決める
- □ スケジュールに合意する
- □ アジェンダを決める
- □ ルール作りと練習(10-15分)
- □ 役割と期待されることを合意する(10分)

教師のチームが自分たちが改善したい指導領域を調べる

- □ 指導─学習案を入手(10-20分)
- □ 研究テーマを考える(10-30分)
- □ トピックを選ぶ(5-15分)

- □ 基準，研究，カリキュラム教材を調べる(90-240分)

合計：115-305分

チームは学習フェーズでの洞察をもとに研究授業を計画する

- □ 状況を吟味(5-20分)
- □ 単元計画を吟味する(20-90分)
- □ 研究授業を確認し吟味する(30-50分)
- □ 指導の流れをデザインする(40分)
- □ データ収集を焦点化(10-15分)
- □ 模擬授業を教えてみる(60分)
- □ 指導─学習案を最終決定する(20-40分)

合計：185-315分

一人の教師がチームのレッスンを教室で実践，他のチーム・メンバーは注意深く生徒を観察する

- □ レッスンの前の議論を行なう(45分)
- □ レッスンを実践，観察(90分)

教師たちはレッスンの後にデータや観察結果を共有し，自分の学びを深めるために集まる

- □ データを見直す(15-20分)
- □ レッスンの後の議論を行なう(45-60分)
- □ 最終助言(15-30分)
- □ 自分の学びを統合する(60分)

合計：135-170分

The Lesson Study Group
at Mills College

www.lessonresearch.net

図1　レッスン・スタディの解説例

出典：The Lesson Study Group at Mills College のステップを翻訳。https://lessonresearch.net/wp-content/uploads/2018/10/Steps-Checklist.pdf（2020年8月31日アクセス）

ないままでの実践となる。

国際モデルとしてのTokkatsu

こうして見ると，日本の特別活動は個人主義的志向が強く，教科学習が軸になりがちな西欧のモデルでは相対的に弱い，非認知的で協働的な学習領域を扱っていることにひとつの強さがあることがわかる。学校が認知的領域も非認知的領域も教科も教科以外の学びも統合した全人的な人間形成の場，生活の場になろうとするときに現実にとりうる姿として，日本の特別活動が国際的に参照しうるものであることは，1990年代から2000年代のはじめには既に指摘されていた（Lewis 1995; Tsuneyoshi 2001）。だが，特別活動が国際化して大規模に諸外国で展開されるようになったのは，JICAのエジプトへの教育支援にtokkatsuモデルの枠組みが入った2000年代からであろう（政府広報オンライン 2019）。それは国際的に社会性や感情面の教育の重要性が再認識される時期でもあった（Tsuneyoshi et al. 2020）。

ウルフ・秋田（2008）がレッスン・スタディと西欧式のアクション・リサーチとを比べて，前者は学校の生活そのものに教員の業務として制度化されて組み込まれていることを指摘したように，特別活動から生まれたtokkatsuもまた，子どもたちの生活全体を対象とする特徴を持っている。前述のように，レッスン・スタディは教員の業務に組み込まれ校内研修が全員参加であったように，tokkatsuにおいても，活動がカリキュラムに組み込まれ学校・学級共同体の成員として子ども全員が参加する。そして，校内研修における教員のように，tokkatsuもまた，意欲にかかわらず子どもは仲間と共に参加しながら，仲間（集団）の力に支えられ学んでゆくことが期待されている。学校行事でも仲間（集団）の中で成長してゆくことこそが目指されているのである。そして，教師の協働的な学びが，子どもの教科学習を支えるのと同時に教科以外の学習をも支えることが期待されているのである。

国際的に見直される非認知的領域の学び

国際的に見たtokkatsuの大きな特徴のひとつは，教科も教科以外の領域も，認知的と非認知的のいずれの学習領域も，カリキュラムの中に位置づけていることであると述べた。

非認知的な領域での学習を西欧式のモデルで扱っているものでtokkatsuに近いものとしては，社会性と情動の学習（social and emotional learning: SEL）が挙げられる（協調的学習 cooperative learningも見方によっては重なるが，社会性と情動の学習の方が全体として近いと思われる）。このSELと比べるとtokkatsuの特徴がより明確に見える。

SELの代表的な支持団体としてアメリカ，シカゴのCASEL（Collaborative for Academic, Social, and Emotional Learning. 1994年創立）があり，国際的に子どもの社会情動面，感情面の育成が必要だとされるなかで，SELに関して彼らのアドヴァイスを求めるニーズが高まっている[1)]。従来のアメリカの教育では，社会性と情動の学習が対象とするような社会性や感情面の育成は，教科に比べると学校の正当な領域とはみなされていなかった。だが，暴力をふるうなど，感情統制ができない人々の増加が社会問題になり，感情面を育成する意義が指摘されるようになる。さらに，先行き不透明な21世紀においては，探究的で協働的な問題解決スキルの重要性が国際的にもより広く認識され（OECD 2017），SELの領域は見直されてゆく。OECD（経済協力開発機構）の著名な国際学力テストであるPISA（学習到達度調査）では，2015年に協働的問題解決（collaborative problem-solving）スキルをテストした（日本はシンガポールに次いで2位であった）が，こうした動きも社会性や情動などの領域の教育が国際的に市民権を得たことを示している。

OECD（2017）は，こうした協働的問題解決スキルを養成するにあたっての学校の役割に言及している。つまり，「今日の職場は他者と共に問題を解決する人」が求められているが，協働的問題解決は自動的にうまくゆくものではない。例えば，一方では「問題解決のために，多様な知識，視点や経験」を集結することで，「創造性の向上と問題のよりクオリティーの高い解決のために」仲間は互いにプラスの意味で刺激を与え合い，成長しうる。だがコラボレーション，協働は同時に，分業の公平性や効率性が確保されず，役割に自分が適していなかったり，好まないタスクを行っている者が出てきたりするおそれもある。さらにメンバーの間で葛藤が生じ，創造的な解決を阻害するかもしれない。つまり，次のように指摘することができる。

> コラボレーションはしたがって，それ自身がスキルなのである。しかし，ほとんどの国や経済では，コラボレーションは明示的に学校で教えられていない。むしろ，それは他の教科を通して教えられている。(OECD 2017: 32)

そして国際的に珍しく学校で明示的に，コラボレーション，協働性をカリキュラムに組み込んで実践している例として日本の tokkatsu モデルを挙げることができるのである。

さて前述の CASEL によると，社会性と情動の学習（SEL）とは「すべての青少年や大人が健全なアイデンティティ，感情を統制して個人的なゴールを達成し，他人に共感したりそれを行為で示し，互いに支え合う対人関係を築いてそれを維持し，責任や思いやりがある決定ができるようになる，知識，スキルと態度を獲得して応用できるようになるプロセス」であり，自己を知ること（self-awareness），自己管理（self-management），社会的認識（social awareness），対人関係スキル，責任ある意思決定をすることが中核的なコンピテンシーだとしている（CASEL 2020a）。

全人的枠組み

では，こうした西欧式のモデルと比べたときに見えてくる tokkatsu の特徴とは何なのか。CASEL の SEL モデルは，非認知的な社会性と情動の学習領域だけを焦点としている。これに対して tokkatsu の大きな特徴は，それが教科と一緒にカリキュラムに位置づけられ，全人的な子どもの教育の発想のもとに，教員の本来の仕事として，教科も教科以外の学習の時間も，統合的に学校の 1 日の中で実施されていることである。さらに，教科以外の学びの具体的な内容は歴史的にも変遷してきたが，今日日本の学校が行っている特別活動では，例えば，学級会，日直，給食当番や基本的生活習慣などがさまざまな場面で強調され，さらに特定の学校行事があり……というような活動が，1 年をサイクルとして学校生活の中で毎日，全国どの教室の学級・学校にも組み込まれる仕組みになっている。

つまり，学校は生活であり，学校生活すべてが学びとして教育の対象になるような構造になっているのである。地域，学校の特徴に合わせた取り組みが可能であり，全国的に見られるような実践と，地域によるヴァリエーションとが交差する。そして，教科を支えているのと同じような教師の相互的な学びによって，協働的な児童生徒の学びを支えることが期待されている。

それに対してSELは，SELに関心のある教師や，SELモデルを採用した地区・学校や，個別的に採用したい人が実践する。よって，ある教室の担任は熱心にSELに取り組み，隣りの教室の担任はまったく関係ないようなことも起きる。また，SELは社会性や情動面の育成に焦点を絞った教育であり，全人的な枠組みから切り離せない特別活動よりも射程が狭く，毎日，毎年，学校生活の一部に組み込まれる日本の特別活動に対して，SELはカリキュラム内で時間数が割り当てられず，教科を通して実践する時間や場面が多くなる。また，コンピテンスのリストからもわかるように，SELは基本的に個人が学ぶものであり，協働的な相互作用によって学ぶことを特徴とする特別活動やそれを軸とするtokkatsuと違う。

4. 日本の教育の強さを活かして弱さを克服する

日本の全人的協働性の課題

さて，日本の教育モデルのどのようなところが国際的に評価されているのかを見ることを通して，全人的な枠組みから，協働的な学びを多重的に育成しようとする仕組みを見てきた。

前節で見たように，西欧のモデルにおいて，宗教を抜きにして，教育の領域における社会性や情動の育成の必要性がメインストリームで強調されるようになったのは比較的最近のことであり，全人的な枠組みの教育の歴史が長い日本に比べるとまだSELに特化していて個人的である。日本は授業実践の記録などの蓄積も多く，教師の協働的な学びの材料となっている。そして，前述の議論でわかるように，国際的に評価されている日本の2つの教育モデルであるレッスン・スタディとtokkatsuの特徴として，それらが学校の日常に組み込まれていること，教師であれ児童生徒であれ，自分たちが主導すべき（現実にそうなっているかは別として）協働的な学びとして存在していることが指摘できる。

特定の時間，特定の行事やイベントで終わるものではなく，毎日，毎年をサイクルとして，就学前から高等学校まで繰り返し続ける仕組みの連続性が重要なのである。学校の外部の「専門家」が組み立て，教員がそれを正しく実践できているのかを「専門家」が「指導」するのではなく，教員が同僚と協働して授業改善をしてゆく，そしてそれを今度は，子どもが仲間と学ぶ協働的な学びや体験して成長してゆく過程へとつなげる，そうした可能性がある仕組みを日本の学校は持っているということである。無論，活動が形骸化したり，こうした過程が成り立たない場合も少なくない。仲間集団と一緒に成長するはずが，仲間による同化圧力によってむしろ個性が潰されている場合もある。そして，同質性前提に基づく同化圧力が生活全体に広がった場合，それは他の児童生徒と異質なものを持っている子どもに作用しやすい。まさに，本書で問題としてきたような，移民や，「異質な」子ども，若者がこの標的となりうる。第6章はこうした仕組みから排除されて居場所を失った若者を描いていた。

それゆえに，CASELの社会性と情動の学習モデルが，tokkatsuに比べると射程や時間も限定的であるにもかかわらず，日本では教育に含まれにくい多様性に関連する要素を中核的なコンピテンスに組み込んでいることにここで注目する必要がある。SELモデルの中核的コンピテンスである「社会的認識」には，多様な文化的背景を持つ人々の視点を理解し，共感するスキルが含まれている。また，「対人関係」の中には文化的多様性を尊重するスキルが入っている（CASEL 2020b; CASEL 2020c）。つまり，こうした多文化に関するスキルは，あたりまえのものとしてSELの教育に組み込まれているのである。

アメリカは移民社会であるから，多文化の視点が中核的コンピテンスの要素には自ずから入ってくるのだという意見もあろう。それは否定しない。しかし，国境を越えた人や情報，ものの往来が活発である我々がその一員である今日の世界にあって，多様な人々を理解し，協力しながら共存してゆくことはもはや必然である。そして，日本社会の中でも，社会の多様化はもはや水面下どころかますます顕在化する形で進んでいる。にもかかわらず，日本の教育は「国際化」「多文化化」教育改革力が先進国の中で目立って欠けている。このことは重く受けとめる必要があろう。

全人的「国際化」「多文化化」教育改革の必要性

2020年の新型コロナウイルスのパンデミックで，ドイツ，シンガポールなど，移民労働者の受け入れで知られる社会においても，三密状態で暮らす移民労働者間での感染者クラスターが社会問題化した。移民社会アメリカでも白人警察官によるアフリカ系アメリカ人の男性への死に至る暴力をきっかけに，人種・民族的マイノリティへの警察による長年の暴力・差別に対するデモが全米に広がった。ブラジルでは，貧困層のスラム街における，クラスターが社会問題化した。難民キャンプでも同様であった。パンデミックは，社会的に弱い立場にある人々が置かれた非衛生な環境，医療へのアクセスの悪さ，三密の住居環境の問題点，社会の格差，また先進国と開発途上国との間の社会的格差をも浮き彫りにした。こうした格差と絡む多様な文化間の共生の問題は複雑である。しかしだからといって，存在する社会の中の多様性に目を向けなければ解決するようなものではなく，むしろ複雑であるがゆえに，後回しにすればするほど解決はさらに難しくなる。

2020年のグローバル・パンデミックは，改めて多くの人に，世界各国の異なる歴史や文化などからくる多様性と各国が共有する格差などの共通した課題の両面を見せた。

本書で見てきたように，国境を越えて入ってくる人々はさまざまな意味で異質性の象徴であり，社会の同質性前提を崩すひとつの原動力となってきた。日本社会でさえも，社会的多様化の方向性は明らかであり，これから日本の学校の同質性前提が一層崩され，同質性を前提とした制度が揺らいでゆくのは時間の問題であると思われる。問題が起きるたびに対処するのか，それともより多様化された日本社会のヴィジョンを築いてそれに向けた政策を展開してゆくのか。

今まで見てきたように，協働的な子どもの学びにつながる協働的な教師の学びの仕組みや，教科だけでなく教科以外の時間をも組み込んで，日常的に学びの機会が散りばめられた全人的な枠組みを特徴とする日本の教育モデルは国際的に評価されてきた。そして，そこには本来，これからの時代を生きる子どもたちに必要になるにもかかわらず日本が遅れをとっている「国際化」「多文化化」に関連するスキルが組み込まれるべきであろう。

他の先進国に比べて，日本は長らく「外の人」に対して門戸を閉じた社会であり続けてきた。同質性前提の強い制度や教育の中では，教育関係者，政策関係者も移民などの問題には目が向きにくく，「ピンとこない」。目が向かないし「ピンとこない」ものは協働的な教師の学びの原動力にもならない。日本が得意とする子どもの全人格的な学びにもつながらない。

移民に限らず，異質な者への視点を持つこと。それは日本だけでなく，諸外国の中の多様性を見出すことを可能にする。社会に異なる文化が存在することによって生まれるエネルギーがある。そして，文化的多様性への理解は，民族・人種，国籍だけでなく，日本国内にあるさまざまな違いの理解にも応用できる。同時に，文化的多様性への視点があれば，多「文化」は互いに必ずしも平等ではなく，社会内や社会間で格差があることにも目が行く。そして，前述のように，災害やパンデミックの被害が，最も弱い立場の人々に集中しやすい社会や世界の構造に気づく。このように，自分の周囲での多様性への視点は，日本社会へ，世界へ，そして，世界の課題へとつながりうるものなのである。

「国際化」「多文化化」教育改革という，日本の社会や教育が国際的に後進的である領域での改革は難しく聞こえるかもしれない。しかし，既に存在する日本の教育の強さを活かし，実はその気になりさえすれば，可能なものなのである。

注

1）2019年6月にCASELのスタッフに行ったインタビューによる。啓蒙的役割を果たしている本組織に，多くの要望が寄せられるようになっていた。

参考文献

秋田喜代美（2008）「授業検討会談話と教師の学習」秋田喜代美・キャサリン・ルイス編『授業の研究　教師の学習――レッスンスタディへのいざない』(114-131)，明石書店.

CASEL. (2020a). What is SEL? Homepage of CASEL. https://casel.org/what-is-sel/（2021年3月7日アクセス）

CASEL. (2020b). Integrating with academics, *SEL TRENDS*. https://casel.org/wp-content/uploads/2018/10/SEL-Trends-3-10232018.pdf（2020年9月3日アクセス）

CASEL. (2020c). CASEL's widely used framework identifies five core competencies, Homepage of CASEL. https://casel.org/what-is-sel/（2020年9月3日アクセス）

Isami, H. (2020). Education reforms in the national institute of technology (KOSEN). In R. Tsuneyoshi, H. Sugita, K. N. Kusanagi & F. Takahashi (Eds.) *Tokkatsu: The Japanese educational model of holistic education* (283-297). Singapore: World Scientific.

Lewis, C. (1995). *Educating hearts and minds: Reflections on Japanese preschool and elementary education*. Oxford: Cambridge University Press.

Lewis, C. (2002). *Lesson study: A handbook of teacher-led instructional change*. Philadelphia, PA: Research for Better Schools.

Lewis, C., Perry, R., Hurd, J., & O'Connell, M. P. (2006). Lesson study comes of age in North America. *Phi Delta Kappan* Dec., 273-281.

文部科学省（2020）「外国人の子供の就学状況等調査結果について」3月．https://www.mext.go.jp/content/20200326-mxt_kyousei01-000006114_02.pdf（2020年9月5日アクセス）

National Commission on Excellence in Education. (1983). *A nation at risk: The imperative for educational reform*. April. (A report to the nation and the Secretary of Education, United States Department of Education) https://www2.ed.gov/pubs/NatAtRisk/index.html（2020年9月5日アクセス）

OECD. (2017). *PISA 2015 results: Collaborative problem solving*, Volume V. https://www.oecd-ilibrary.org/docserver/9789264285521-en.pdf?expires=1599275917&id=id&accname=guest&checksum=FDC416E56961AEDF4C8D6DA66CE38FBC.（2020年9月5日アクセス）

佐藤学（2008）「日本の授業研究の歴史的重層性について」秋田喜代美・キャサリン・ルイス編『授業の研究　教師の学習――レッスンスタディへのいざない』(43-46)，明石書店．

政府広報オンライン（2019）「エジプトに広がる『特活』」『Highlighting Japan』July 2019. https://www.gov-online.go.jp/eng/publicity/book/hlj/html/201907/201907_04_jp.html（2020年9月5日アクセス）

Stigler, J. W., & J. Hiebert. (2009). *The teaching gap: Best ideas from the world's teachers for improving education in the classroom*. New York: The Free Press.

恒吉僚子（1996）「多文化共存時代の日本の学校文化」堀尾輝久ほか編『学校文化という磁場（講座・学校　第6巻）』(216-240) 柏書房．

Tsuneyoshi, R. (2001). *The Japanese model of schooling: Comparisons with the Unit-*

ed States. New York and London: Routledge.
Tsuneyoshi, R., Sugita, H., Kusanagi, K.N., & Takahashi, F. (Eds.) (2020). *Tokkatsu: The Japanese educational model of holistic education*. Singapore: World Scientific.
ウルフ，J. & 秋田喜代美（2008）「レッスンスタディの国際動向と授業研究への問い――日本・アメリカ・香港におけるレッスンスタディの比較研究」秋田喜代美・キャサリン・ルイス編『授業の研究　教師の学習――レッスンスタディへのいざない』(24-42) 明石書店.

コラム7

「学びのシステム」としてのレッスン・スタディと授業研究

草彅佳奈子

インドネシアの公開授業研究会の様子

生徒のために教材を改善するレッスン・スタディなら参加したい。でもこの学校の実践は違う。だから私はレッスン・スタディに参加しない。

インドネシアで出会った中学校教師の言葉である。授業研究は日本発の国際教育モデルとして知られ，海外ではレッスン・スタディと呼ばれている。レッスン・スタディは教師が互いの授業を観察・協議することで，協働的に専門性を向上する学びの場として，多くの国で実践されている。21世紀型教育と親和性があり，多様な研修のニーズに柔軟に対応できるため「学びのシステム」（Lewis 2002）として評価されている。しかし，冒頭の発言のように理念と実践の齟齬が生じている。

海外では日本と異なる学校文化や条件のもとでレッスン・スタディが実践されるため，その実践の意味も変容する。冒頭の教師の言葉も，レッスン・スタディが生徒の学習の改善ではなく教師の評価の場となっていることへの批判であった。この他にも競争的な学校文化の中で同僚性が育たない，時間的・精神的な負担が大きいなどの問題が報告されている。レッスン・スタディに限らず「モデル化」「制度化」されると，教育実践は社会的文脈から切り離され，文化的意味づけが失われる。

制度化された授業研究では，教師が必要とする支援や能力の向上につながらないという批判が日本でも1990年ごろからある。この背景には，官僚的統制による脱専門職化現象，職場の人間関係の変化，働き方改革による研修時間確保の困難など，教師を取り巻く環境の変化がある。

授業研究やレッスン・スタディが「学びのシステム」として機能するには，学校現場が現在直面している課題とつなげ，その意味と仕組みを問い直す必要がある。日本の授業研究の形骸化とレッスン・スタディの国際化の難しさには類似点も多い。教師自身の力でその意味の再定義がなされなければ，日本の授業研究も過去の遺産となってしまうかもしれない。

参考文献

Lewis, C. (2002). Does lesson study have a future in the United States? *Nagoya Journal of Education and Human Development*, 1, 1-23.

第9章

国際的に見た日本の保育

輸出入をめぐる現状

大滝世津子

1. 日本の保育と諸外国の保育の関係性

日本の保育界では，諸外国の保育から学ぼうとする風潮が強く見られる。とりわけ，イタリアのレッジョ・エミリア市の幼児教育，ニュージーランドのテファリキ，ラーニング・ストーリーなどには熱いまなざしが向けられており，毎年多くの保育関係者が視察に訪れている。他にも北欧，アメリカ，ドイツ，イギリスなどから学ぼうとする向きがあり，保育哲学，保育内容伝達方法（ドキュメンテーション，ポートフォリオ），ラーニングコミュニティ（保護者や地域の巻き込み），所属感（社会の一員としての責任感），長い人生の中での学びの位置づけ，評価方法（到達目標を設定し評価するのではなく，プロセスを重視），自然体験活動，ノンコンタクトタイム，子どもたちは有能な学び手であること，社会の一員としての捉え方，探究（試して，工夫して，つくりだす経験），聴き入る保育，多様性の認め合いをはじめ，さまざまな領域での学びを得ている（例えば，『発達』156 2008; 泉・一見・汐見 2008; 泉 2017; 森 2016; 七木田・ダンカン 2015; 大宮 2006; 坂野・藤田 2015; シラージ・キングストン・メルウィッシュ 2016; 椨 2019）。

このように，日本の保育関係者が他国から学ぼうとする動きがある一方で，日本の保育を学びたいと視察に訪れる他国の保育関係者もまた増えている。そして，日本の保育を自国に取り入れたいという申し出を受け，日本の保育モデルの輸出に至っている例も複数存在している。

日本の国際協力は1954年のコロンボプランへの加盟からはじまり，高等教育分野から長らく遅れて幼児教育分野への取り組みがはじまった。その間，JICA，ユネスコ，世界銀行，ユニセフなどの取り組みがあったが，文部科学省が幼児教育分野における途上国からの要請に対応するための拠点構築事業に動き出したのは2000年前後であった。その後，お茶の水女子大学が拠点となることを引き受け，2003年度から事業を開始し，東南アジア諸国の実態調査や二国間連携などがなされるようになった（柴山 2008）。日本から途上国への協力にはこのような歴史があるが，日本の各園からの個々の輸出の動きが盛んになってきたのはここ数年のことである。

そこで本章では実際に他国に保育を輸出していると同時に他国への視察経験のある法人関係者へのインタビュー内容の分析を通して，①日本の保育から学びたいと考えている国の保育の現状をどのように理解しているのか，②他国との比較から見た日本の保育の強みは何であると理解しているのか，③日式保育と輸出の展望についてどのように考えるのか，の3点の問いを明らかにしていく。

2. 対象と方法

対象——海外からの視察を受け入れていると同時に，自身も海外視察に行った経験があり，他国への輸出も行っている法人代表者，計7名を対象とした（表1）。

方法——半構造化インタビューを行い，データを収集した。そのデータを元にカテゴリー分けを行い，それぞれについて内容分析を行った。

半構造化インタビューの際の大まかな質問項目は以下の通りである。①他国からの視察状況，②他国に何を輸出しているのか，③その国の方は日本の保育に何を求めているのか，④他国を視察して翻って気づいた日本の保育の良さ，⑤日本の保育の優れたところはどこか。これらの質問を通して，上記の3点の問いを考察していく。なお，特定を避けるため，法人名などの固有名詞はすべて仮名とした。引用文中の［　］は筆者による補足，……は中略である。

表 1　対象者一覧

法人名	役職名	視察に来た国	視察に行った国	輸出した国	インタビュー日
社会福祉法人 X	副理事長 A 副園長 B	中国	中国，アメリカ，イタリア，フィリピン	中国	2020 年 8 月 23 日
社会福祉法人 Y	創業者 C 理事長 D 広報担当者 E	中国，台湾，スウェーデン，デンマーク，アメリカ，エジプト，タイ	中国，台湾，スウェーデン，デンマーク，ドイツ，イタリア，スイス，シンガポール，アメリカ，エジプト	中国，アメリカ	2020 年 8 月 26 日
学校法人 Z	理事長 F 園長 G	中国，韓国，イギリス，スウェーデン，ニュージーランド，アメリカなど	中国，韓国，ベトナム，シンガポール，イタリア，イギリス，スウェーデン，デンマーク，オーストラリア，ニュージーランド，アメリカ，ドイツなど	中国，ベトナム，韓国	2020 年 8 月 28 日

3. 結果

日本への視察ブームの背景

今回のインタビュー対象においては，中国からの視察，中国への輸出が他国に比して最も多く，盛んである。このため，本章では中国に焦点を当て，日本の保育モデルを参考にする動機づけや関連要因を分析する。なぜ中国からの視察団が多いのか。対象者は例えば次のような理解をしている。

2，3 年前から中国から日本への見学ブームがはじまった。それは中国では 3 歳児以上の幼稚園教育はあったものの，乳児保育の場はなかったためであろう（文革の際に体制が変わったことにより体系だった 0-2 歳児の乳児保育がなくなり，数十年が経った状態)。近年ひとりっ子政策が終わり，女性の社会進出も進むなか，小さいころから預けた方がいい子に育つのではないかということで，保育に注目が集まるようになった。しかし，国内には乳児保育の体系だった方法がなくなってしまっていたため，「日本に学べ」「日本のやり方を取り入れよう」ということになり，見学ブームがはじまった。

アメリカやイタリアに見学に行く人もいたが，日本の保育園見学を紹介してくれるエージェントが複数あり，そういったビジネスが成立しているという。日本のある幼稚園の園長が中国で有名で，本を出したり，講演したりしている。そこから「日本の保育ってすごいんだ」というイメージができあがったようだ。

（社会福祉法人 X 副理事長 A）

このような背景のもとに，中国からの視察団が日本の保育園に来るようになっている。

中国視察団来日の背景

構造的背景——日本側の保育関係者は，中国ではこれまでどのような保育・教育が行われてきたと考えているのだろうか。構造，内容，ニーズの特徴を中心に見ていく。

まず，中国の保育園での分業化が指摘されている。例えば，「中国には幼稚園教諭のような人［教える役割の人］と保育員［保育を担う役割の人］がおり，一緒に動いている。これとは別に掃除を担当する役割の人がいるなど，役割分担が明確になされている」（社会福祉法人 X 副園長 B）というような理解である。この点では，養護と教育を一体的に担っている日本の保育士とは構造的に異なる。

また，就園前の時期については中国ではこれまで祖母や両親が乳児期の子育てをしていたり（社会福祉法人 Y 理事長 D），ベビーシッターが世話をしたり（学校法人 Z 理事長 F）というように，母親以外の私的な育児の担い手が活用されてきたと考えている。しかしながら，近年乳児期の保育の重要性が認知されてきたことから，中国（やベトナム）では，保育の体系化が求められていると日本側は理解している。例えば，大学における乳児保育のカリキュラムづくりの必要性が認識され，動き始めているのだという。「中国やベトナムでは大学で乳児保育を担当する先生を養成するカリキュラムを作ろうという話が去年くらいから始まっている。大学の講座を日本の法人が預かってやろうということになっていたが，コロナ禍の影響で止まっている」（学校法人 Z 理事長 F）。

今回インタビューした中の２つの法人がこの保育者養成の体系化の動きに関わっていた（社会福祉法人 X，学校法人 Z）。「中国では幼稚園教諭の免許しかなく，基本的に3歳児クラス以上の勉強しかしていないため，先生たちは日本の保育士であれば勉強する0歳から2歳児の発達の知識や関わり方などを知らない。それを知りたいというニーズがある」（社会福祉法人X副理事長A）という。また，大学付属幼稚園などの特定の組織において，乳児保育を進めていくにあたり，日本側にコンサルティングの依頼などもあるという（社会福祉法人X副理事長A）。

さらに，大学だけではなく，自治体レベルでも日本の法人から学んで保育所の基準を策定しようとしている動きも見られるという。「中国では，乳児保育所の配置基準はこれから具体的に定まっていく段階。自治体や大学としても，日本など海外の配置基準などを参考にしたり，そのひとつとして社会福祉法人Xに学びたいといった声もあった」（社会福祉法人X副理事長A）とのことである。

このように，現在中国では乳児保育の部分に注目が集まり，大学や自治体レベルで体系だった乳児保育の専門家養成や保育所基準の策定を進めていこうという流れになっていることが日本の保育への関心の背後にあるとインタビューイーたちは考えている。

中国の幼児教育の内容——今回の多くのインタビューイーから「中国における幼児教育は教え込み，詰め込みの手法を用い，勉強的な要素が強い」に類した語りを得た（社会福祉法人X副理事長A，同副園長B，社会福祉法人Y創業者C，学校法人Z理事長F，同園長G）。例えば，「日本で言えばアイウエオ帳のようなものを勉強することが中国・韓国における教育」（学校法人Z園長G），「習い事のオンパレード」（学校法人Z理事長F），「科目的な意味合いが強い。それ自体がお勉強的な捉え方に感じられる」（社会福祉法人X副園長B）といったものである。

こうした点について，社会福祉法人X副園長Bが「[視察した中国の園では] 子どもの主体性を大切にするということは謳われているが，実践レベルとしての“遊びを中心に”ということに戸惑いがあるようだ」と述べているように，「遊び」の理解がひとつの鍵になっている。

中国の日本に対する期待（ニーズ）——同時に，今回のインタビューイーによる語りを通して，一枚岩ではない中国内部のニーズの様相が浮かび上がってきた。以下ではそれについて見ていきたい。

・一昔前の日本の幼稚園教育を求めている層――まずひとつ目は，「一昔前の日本の幼稚園教育を求めている層」の存在である。社会福祉法人Xが受け入れた中国の視察団は各種「基準」「作業・タスク」「カリキュラム」といった保護者からも「目に見えやすいもの」を求め，社会福祉法人X副園長Bはこのことについて「一昔前の幼稚園的なもの」を求めている，と表現している。日本の幼稚園教育要領にあたる幼稚園教育指導要綱では「遊び」を基本とする考え方を謳っているものの，現場実践レベルではその考え方が十分には浸透していない現状が見られるようであると日本側は理解している。

一方で，日本の保育の良さとして認識されているらしい「子どもに寄り添う」「丁寧な関わり」などに共感はするし，実践したい気持ちはあるが，「できない」「わからない」という声も少なくないとのことであった（社会福祉法人X副園長B）。このような声があがる背景には，保護者のニーズとのミスマッチがあるのではないかと日本側は理解しているようである。「遊び」中心では「保護者は「何をやっているかわからない」となるし，保育者も保護者に意味を説明できない。保護者のニーズとはマッチしていない。お勉強的な要素がないと保護者から選んでもらえない」（社会福祉法人X副園長B）というような指摘である。こうして，「遊びを中心に」という方向性と，現実には「お勉強系」のニーズが存在することとの間の落差が中国の保育関係者の「戸惑い」に繋がっていると日本側は考えた。

・最先端の保育を求めている層（富裕層）――そして2つ目は，「最先端の保育を求めている層」の存在である。社会福祉法人Yからは，前述の社会福祉法人Xの語りとは少し様相の違う，中国側のニーズの語りが得られた。

例えば，富裕層の志向の違いである。彼らには，モンテッソーリ教育が人気であるという。中国ではレールの上に乗せた保育が多いが，インテリ経営者はそれではダメだという認識をしており，日本の「自分で何でもやる」「規律を守る」「他者を思いやる」保育は魅力的に映る（社会福祉法人Y理事長D）。

この社会福祉法人Yが関わっている中国の保育関係者は主に「富裕層」であるが，海外にも目を向けているこの層の子どもたちが通う保育園の経営者たちは，現在の中国の幼児教育のあり方に疑問を抱いている。彼らには「生活に通じる人間を育てていきたい」という認識があり，この面で現在の日本の保育が進もうとしている方向に親和性があると考えられている。

いずれにせよ，中国の保育関係者に接した日本の保育関係者からのインタビューからは，「一昔前の日本の幼児教育」を求めている層や「現在の日本が向かおうとしている保育・幼児教育」を求めている層など，中国側のニーズにも多様性があることがうかがわれる。

他国との比較から見た日本の保育の強み――次に，中国だけでなく，ベトナム，ヨーロッパ，北欧，アメリカといった複数の国々の視察団や，日本側保育者が海外視察を行いながら，何が日本の保育の特長であるとインタビュイーたちが考えているかを見てみたい（166 頁の図 1 を参照）。以下では，他国からの視察者の感想を受けての日本側の理解，および日本側インタビュイーが他国を視察した際の理解を示している。

・A 養護のきめ細かさ――日本側保育関係者によって日本の特長だと思われていることに養護のあり方がある。これは中国からの視察者が日本の養護を見たときの「驚いていた」「感動していた」という発言からもうかがわれる。例えば，日本の「1 対 1」「養護的・情緒的安定」「安全・安心」などを評価していた（社会福祉法人 Y 創業者 C）。あるいは，日本のオムツ替えに感動していた。特に「目と目を合わせて」「気持ちいいね」と声をかけながら行うことに興味を持ち，評価していることが指摘されていた（社会福祉法人 Y 広報担当者 E）。中国では一斉保育が主流だとして，日本の保育の「ひとりひとりを大切にする」ことをとても評価していたと日本側は理解している（社会福祉法人 Y 理事長 D）。

このように，例えば「1 対 1」「養護的・情緒的安定」「安全・安心」などの要素や，「目と目を合わせて」「気持ちいいね」と声をかけながらのオムツ替え，「ひとりひとりを大切にする」などの日本の養護においては「当たり前」と捉えられているような類のものが，中国からの視察団には新鮮に映ったと，視察団の反応から日本側は理解している。

こうした，きめ細かく，丁寧な保育が日本の保育のひとつの強みであるという理解は，日本の保育者の海外視察からも裏づけられている。保育の先端を歩んでいるとされているヨーロッパやアメリカの保育においても，シンクの縁に座らせて「着替えや排せつの際に」乳児を「ごしごし洗っていた」りするなど，保育者が乳児に集中していないように日本の保育者からは見える場面が観察され（社会福祉法人X副理事長A），このように日本の保育における養護では，「丁寧かつ細やかな」保育が求められていることを海外からの視察団の指摘とともに再認識させる結果となっている。

・B 乳児保育の体系性――養護にも関連して，乳児保育の分野では日本が先行しているという理解を日本側保育者は示している。以下の語りでは，アジア圏の他，欧米，ドイツなども言及される。

日本の乳児保育は「1対1」の関係から友だちとの関係，その楽しさに気づいていくようにするなど，欧米に比しても先進的なところがある（社会福祉法人Y創業者C）。0-2歳児の乳児保育について，特に各種基準や安全性などの点でアジア圏では日本が先行している（学校法人Z理事長F）。中国からの視察団が「社会福祉法人Y創業者Cが執筆した乳児保育に関する本を列をなして買っていった」（社会福祉法人Y広報担当者E）など，海外からの訪問者によっても，日本の乳幼児保育は高く評価されていた経験を日本側は共有している。

乳児期に体系だった保育が行われていることが日本の保育の強さのひとつであるという認識は，こうした海外の保育者の反応や海外視察から形成されてゆく。体系だった乳児保育の存在自体が海外に比した日本の特長として，他国からも求められていると感じているのである。

・C「遊び」と「学び」の融合――日本の保育の中の「遊び」と「学び」が一体化していることも中国などの保育者から高く評価されている。同時に，具体的な実践方法がわからなかったり，中国国内で実現することが難しいと訴えられたりもしている。例えば，次のような発言である。

中国の方に「自由な森の中で遊ぶことによってトラックで走るよりも強い体ができる。遊びの中に楽しみながら学びを取り入れていこう」とお話すると，共感を示しつつも「中国では保育をするにも国から予算を取らなければいけない。この器機は○○筋を鍛えることができるから買いたい」とか「この園からスポーツ選手が何人出たか」というようなことが重視される。そのため，「ここで見たような理想の保育を実現するのは簡単ではない」とおっしゃっていた。また，「遊び」と「学び」をどうくっつけ

ているかを知りたがっていた。（学校法人Z理事長F）

同時に，海外からの視察者たちはワークシートを通した「お勉強的」な保育に限界を感じ，それを打破するための方法を得るために来日したのではないかという印象を日本側は抱いている。

中国・韓国から視察にいらした方々は，保護者目線を気にしている。こんなにオープンな保育をしていて怪我は大丈夫なのか。保護者から何か言われないのか。子ども自身が体験を通して学ぶということに驚き，「こういうところを知りたかった」と言っていた。
例えば，園内でスイカを栽培，収穫して持つ。そして体感として重さを知る。その上で，秤で測り，数字での重さを知る。それから中身は何色かなと期待しながら割る。こういうことについて自分で調べて字で書いてみる。そんな保育のやり方を求めていた。「ワークシートではないやり方が知りたかった」とおっしゃる。視察にいらっしゃる方は「何かもう一歩踏みこんだやり方をみつけたい」と思いながらいらっしゃる。
（学校法人Z園長G）

こうした「体験を通した学び」とも言える保育の形は長年日本の保育が大切にし，また，さらに深めてきた部分でもある（無藤 2018）。近年小学校段階以上でも注目されている「アクティブラーニング」に通ずるこの考え方は世界の潮流にも親和性が高く，日本の保育の強みでもあると言えるだろう。

・**D 食育**――日本の「給食」をめぐる衛生基準，離乳食の細やかさ，和食の美しさ，栄養士の存在，キッチンの必置義務などは，他国と比べても質が高いものであると日本側は海外の保育者などとのやりとりを通して感じていた。これは日本の食文化に裏打ちされたものであり，日本の保育において「食」が重要な部分を占めていることを複数のインタビュイーが指摘している。次の発言は，アメリカ視察を通しての理解である。給食時の様子を見ながら，衛生面が日本のように意識されていないこと，あるいは，食べ残しをなくす意識が見られないことなどが指摘されている。

外部の人が土足で入れたり，調理員はマスクもエプロンも帽子もしていなかったり，厨房内に私物がたくさん置いてある，鍋が床に置いてあるなど。土足，エプロンなしのところもあり，衛生基準が違うと感じた。100名くらいの食事をひとりで調理するところもあり，ひとりでも調理できるようなメニューという背景があった。給食の盛りつけもざっくりしていたり，たくさん食べ残したり。食べ残すことに対しての「もったいない」という意識や，いただきます，ごちそうさまのあいさつもない。
（社会福祉法人X副理事長A）

食事の栄養内容，食育も日本の場合は大事な要素である。それに対して，食事は業者委託やランチボックスであったり，「お昼がパンにチーズとかケータリングとか……それで違和感もない」（社会福祉法人Y創業者C），食の地位が低かったり，「海外では，キッチンは別枠で裏方というような位置づけが多い」（学校法人Z理事長F）など，欧米への視察を通した発言も見られた。一方で，「中国では本格中華が出る園もある。栄養計算してあるかどうかはわからないが」（学校法人Z理事長F）と，充実している場合でも食の内容にはより細かな注意の目を向けている。

海外からの視察団の反応によっても，こうした印象は補強されている。日本の食は「保育の中で大きな位置づけを占めている」ことが評価されるという。衛生基準や提供される食事の献立などが保護者には提示されることが「保護者の信頼を得る」と考えられている。「日本の離乳食のきめ細やかさを見て海外の方は驚いている」（社会福祉法人X副理事長A）などの観察も前述のような印象を補強している。

日本の離乳食を見て外国の人が驚いたという指摘もしばしばあった。例えば「離乳食の段階的適用や，養護との関連の中での離乳食」，視覚的に食を魅力的にしようとする点，清潔管理など（社会福祉法人Y創業者C）である。次のインタビューにはこうした点が網羅されている。

日本において食育は重要。食文化の部分が影響している。離乳食は細やか。キッチンの必置義務があり，栄養士を置いている日本は質が高い。ベトナムでは「子どもの安全性」と「食の充実」を日本ブランドと捉えている。キッチンでの基準や遊具の安全性などについて知りたがっていたり，「手順書が欲しい」とおっしゃったりする。食育について，栄養士がいて，保育士とのやりとりが盛んなのは世界に誇れるところだと感じている。
（学校法人Z理事長F）

これだけでなく，今回インタビューを行ったすべての日本法人のインタビュイーが，日本の給食，特に離乳食についての他国の方からの反応について言及していた。特に養護と関連した離乳食については，中国，ベトナムからの視察者が高く評価し，導入したいとするものであったようである。このように，「食」の部分は日本の保育の中の特長的な部分であるとインタビュイーは考えていた。

・E 保護者のニーズ——前述のように，海外からの視察団の中には，日本の保育を高く評価するものの，自国の「保護者」が理解してくれないという発言も少なくなかった。日本の保育が行おうとしている保護者の支援のイメージについては，「中国は保護者支援の概念自体がないように感じる。保育所をサービス提供者と割り切っているため，目に見えるサービスを提供しようとする。そのため，保護者の精神的な支えになることや，子育て相談に乗るというイメージは湧きにくい」（社会福祉法人 X 副理事長 A）と日本側は理解している。保護者が評価してくれるか否かを気にしている発言は他の視察団からも見られた（社会福祉法人 Z 園長 G）。いずれにせよ，「保護者の精神的な支えになること」や「子育て相談に乗ること」などは日本の保育の特徴であると日本側は受けとめている。

・F 自然保育——最後に，自然保育，自然体験については，日本と他国が互いに学ぶべき点を見出しあっているという興味深い語りが見られたことに言及しておきたい。まず，他国の方が日本から学ぶという語りである。

> スウェーデンやデンマーク，ノルウェー，フィンランドなどで講演をすると，社会福祉法人 Y を見に行きたいとおっしゃる方が多い。北欧と感覚が近いのかもしれない。北欧のデンマークやドイツなどは自然と共に生きていく，子ども中心に生きる姿を大切にする，という方向性。自然保育に興味がある。フィンランドでは，SDGs が暮らしの中にある。
> （社会福祉法人 Y 理事長 D）

次に，日本側も欧米から学びたいと考えているものとして自然体験活動が挙げられている。

> 自然体験活動については，北欧，ドイツなどから日本が学びたいものであり，中国，

ベトナムの方々にとっては日本から学びたいもの，という傾向がある。
（学校法人Ｚ園長Ｇ）

自然保育・自然体験活動については北欧，日本ともに力を入れているものであり学びが双方向的である。一方，中国，ベトナムにおいては今後，日本から学びたいものであるとの理解が示されていた。

日式保育と「輸出」の展望

日式保育――主に中国，ベトナムなどには「日式保育」という呼び方がある。「日本式の保育」という意味なのだが，その内容は必ずしもひとつに定まっているわけではないようである。それを見てとれるのが次の語りである。

何をもって「日式保育」と言うかというと，いろいろな捉え方があるが，やはり中国側の事業者の視点でいくと「乳児の保育」を指しているのではないか。日式保育は中国全土に広がってきている。コロナ禍が起きなければより広がっていただろう。中国では，日式保育を謳うと安全で品質が高く，授業料が高くても入りたいというニーズがあると聞く。ローカルでは違うかもしれないが，都市部ではその傾向。だから日式保育を取り入れたいという事業者がいる。（社会福祉法人Ｘ副理事長Ａ）

ベトナムでは「子どもの安全性」と「食の充実」を日本ブランドと捉えている。また，「日式」と謳うと保育料が多く取れる。（学校法人Ｚ理事長Ｆ）

このように，「日式保育」と言う場合，中国では「乳児の保育」を指し，ベトナムでは「子どもの安全性」「食の充実」を指しているという理解をインタビュイーはしている。内容がひとつに定まらないままでひとつのブランドとして機能しているのである。

「輸出」の展望――日本から他国への保育の「輸出」の動きは今後さらに加速していくことが予想される。それは保育者自身からどのように見えているのか。

日本の全国私保連（全国私立保育園連盟）でも日本の保育をどうやって海外に発信するかについて検討を続けてきた。しかし，幼児教育の世界組織である

Organisation Mondiale pour l' Education Préscolaire（OMEP）の海外の大会でも日本の保育の事例発表がなく，日本の保育の良さや文化を発信していきたいという声も聞かれた（学校法人Z理事長F）。

OECDのStarting Strong Surveyによると，「保育者のポジティブな関わり」や「共感性」が日本の保育の特徴である（国立教育政策研究所編 2020）。0-2歳児の時のポジティブな関わりが心の醸成に繋がるとされているのである（学校法人Z理事長F）。この特徴がポジティブに評価され，アジア人へのヒントになっているのである。

「「コンテンツ化」「具体化」「再現可能性」が必要」「思いだけではダメで，理念やコンセプトがコンテンツに落とし込まれていることが大切」「何十年後かにどういうエフェクトがあるかエビデンス付きで示す」「国によって，日本に求める部分が違う。彼らが必要なものが必ずしも我々が必要と思うものとは限らない。現地にわれわれと違う考えがあればそれも尊重して育てていきたい」（社会福祉法人Y理事長D，学校法人Z理事長F）といった語りに表れているように，既に「輸出」をはじめている保育者は，いかに自分たちの理念や考えを具体化し，他国でも再現可能にするかを追求している。同時に，自分たちの実践の効果を示していくという見通しを持ち，他国から求められる内容に応えるだけではなく，自分たちの考えを他国に広めていくという視点も持ち合わせているように見える。

「日本の保育」という括りで保育の形を示していくのではなく，自分たちの信じる保育の形を突き詰め，具体化し，実践し，それを国内外に広めていくという気概を持って活動している姿が浮かびあがってきた。

4. 考察

日本の保育にまつわる輸出入をめぐる現状

以上のインタビューをもとに，日本の保育にまつわる「輸出入」をめぐる現状をまとめたものが図1である。日本では現在，他国の先進的な保育から学ぼうという風潮があり視察に出かけている。一方，日本の保育から学びたいという国もある。日本がそれぞれの国から学んでいること，他国が日本から学んで

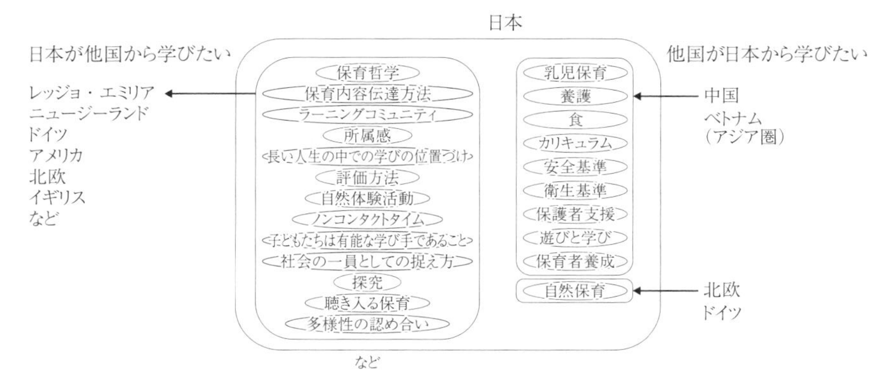

図 1　日本の保育にまつわる輸出入をめぐる現状

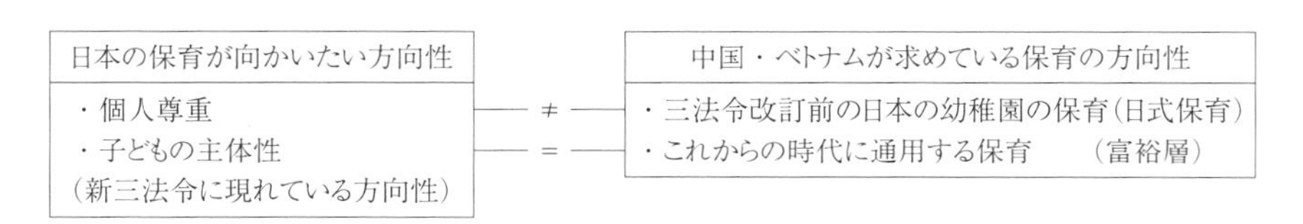

図 2　日本の保育が向かいたい方向性と中国・ベトナムが求めている保育の方向性の関係

いることを図 1 のように整理したところ，国や地域によって日本の保育から学びたい内容が異なっていることが明らかになった。

さらに細かく見ていくと，図 2 のように，例えば中国国内でも，「一昔前の日本の幼稚園の保育」を求めている層と「これからの時代に通用する保育」を求めている層が同時に存在することが明らかになった。したがって，日本は他国から現在の保育の形の提供を求められているのみならず，かつての保育の形の提供も同時に求められているという構造が浮かびあがってきた。

「教育借用」の観点から見た日本の保育の「輸出入」

ドイツの教育に関するイギリス人専門家であるデイビッド・フィリップス（David Phillips）による教育借用理論について考察した田中正弘は，「フィリップスの独自性は外国の卓越した教育理念・方法を「借用」したいという単純な動機のみならず，自国の教育改革の必然性を正当化するために諸外国の教育の

「名声を借用」したいという政治的戦術も，教育借用の誘因となるという点にある」（田中 2005）と指摘している。

また，フィリップスは教育借用の第1段階を「誘因」，第2段階を「決定」，第3段階を「実施」，第4段階を「内在化」としたが，「決定」の中には「理論的決定」「偽りの決定」「実際的決定」「性急な決定」がありうるとした（詳細は Phillips 2000; 田中 2005 参照）。

以下では上記の理論を本章の事例に当てはめて考察していく。前述の「日式保育」をめぐる語りの中に中国やベトナムでは「日式保育を謳うと授業料が高くても入りたいというニーズがある」というものがあった。これをフィリップスの教育借用理論と照らし合わせてみると，田中の言うところの「自国の教育改革の必然性を正当化するために諸外国の教育の『名声を借用』したいという政治的戦術」に当てはまるように見える。また，ともするとフィリップスの言うところの「偽りの決定」のように見られかねないような状況である可能性も見え隠れする。

これに対して，社会福祉法人Ｙの語りの中に出てきた中国の富裕層や学校法人Ｚを訪問した視察団についての語りからは「偽りの決定」ではなく，「実際的決定」の要素や，場合によっては「理論的決定」「性急な決定」の場合もあるかもしれないと推察された。こうした差異は，現状では民間，大学，自治体レベルでの輸入であるため，事業者や団体による個別性が影響してきているために現れた可能性がある。

とはいえ，輸出をする側としては「偽りの決定」のために部分的・表面的に利用されるのではなく，できるだけ望ましいと考える保育に共感し包括的に輸入してもらえる方向性を模索する努力をすることも重要なのではないだろうか。

日本の弱さを超えるために
――アジア圏以外の国にも適用可能なモデルとするには

以上のように考えたときに，現在の日本の保育を有意義な形で発信するにはどのようにしたらよいのだろうか。これについて考えるにあたり，次の指摘が参考になる。

恒吉の議論は主に小学校以上の教育を扱ったものではあるが，「日本の教育モデルが，アジアなどの特定の地域で通用する地域モデルではなく，世界的な国際モデルになってゆくには，国際的に優位にある欧米（特にアメリカ）の教育モデルが充分に対応していないが，日本のモデルは対応している状況があることが最も受け入れられやすい」（恒吉 2017b）と述べている。これを現在の日本の保育・幼児教育をめぐる状況に当てはめるなら，レッジョ・エミリア市，ニュージーランド，アメリカ，北欧などの保育モデルが充分に対応していないが日本のモデルは対応している状況を明確化することが重要なポイントとなると言えるだろう。これについては本章で整理してきた内容がその一助になると考える。

さらに恒吉は「日本の学校は国際化の中でどこを変えるべきか」について「多文化化や国際化の教育（多文化化や国際化に対応した教育とはいかなるものであるべきかという意識的な方向付けを経た能動的な教育実践）」（恒吉 2017a）を実践していくことを提唱している。こうした要素を導入していくことで，多文化社会を擁する国々にもアプローチしていくことが可能になるだろう。

最後に，恒吉は「「日本式」を“輸出する”という視点だけではなく，日本の教員にとっても開かれた学びが国境を越えるものとなることが期待される。グローバル時代の学びとは，そもそもそうした開かれた学びである」（恒吉 2017b）と述べている。今後の指針となろう。

5. おわりに

本章では，実際に他国に保育を輸出していると同時に他国への視察経験のある法人の方へのインタビュー内容の分析を通して，①日本の保育から学びたいと考えている国の保育の現状，②他国との比較から見た日本の保育の強み，③日式保育と輸出の展望についてどのように考えるのか，の3点について明らかにしてきた。その結果として，これまで日本であたりまえだと思われてきた保育の形は実は他国から見たらあたりまえではなかったという側面が明らかになった。

今回は限られた法人の役職者へのインタビューだったため，さらに多くのインタビュイーに対するインタビューを行うことでまた異なる側面が見えてくる可能性もある。本章は，今回得たデータの中では少なくともこのようなことが言える，ということを指摘したにすぎない。今後はさらにインタビュイーを増やした分析が求められるだろう。

参考文献

『発達』156（2018）「特集：なぜいまレッジョ・エミリアなのか」ミネルヴァ書房.

泉千勢・一見真理子・汐見稔幸編著（2008）『世界の幼児教育・保育改革と学力（未来への学力と日本の教育：9)』明石書店.

泉千勢編著（2017）『なぜ世界の幼児教育・保育を学ぶのか――子どもの豊かな育ちを保障するために』ミネルヴァ書房.

国立教育政策研究所編（2020）『幼児教育・保育の国際比較――OECD 国際幼児教育・保育従事者調査 2018 報告書：質の高い幼児教育・保育に向けて』明石書店.

森眞理（2016）『ポートフォリオ入門 子どもの育ちを共有できるアルバム』小学館.

無藤隆（2018）『3 法令 すぐわかる すぐできる おたすけガイド――幼稚園教育要領・保育所保育指針・幼保連携型認定こども園教育・保育要領』ひかりのくに.

七木田敦・ダンカン，ジュディス編著（2015）『「子育て先進国」ニュージーランドの保育――歴史と文化が紡ぐ家族支援と幼児教育』福村出版.

南部広孝ほか（2017）「文革後中国における幼児園教育の変容――『幼児園工作規程』を手がかりに」『京都大学大学院教育学研究科紀要』63, 465-488.

大宮勇雄（2006）『保育の質を高める――21 世紀の保育観・保育条件・専門性』ひとなる書房.

Phillips, D. (2000). Learning from Elsewhere in Education: some perennial problems revisited with reference to British interest in German. *Comparative Education*, 36(3), 297-307.

坂野慎二・藤田晃之編著（2015）『海外の教育改革――人間発達科学プログラム』放送大学教育振興会.

柴山真琴（2008）「幼児教育分野における途上国支援のための基礎研究――文化間対話から見えるベトナムの保育者養成の課題」『鎌倉女子大学紀要』15, 1-12.

シラージ，イラム・キングストン，デニス・メルウィッシュ，エドワード（2016）［秋田喜代美・淀川裕美訳］『「保育プロセスの質」評価スケール――乳幼児期の「ともに考え，深めつづけること」と「情緒的な安定・安心」を捉えるために』明石書店.

椨瑞希子（2019）「現代イギリスにおける保育の記録と評価」『子ども学』7，萌文書林.

田中正弘（2005）「教育借用の理論――最新研究の動向」『人間研究』41, 29-39.
恒吉僚子（2017a）「国際化の中で日本の学校の選択――国際化を契機とした変化」『児童心理』71(2), 235-237.
恒吉僚子（2017b）「Tokkatsu の国際化」『日本特別活動学会紀要』25, 19-21.

謝辞

今回お忙しいなか，インタビューにご回答下さいました7名の皆様に心よりお礼申し上げます。誠にありがとうございました。本章が日本の保育の特長をより明確に意識し，他国との関係構築を行うための一助となればと思います。

コラム 8

国際交流活動から見える日本の英語教育の課題

越智豊

交流を紹介するアメリカの小学校の展示

2018 年 6 月，オリンピックを契機とした交流活動の一環としてアメリカの小学校の先生たち 12 名が東京の小学校 5 校を訪問し，登校から授業，給食，掃除その他の特別活動を 2 週間にわたり共にした[1)]。今，日本の英語教育に求められているものは何か，この活動を通して考えてみたい（詳しくは越智（2019）を参照)。

まず筆者が目を見張ったのは，子どもたちが授業中だけでなく，給食時や休み時間にも身振り手振りでコミュニケーションを取ろうとしていることだった。訪問後のアンケートでは，相手の生活や言葉への興味が増したという結果も得られた。まさに交流していた相手，「本物が来た」というインパクトの強さを先生たちも目の当たりにしていた。一方，アメリカの先生たちは日本の子どもたちが協力して給食を配膳し，清掃，教室移動も声を掛け合って行う様子に感心していた。

授業ではアメリカの子どもたちにとって身近なものを題材とした工作，ゲーム，歌，ダンスなどが取り入れられ，身体全体を使った活動をした。漠然としていたアメリカという国のイメージが子どもたちの生活に結びついていった。

文化間で比較することによって，プール，上履き，紅白帽子など日本の学校ではあたりまえの光景が，世界的に見ると珍しいものであることに日本の先生たちが気づいたことも非常に重要な収穫であった。それは，何を残し，何を変えるべきかの出発点にもなるだろう。

直に異文化が出会うことで，必然的に生じるコミュニケーションの大切さを子どもたちも先生たちも感じ取った。必然性を伴う活動がモチベーションを維持させる。「ゲームはどんなのが好き？」「遠足はどんなところに行くの？」子どもたちとアメリカの先生たちは思いのままに尋ね合う。同時代に生きる人々同士が対話するために，少ない語数からでもその組み立て方を理解したうえで使える文を増やしていくことが重要である。身振り手振りから会話へ。互いを理解し，気持ちを伝え合う言語活動を積み重ねていくことだ。今回の活動は次の国際交流への視点を共有するものと捉えたい。

注

1）コロラド大学ボールダー校東アジア教育プログラムのプロジェクト「オリンピックを通じた友好――グローバル社会に生きる力を身につけるための日米小学校教育」（国際交流基金，グローバル・パートナーシップ・センターが資金を提供する 2017 年 7 月から 2019 年 8 月まで 2 年間のプロジェクト。キャサリン・ヒグビー・イシダ，恒吉僚子代表）。筆者はそのコーディネーションを東京大学教育学部附属のセンターで行った。

参考文献

越智豊（2019）「日米小学校交流事業の中間報告――国際理解活動の新しい可能性を求めて」『東京大学大学院教育学研究科附属学校教育高度化・効果検証センター 研究紀要』4, 135-149.

コラム9

教師の学びを支える——日米相互理解

キャサリン・ヒグビー・イシダ（Catherine Higbee Ishida）

グローバル教育の専門性を上達させようとする日本やアメリカの教師は，視点の「脱センター化」をし，自らの職業や文化について相互理解を構築する。

日本に関連したプロフェッショナル・ディベロップメント（PD）は，アメリカの教員に，中等教育における世界史，地理，文学，そして，小学校におけるワールドカルチュラル・スタディーズなどの，伝統的なヨーロッパ・アメリカ中心主義的な語りや位置づけから「脱センター化」するための知識，資料や視点を提供する（Ellington 2008; Hong & Halvorsen 2010）。

日本の教育制度に焦点を定めたプロフェッショナル・ディベロップメントによって，アメリカの教員は自らの教室や学校文化に以下のようなものを応用してきた。①日本の数学や理科の指導法の応用（Stigler & Stevenson 1992），②「レッスン・スタディ」として知られる日本式プロフェッショナル・ディベロップメント（Lewis & Tsuchida 1997; 1998），③日本の社会性や情動の学習や学級経営のテクニック，具体的には非認知的な活動を含む時間，「特別活動」の名で知られる時間である（Tsuneyoshi 2013-2020）。

参考にするものが対称的ではないものの，日本の教育者も国際理解教育や英語教育などのカリキュラム内容を改善するにあたってアメリカの教育を参照している。

さらに，多様性，多文化主義，そして，厳しい（画一的な）平等主義から「脱センター化」する必要性（Tsuneyoshi 2004; Bjork & Tsuneyoshi 2005）が日本の学校で認知されるようになるなかで，日本の教員は，差異化，カウンセリング，母語が日本語でない子どもの教育，特別支援教育，批判的思考の指導法，そして，教科書を超えて教材を多様化してゆく方法についてもっと知ろうとしている。

グローバル教育における効果的なプロフェッショナル・ディベロップメントは（教育）内容や体験的学習の「交流」を伴う。「専門家（大学教員）との情報交換」——学術的な発表や多様な学問分野での教材は，研究を教育実践に応用してゆける土台を作る（Janes 2014）。同僚や就学前教育から大学までの子ども・若者とのヴァーチャルな，あるいは，対面式の「交流」は，体験的な文化を超えたダイアローグ，（指導）方法の観察，そして，協働的な問題解決スキルの土台を作る（Merryfield & Kasai 2004; Levine 2005; OECD Directorate for Education and Skills 2018; OECD/Asia Society 2018）。

日本とアメリカの教育政策がグローバルに機能しうる市民を育成しようとするなかで（Monbukagakushō 2017; U.S. Department of Education 2012; 2018），二律背反的な教育や文化比較が多面的なものへと変化し，相手を「他者化」する傾向を減らし，視点の「脱センター化」を進めるような教育における「交流」は，教師にとってかけがえのないものである。

参考文献

Bjork, Christopher & Tsuneyoshi, Ryoko. (2005). Education Reform in Japan: Competing Visions for the Future. *Phi Delta Kappan* (April), 619–626.

Ellington, Lucien. (2008). Asia in World History: Notes on Pedagogical Scholarship. *Southeast Review of Asian Studies*, 30, 177–181.

Hong, Won-Pyo & Halvorsen, Anne-Lise. (2010). Teaching Asia in US secondary school classrooms: A curriculum of othering. *Journal of Curriculum Studies*, 42(3), 371–393. https://doi.org/10.1080/00220270903353269

Janes, David P. (2014). Pivoting toward Asia in the Schools: Educational Outreach and the Future of the U.S.-Japan Alliance. In *Challenges Facing Japan Perspectives from the U.S.-Japan Network for the Future*, 75–82. Washington, D. C.: The Maureen and Mike Mansfield Foundation. https://mansfieldfdn.org/wp-content/uploads/2014/07/Challenges-Facing-Japan.pdf（2020年7月30日アクセス）

Levine, Michael H. (2005, April). *Putting the World into Our Classrooms: A New Vision for 21st Century Education.* Washington D.C.: Progressive Policy Institute.

Lewis, Catherine & Tsuchida, Ineko. (1997). Planned educational change in Japan: the case of elementary science instruction. *Journal of Education Policy*, 12 (5), 313-331. https://doi.org/10.1080/0268093970120502

Lewis, Catherine & Tsuchida, Ineko. (1998). A Lesson is Like a Swiftly Flowing River: How Research Lessons Improve Japanese Education. *American Educator* (Winter), 12–17, 50–52.

Merryfield, Merry M. & Kasai, Masataka. (2004). How are Teachers Responding to Globalization? *Social Education*, 68(5), 354–359.

Monbukagakushō (Ministry of Education, Culture, Sports, Science and Technology). (2017, March). 小学校学習指導要領 and 中学校学習指導要領. Tokyo: MEXT. https://www.mext.go.jp/content/1413522_001.pdf (2020年8月7日アクセス)

OECD/Asia Society. (2018). *Teaching for Global Competence in a Rapidly Changing World*. https://asiasociety.org/sites/default/files/inline-files/teaching-for-global-competence-in-a-rapidly-changing-world-edu.pdf (2020年7月30日アクセス)

OECD Directorate for Education and Skills. (2018). *Preparing Our Youth for an Inclusive and Sustainable World: The OECD PISA Global Competence Framework*. Paris: OECD. https://www.oecd.org/pisa/pisa-2018-global-competence.htm (2020年7月30日アクセス)

Stigler, James W. & Stevenson, Harold W. (1992). *The Learning Gap: Why Our Schools Are Failing and What We Can Learn From Japanese And Chinese Education*. New York: Summit Books.

Tsuneyoshi, Ryoko. (2004). The New Japanese Educational Reforms and the Achievement 'Crisis' Debate. *Educational Policy*, 18(2), 364-394. https://doi.org/10.1177/0895904803262147

Tsuneyoshi, Ryoko. (2013-2020). *Tokkatsu: Educating the Whole Child*. The Japanese Educational Model of Holistic Education, University of Tokyo. http://www.p.u-tokyo.ac.jp/~tsunelab/tokkatsu/ (2020年8月6日アクセス)

U.S. Department of Education. (2012). *Succeeding Globally Through International Education and Engagement*. Washington D.C.: U.S. Department of Education. https://www2.ed.gov/about/inits/ed/internationaled/international-strategy-2012-16.pdf (2020年8月7日アクセス)

U.S. Department of Education [updated] (2018). *Succeeding Globally Through International Education and Engagement*. Washington D.C.: U.S. Department of Education. https://sites.ed.gov/international/files/2018/11/Succeeding-Globally-Through-International-Education-and-Engagement-

Update-2018.pdf（2020 年 8 月 7 日アクセス）

第10章

国際学力調査から見た日本の生徒の自己肯定感

森いづみ[1)]

1. 自己肯定感に着目する意味

日本の教育は世界的に見ても生徒の基礎学力が高いことに加え，掃除や給食当番，学級活動，部活動を通して教員が子どもたちを総体的にケアし，社会性の面でも成長を支えてきたことが強みとして評価されてきた（恒吉 2008）。しかし一方で，近年までに行われたいくつかの国際比較調査において，日本の子どもの自己肯定感が低いことがたびたび指摘されてきた。欧米との比較のみならず，東アジアの韓国や中国との比較においても，日本の子どもの自己肯定感は低いことが明らかになっている（国立青少年教育振興機構青少年教育研究センター 2015）。これは日本型教育の潜在的な弱みとも言える点である。

自己肯定感は，個々人が自らのあり方を肯定できる意識や感情を意味し，子どもが生き生きと前向きに学校生活を過ごし，社会に貢献できる人材の土台を形づくるうえでも欠かせない資質だと考えられる（経済協力開発機構 2018）。現行の学習指導要領においてもこうした要素の育成は重要課題として挙げられている。しかし，なぜ日本の子どもの自己肯定感がここまで低いのかについて，そのメカニズムを含めた詳細の解明は国際的に見てもまだ十分に進んでいない。

自己肯定感とは，近年OECDがその重要性を強調している「社会情動的スキル」の一種でもあり，自己肯定感をテーマにした書籍やメディアの記事は，特に近年の日本で多く見られるようになっている。ただし，それらの著作物の学術的背景にあるのは，主に心理学や精神医学の領域から生じた知見であり，とりわけ個人の内面や行動，他者とのかかわりなどに着目した論調が多い。一方社会学の領域では，自尊感情（セルフ・エスティーム）を社会階層との関係でとらえた研究蓄積が目立つのみで，その点を含めより包括的な社会的なメカニズムの解明と発信は，今後の課題となっている。

特に，日本の子どもの自己肯定感が低いという事実を考えたとき，その背後には個人の内面に関するミクロな要因だけでなく，よりマクロな社会的要因がかかわっていることが考えられる。子どもたちが適切な水準の自己肯定感を持つことは，現在だけでなく将来の人材育成の観点からも重要である。また「誰がどのような自己肯定感を持つのか」という問いは，「その社会でどのような人材が評価され，尊重されているのか」といった社会のしくみや構造にもかかわるため，その解明は学術的にも重要な課題だと言える。

2. 教育システムのあり方が生徒の自己認識に与える影響

自己肯定感を規定するもの――マクロな要因への注目

自己肯定感の社会的背景に注目した先駆的な研究として，ローゼンバーグは米国を対象した分析をもとに，学歴期の生徒の自尊感情（self-esteem）を規定するメカニズムが大人のそれとは異なる可能性を示唆した（Rosenberg 1965）。すなわち，大人の場合は家庭の職業や収入などの社会経済的地位が自尊感情に対して大きな影響を持ちうるが，子どもの場合にはその影響は限定的であるという。ローゼンバーグは子どもの自尊感情に影響を及ぼしうる社会的な要因として，この他に宗教や民族，家庭環境，出生順位，親のかかわり方，学校の友人関係などの要因を検討し，それぞれの要因と自尊感情との間に一定の弱い関連性を見出している。

このように，一国内における自己肯定感の規定メカニズムの解明が重要であることは言うまでもないが，他方で本章が目的とするように，国際間でなぜ自己肯定感の水準が異なるのかを探るためには，そうした一国内で生じうる関連だけでなく，国や社会単位の何らかの特徴にも注目することが必要になってくるだろう。こうしたマクロ的な要因として，本章では各国・社会の学校や教育システムに関する要因に注目する。なぜなら，学校は学齢期の子どもが大半の時間を過ごし，学業や集団活動を通じた人間形成が行われる主要な社会化の場であり，かつそのあり方には国や社会ごとの特徴があると思われるからである。これに加えて，学校教育には国や社会ごとに生徒に対する何らかの選抜や評価のしくみが組み込まれていることも，自己肯定感のマクロな規定要因としてこの要因に着目する理由である。

それでは，国際的な視点から教育システムが生徒の自己認識に与える影響を明らかにした先行研究にはどのようなものがあるだろうか。マーシュによれば，生徒の学業的な自己概念は準拠集団となる周囲の生徒集団の影響を受けて相対的に決まりやすいという（Marsh 1987）。例えば同じ成績の生徒であっても，所属先の学校やクラスで勉強がよくできる生徒に囲まれているほど，優秀な生徒たちとの比較によって学業的自己概念は下がりやすい一方で，周囲にあまり勉強のできる生徒がいなければ，逆に学業的自己概念は上がりやすいということになる。マーシュらはこうした現象を井の中の蛙効果（Big-Fish-Little-Pond Effect）と呼び，その効果を実証分析から繰り返し明らかにした。

こうした研究の流れを汲み，チムレウスキーらは学校間のトラッキングの度合いの大きい国では，生徒の学業的な自己概念が学校間の種別（例：どのような学力ランクの学校に入ったか）よりも，同じ学校内の他の生徒との相対的な比較によって決まりやすいことを主張した（Chmielewski et al. 2013）。それゆえ，例えば学力ランクの高い学校に進学する場合は，準拠集団となる生徒たちの学力水準が高くなるため，個々の生徒の学業的な自己概念は相対的に下がりやすいことが示された。これらの知見を日本の文脈に応用した研究の例として森（2017）があり，そこではある生徒が私立中学に進学した場合，相対的に家庭背景が均質で学力水準の高い生徒に囲まれることになるため，公立中学に進学した場合と比べて，生徒の学業的な自己効力感が下がりやすいことが明らかになっている。

上記のような研究から示唆されるのは，生徒の学業的な自己概念は所属する学校で身近に接する生徒集団との比較により，相対的に決まる側面があるということである。この点をもう一歩進めて解釈すれば，比較の対象となる集団内の特性が比較的均質で自身と似たような背景や学力水準の生徒が多いほど，いわば同じ土俵で競うことになる相手が増えるため，個々の生徒の自己効力感は全体的に抑圧されやすいことが想定される。

逆のケースとしては，集団内の異質性が高く周囲に多様な背景や学力水準の生徒が多いほど，生徒の自己効力感は維持されやすいことが推察される。なぜなら，比較対象となりやすい身近な生徒の実力や境遇が多様であるため，例えば学業的な優秀さのような，単一の基準のみによって自身の価値を位置づけることがしにくくなるためだと考えられる。言い換えれば，同じ基準での競争が生じにくい状態ともいえる。

国レベルの教育システムの特徴という観点で考えると，これは選抜のあり方とも関連しているはずである。例えば初等中等教育のいずれかの段階で，どのような学校やコースに入るかが分かれている場合には，しばしば試験などの選抜をともなうことが多い。ひとたび選抜を経てある学校集団に入ると，その内部では同質性が高いために似たような生徒間での競争が生じやすく，良くも悪くも自己効力感が下がりやすいというメカニズムが想定される。

教育システムのあり方と同質性・異質性

こうした推論を補強しうる知見としてミースは，生徒が教育システムの中で能力別に分かれていない場合（例：mixed ability group など，集団内の異質性が高いケース）と比べ，能力別に分かれている場合（例：選抜を経た上での進学など，集団内で能力が比較的均質であるケース）の方が，生徒が学業的な成功や失敗の原因を個人の能力や努力に帰しやすいことを明らかにしている(Mijs 2016)。例えばコンプリヘンシブ・スクール（総合制中等学校）のような選抜度の低い学校の場合，集団内の多様性が大きいこともあり，生徒は自身の成功や失敗の原因を他者との比較によるのではなく，運や環境，教員の教え方といった外的な要因のせいにしやすいという。一方で，何らかの能力選抜を経た学校の場合，集団内の同質性は高くなり，生徒は成功や失敗の原因を他者と自分との比較にもとづき，個人の能力や努力といった内的な要因に帰しやすいことが示唆されている。

ここまでに挙げた先行研究の知見をまとめると，生徒の自己認識を規定する要因として，教育システムのあり方（特に選抜やトラッキングの存在）がひとつの鍵となりうることがわかる。そして，そのメカニズムの中心には集団の同質性・異質性といった特徴が関係しうる可能性が浮かび上がってきた。実際，多国間の国際比較の中で日本の生徒の自己肯定感の低さが指摘されるのは，学齢期の中でも比較的年齢の高い生徒を対象とした知見が主である（加藤 2019）。むしろ日本の幼児期の子どもの自尊感情は，他国と比べても決して低くないことが指摘されており（榊原ほか 2017），日本の小中学校段階の生徒の自己肯定感の低さを指摘する研究においても，その比較対象国は少数の国々に限られている（古荘 2009; 佐藤 2009）。

一方で，国際比較の中で特に10代後半から自己肯定感が低くなりがちなことは日本に顕著な特徴であるとされており（加藤 2019），この背景のひとつには一部の中学やほとんどの高校で生徒が経験する学力選抜が一要因として影響している可能性が考えられる。つまり，日本の高校段階程度の生徒の自己肯定感の低さの背後にある要因を考えるうえで，日本の教育システムに特徴的な要因として大きいと考えられるのは，生徒が学力を基準に標準化された教育システムの中で過ごし，特に高校入試を経た段階で学校間の序列が一般的に大きくなること（例としてローレン 1988; 多喜 2020）ではないか。

この推論を支持する点として，苅谷とローゼンバームは日米の生徒の自尊感情と学業成績との関係を比較した結果，日本の中学生が成績によって早期に自らの将来を悟りがちであり，そのことによって自己肯定感を低めやすいことを示唆している（Kariya & Rosenbaum 1987）。このことからも，やはり教育や選抜のしくみがその国の生徒の将来像も含めた自己認識に対して一定の影響を与えうることが示唆される。こうしたメカニズムの中で鍵となりうるのは，国際的に見ても特徴的とされる，日本の後期中等教育段階における所属集団の均質さ（＝同質性の高さ）という要因である。

仮説：教育システムにおいて集団内の同質性が高いほど，生徒の自己肯定感が低くなりやすい。逆に集団内の同質性が低い（＝異質性が高い）ほど，生徒の自己肯定感は高くなりやすい。

3. 国際学力調査データを用いた分析

データの概要と概念の定義

本章では，多国間で共通した変数を多く必要とする国際比較という性質から，既存の国際調査データの計量分析を主な研究手法として用いる。主なデータセットとして，高校1年生（国際的には15歳時）を対象としたOECD生徒の学力到達度調査（PISA）を分析のために用いる。この調査は，調査対象となった各国からそれぞれ150程度の学校が種別や地域を考慮したうえでランダムに選ばれ，その中から各国で数千人規模の生徒が選ばれているというデータ構造を持つ。

自己肯定感にはいくつかの類似概念（例：自己効力感，自尊感情）があるが，本章ではこれらを厳密に区別することはせず，「自分自身を肯定的にとらえる意識や感情」としてゆるやかに定義する。なお，人が何をもって自分自身を肯定するかには，学業的な側面や性格的な側面，あるいは身体的な側面など，複数の次元があるとされるが，本章では一般的な傾向をとらえるため，「誇らしい」気持ちになることがどのくらいあるか，というPISA 2018に見られる生徒への質問の回答を主な分析対象として論を進める。

なお，こうした自己に関する概念の測定や分析にあたっては，これまで特に心理学の分野で多くの試みがなされ，個人主義と集団主義のように文化的特性との関連においても議論が積み重ねられてきた（Triandis 1989）。一方で，東アジアの国々ではしばしばこうした自己概念が低く測定されることに関して，指標の妥当性に関する疑問も呈されてきた。そこでの批判とは，一般に質問紙調査で測定される自尊感情の項目はあくまで対外的な意識を測定しているにすぎず，国によっては文化の影響を受けやすいといったものである（Konrath 2012）。

こうした関心にもとづき，一口に自尊感情と言ってもより内的な意識や感情を測る手法も試みられ，そこでは分析の結果，必ずしも東アジアの社会において自尊感情が低いとは言えないといった知見も出されている（Cai et al. 2007; 榊原ほか 2017）。また，単にそれが高ければよいのでなく，高すぎても低すぎてもよくないといった議論もしばしば散見される（例えば中間 2016）。このように，概念の定義や測定，意義に関するさまざまな議論があることを念頭に置いたうえで，本章では次に示すような質問項目で測定される自己肯定感に対して，なぜ国や社会ごとに異なる傾向が見られるのかの要因に迫っていく。

分析の手順と方法

本章では国や社会レベルの要因の解明を主眼としているため，以下で行う分析は個々の生徒レベルの質問項目についても，国や社会単位に情報を集約して行う。分析の手順として，まず主な説明対象とする次の質問に対する国ごとの平均値を対象間で比較する。「次のような気持ちになることはどのくらいありますか。「誇らしい」」（回答選択肢は，1＝ない，2＝めったにない，3＝時々，4＝いつも）。なお，国レベルの文化や価値観を分析対象としたイングルハートらによる先駆的な研究は，近代化の程度によっても人々の価値観を規定するメカニズムが異なることを示した（Inglehart & Baker 2000）。こうした知見を参考に，本章ではPISA 2018に参加した国の中から便宜的に一人あたりGDPが1万6000 USドル以上の国や社会に限定して分析を進めることとする。

次に，上述の「誇らしさ」に関する質問が以下のような類似の質問項目と，どのような関連性を持つのかを見ていく。具体的には，「困難に直面したとき，たいてい解決策を見つけることができる」「自分の人生には明確な意義や目的がある」「失敗しそうなとき，他の人が自分のことをどう思うかが気になる」（回答選択肢は，1＝まったくその通りでない，2＝その通りでない，3＝その通りだ，4＝まったくその通りだ）という3つの項目に関する生徒回答を国レベルに集約したものとの相関係数を算出する。

さらに，仮説で挙げたような教育システムにおける集団内の同質性／異質性を測る指標として，生徒の社会経済的地位（＝親の職業や学歴，家庭の教育資源等から作成された階層指標）についての学校ごとのばらつき（標準偏差）を，国ごとに平均したものを用いる。例えば日本の場合，PISAの対象となった高校1年生の段階では，個々の高校内ではひとたび選抜を経た後の生徒同士が集まっているため，生徒の社会経済的地位（階層）は比較的似通ったものになっていることが予想される。この「学校内の階層的同質性（⇔多様性）」を示す変数が「誇らしさ」とどのような関連を持つのかを検討することが，本章のメインとなる分析である。

なお，先に断っておかねばならないが，本章の分析はあくまで試論として行うものである。こうした国レベルの分析から真の因果関係を特定することは難しく，ある要因が本当に自己肯定感の高さを説明しうるかどうかについては，疑似相関の可能性も含めて丁寧に検証していくことが必要となる。本章では先行研究から理論的に導かれた枠組みにもとづいて，集団の同質性（具体的には学校内の階層的同質性）と自己肯定感（具体的には「誇らしさ」の度合い）との関連について検証を行い，その際に，主な要因以外で関連する可能性のある説明変数の候補として，国の経済水準（一人あたりGDP），後期中等教育への進学率，親が大卒の比率，外国生まれの生徒の比率（いずれも国レベルの変数）についても同時に関連していないかどうかといった可能性について検討する[2)]。

4. 結果——自己肯定感の水準と規定要因

図1は，本章で分析対象とする一定以上の経済水準の国・地域における自己肯定感の水準（自分を「誇らしい」と思う程度）をグラフに示したものである。日本の生徒は分析対象となった31か国・地域の中で，台湾に続いて2番目に自己肯定感が低い傾向にある。前節で述べたように，ここに例えば「謙虚さ」のような文化的特徴を読み取ったり，自身の能力を過大に見積もりすぎないという賢さが背後にあると解釈することで，この結果が直ちに日本の生徒の弱点を示しているのではない，という見方もできるかもしれない。ただ，一定以下の経済水準の社会にも対象を広げて計75か国・地域の中で見た際にも，日本の生徒の「誇らしさ」の水準は最下位から2番目であり，世界の中でも特異な位置づけにあることは確かなようである。

なお，先進諸国の中で日本の位置づけが特異であるのはこの項目に限ったことではない。30か国余りの中で自己肯定感と関連が深そうな以下の3項目についても平均値を比べたところ，やはり日本はどの項目でも最下位に近いことが分かった。具体的には，「困難に直面したとき，解決策を見つけることができる」と思う程度が先進国中で最下位，「自分の人生には明確な意義や目的がある」と思う程度がイギリスに続いて下から2番目，「失敗しそうなとき，他人

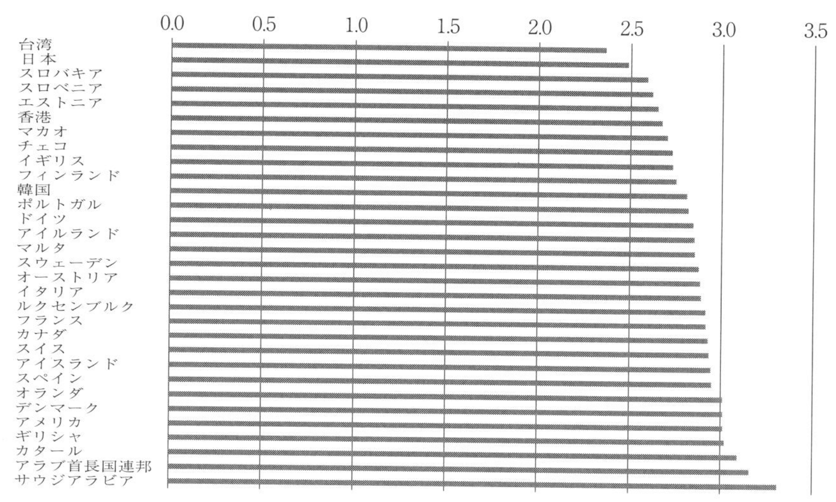

図 1　各国における自己肯定感の水準（自分を「誇らしい」と思う程度）

表 2　変数間の相関関係（N=31）

	誇らしさ	困難の解決	人生の意義や目的	他人の目が気になる
誇らしさ	1.000			
困難の解決	0.702	1.000		
人生の意義や目的	0.689	0.563	1.000	
他人の目が気になる	−0.664	−0.652	−0.481	1.000

がどう思うか気になる」と思う程度が，台湾，香港，マカオにつづいて下から4番目という結果になった。

誇らしさの程度とこれら3つの指標それぞれの間の相関を見たのが，表2である。いずれの指標間でも0.5から0.7程度の高い相関が見られる。これは，生徒が自分を誇らしいと思える度合いが高い国ほど，生徒が困難に直面した際に解決策を見つけたり，人生に明確な意義や目的を見出したりしやすいということを意味する。また，それらの度合いが高い国ほど，失敗しそうなときも他人がどう思うかを気にしすぎない傾向にあるということもわかる。

上述のとおり，自己肯定感やそれに類似する指標の数値は日本の高校段階で軒並み低いことが明らかになったが，この低さの原因は一体どこにあるのだろ

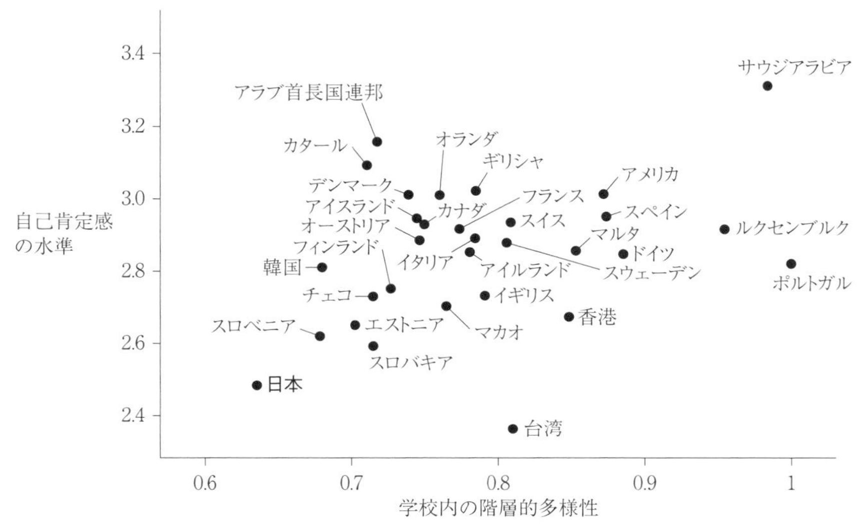

図2　学校内の階層的多様性と自己肯定感の国レベルの関係（N=31）

うか。先行研究で整理した論理に沿って，ここでは集団の同質性を示す指標としての「学校内の階層的多様性」と，自己肯定感との関連について検証を行っていく。

図2は学校内の階層的多様性を横軸，自己肯定感を縦軸にとり，それらの国レベルの関係を散布図に表したものである。横軸で数値が大きくなるほど，学校内の階層的多様性が高くなるが，日本はこの図からわかるように，横軸の数値が最も小さく階層的同質性が高い国である。縦軸の自己肯定感の水準については図1で示したとおり，日本の数値は台湾に次いで低い。また，図内ではゆるやかではあるが右上がりの関係性が見られる（相関係数は0.383）。このことは，学校内の階層的多様性が高い（＝階層的に異質な生徒間が同じ集団を構成している）国ほど，自己肯定感が高くなりやすいという傾向を示している。この図で，日本は学校内の階層的同質性が高く，自己肯定感が低いという国の典型例となっている。ただし，台湾については階層的同質性がそれほど高くないにもかかわらず自己肯定感が低いという外れ値的な位置づけにあり，台湾特有の何らかの文脈がある可能性を含めて，今後検討の余地がある。

最後に，学校内の階層的多様性（⇔同質性）と自己肯定感の因果関係がどの程度確かなものであるかを検証するため，国レベルの要因で，他に関連する可能性のある変数についても，対象国の間で自己肯定感との関係を分析した。その結果，国の経済水準（一人あたりGDP）と外国生まれの生徒の比率については0.2台の相関，親大卒の比率については0.3程度の相関，後期中等教育への進学率については，0.2台の負の相関があることがわかった。

このことは，先に定めた一定の経済水準以上の国の間では，一人あたりのGDPが大きく，親が大卒の比率が高く，後期中等教育への進学率が低く，外国生まれの生徒の比率が高い国ほど自己肯定感が高い傾向にあることを意味する。ただし，これらの変数と自己肯定感の間に見られる一定の相関については，少なくとも本章では先行研究のレビューからも関連を説明しうるような仮説を提示しえないため，あくまで統制すべき変数とみなして検証を行う。紙幅の都合で表は省くが，重回帰分析の手法を用いて，複数の要因をまとめて考慮に入れ，各要因が自己肯定感に対して独自に持つ影響の強さを分析した。その結果，学校内の階層的多様性はやはり自己肯定感に対して一定の有意な影響を持っていることがわかった。このことは集団の同質性が低いほど自己肯定しやすく，逆に同質性が高いほど肯定しにくいという解釈につながる。

5. 結論と考察——自己肯定しやすい社会とは

PISAデータを用いた分析の結果，一定の経済水準以上の国や社会では，学校内の階層的多様性が大きい国ほど生徒の自己肯定感が高い傾向にあることが示唆された。逆に，日本のように学校内の階層的多様性が小さい国では，生徒の自己肯定感が低い傾向にあることがわかった。より一般化して言えば，教育システムにおいて，集団内の異質性が大きいほど生徒の自己肯定感が高くなりやすく，同質性が大きいほど自己肯定感が低くなりやすい，ということになる。こうした結果は，先行研究で整理した「生徒の自己概念は，学校で身近に接する生徒集団との比較によって相対的に決まりやすい」という主張が，国の教育システム単位でも有効であることをある程度裏づける結果になっていると言えるのではないだろうか。

こうした国レベルの検証は，例えば本田（2020: 56–57）が日本社会における人間形成を考えるうえで行った国際比較分析の結果とも通じうるものを持っている。本田はISSP 2014データを用いて，「意見の違う人の考えを理解すること」という項目（よい市民の要件に対する選択肢のひとつ）と，「政府のすることに異議があるとき，それに従わない行動を取ること」（民主主義における権利として挙げられた項目のひとつ）という項目の散布図を示し，日本ではいずれの項目についても「とても重要」と答えた割合が先進国内で最低水準であることを示している。その結果，日本では異質性や批判を排除する空気のようなものが他国よりも際立って強く見られることを示唆している。むろん本章で示した教育システムのあり方は，世論を形成しうる要因の一部分にすぎないだろうが，本章で検討したような集団の同質性や異質性といった特徴は，このような社会意識とも関連を持ちうるものである。実際に本章では，国レベルの自己肯定感の水準が，困難に直面した際に解決策を見つけられるかや，他人の目を気にせずに物事に取り組むかといった行動面への意識とも強く関連していることを示した。そのため，社会の同質性や異質性が，自己肯定感という自己の内面に対する意識や感情だけでなく，市民社会や政治参加などより対外的かつ社会的な意識や行動とも何らかのメカニズムで結びついている可能性について，今後検討していく必要があると思われる。

本章の分析は試行的なものであり，ケース数が少なかったり，因果関係が特定しきれていない点など不十分な点も多い。今後は同様の方向性で，使用データやモデル，変数などを工夫することにより，国レベルの関係性の追究はもちろん，個々の社会内での関係についてもさらに探求を行い，異なる文脈でも「集団の多様性が自己肯定感の高さにつながる」という命題が支持されるのか，検討を続けていきたい。こうした延長上で，例えばある社会で移民の背景を持つことが自己肯定感に及ぼす影響が国によって異なるのかといったような，個人レベルと集団レベルの相互作用のような点にも視野を広げながら今後分析を続けていければ幸いである。

注

1）本章における研究はJSPS科研費（若手研究）20540000032の助成を受けたもの

である。

2) 国ごとの一人あたり GDP は，World Bank のサイトより算出した（https://data.worldbank.org/indicator/NY.GDP.PCAP.CD）。同サイトでは台湾がデータに含まれなかったが，台湾政府の公的統計などから，今回の分析対象のラインである 1 万 6000 US ドルは十分に超えていることが示唆されたため，GDP を含まない 2 変数レベルの分析については，今回は台湾も含めて行った。後期中等教育への進学率は，UNESCO のサイトより算出した（http://data.uis.unesco.org/）。親（少なくとも両親のうち一人）が大卒の比率と外国生まれの生徒の比率については，いずれも PISA 2018 のデータセット内から変数を作成した。

参考文献

Cai, H., Brown, J. D., Deng, C., & Oakes, M. A. (2007). Self-esteem and culture: Differences in cognitive self-evaluations or affective self-regard? *Asian Journal of Social Psychology* 10, 162–170.

Chmielewski, A. K., Dumont, H., & Trautwein, U. (2013). Tracking effects depend on tracking type: An international comparison of students' mathematics self-concept. *American Educational Research Journal*, 50(5), 925–957.

古荘純一（2009）『日本の子どもの自尊感情はなぜ低いのか――児童精神科医の現場報告』光文社.

本田由紀（2020）『教育は何を評価してきたのか』岩波書店.

Inglehart, R., & Baker, W. (2000). Modernization, cultural change, and the persistence of traditional values. *American Sociological Review*, 65(1), 19–51.

Kariya, T., & Rosenbaum, James E. (1987). Self-selection in Japanese junior high schools: A longitudinal study of students' educational plans. *Sociology of Education* 60, 168–180.

加藤弘通（2019）「自尊感情の発達的推移とその関連要因の変化」内閣府「我が国と諸外国の若者の意識に関する調査」報告書（149–164）.

経済協力開発機構編（2018）ベネッセ教育総合研究所企画・製作［無藤隆・秋田喜代美監訳］『社会情動的スキル――学びに向かう力』明石書店.

国立青少年教育振興機構青少年教育研究センター編（2015）「高校生の生活と意識に関する調査報告書――日本・米国・中国・韓国の比較」.

Konrath, S. (2012). Self-esteem, culturally defined. In A, Scull (Ed.), *Cultural Sociology of Mental Illness: An A-to-Z Guide*, Sage Reference.

Marsh, H. W. (1987). The big-fish-little-pond effect on academic self-concept. *Journal*

of Educational Psychology, 79(3), 280-295.
Mijs, J. J. B. (2016). Stratified failure: Educational stratification and students' attributions of their mathematics performance in 24 Countries. *Sociology of Education*, 89(2), 137-153.
森いづみ（2017）「国・私立中学への進学が進学期待と自己効力感に及ぼす影響――傾向スコアを用いた分析」『教育社会学研究』101, 27-47.
中間玲子編著（2016）『自尊感情の心理学――理解を深める「取扱説明書」』金子書房.
ローレン，トーマス・P（1988）［友田泰正訳］『日本の高校――成功と代償』サイマル出版会（Rohlen, T. (1983). *Japan's high schools*. University of California Press).
Rosenberg, M. (1965). *Society and the adolescent self image*. Princeton, NJ: Princeton University Press.
榊原洋一ほか（2017）「アジアにおける子どもの自尊感情の国際比較」『チャイルド・サイエンス』14，39-43.
佐藤淑子（2009）『日本の子どもと自尊心――自己主張をどう育むか』中央公論新社.
多喜弘文（2020）『学校教育と不平等の比較社会学』ミネルヴァ書房.
Triandis, Harry C. (1989). The self and social behavior in differing cultural contexts. *Psychological Review*, 96(3), 506-520.
恒吉僚子（2008）『子どもたちの三つの「危機」――国際比較から見る日本の模索』勁草書房.

コラム 10

コンピテンシーと国旗掲揚式
——教育モデルの複層性について

岩渕和祥

グローバル化は２つの異なる視点からとらえることができる。ひとつは，あるモデルが正統的なものとしてとらえられ伝播していくとする社会学的新制度論（Meyer et al. 1997）である。それに対し，「力」に着目し，国際機関などの圧力により中心的なモデルが押しつけられるとする考え方（Steiner-Khamsi 2010）も重要である。

インドネシアの学校教育では国旗掲揚式という，毎週月曜の朝に行われる儀式が存在する。国歌が流れるなか，国旗を掲揚し，憲法や国家のスローガン（パンチャシラ）を読みあげ，それらに対する敬意を表するものである。これは植民地時代，日本により強制された宮城への礼にさかのぼるものとみられ，その意味で「外力」により特定の教育モデルが押しつけられた事例と考えられる。

一方，2000 年代初頭より，OECD はコンピテンシー概念を強調し，PISA テストを実施するなかで「正統的」なモデルを普及させてきた。インドネシアの 2004 年カリキュラムでもこの観点が導入され、コンピテンシーを基盤とした教育課程が編成されてきた。興味深いのは，こうした「正統的な」モデルと，まったく起源を別にするモデルがまざりあう様である。インドネシアではコンピテンシー概念を援用し，かつその非認知的な側面を強調することで，スハルト政権下で抑制されていた宗教教育を拡大することに成功した。愛国心，規律などもこのコンピテンシーをめぐる議論の中でその意義が再確認され，国旗掲揚式も改めて正当化されたのである。

国をまたいで移動するモデルは当初期待された目的から遊離し，それが置かれた時間，空間，そして，それを利用するアクターによって多様な姿を示しうる。それをとらえるためにも複数の理論的視点を援用することが重要である。

参考文献

Meyer, J., Boli, J., Thomas, G. & Ramirez, F. (1997). World society and the nation-State. *american Journal of Sociology*, 103(1), 144–181.

Steiner-Khamsi, G. (2010). The politics and economics of comparison. *Comparative Education Review*, 54(3), 323–342.

第11章
中国の21世紀型教育改革からの示唆

代　玉

本章では，中国の21世紀型教育改革としての素質教育に焦点を当てて考察する。日本でも能力観の転換が求められ，受験を目的とした暗記などの学び方から，より深く主体的な学び，思考が求められるようになっているが，受験社会の中国においても能力観の転換が起きている。それが，新しい学力の獲得を目指した中国の素質教育改革である。

1. 中国における素質教育とは何か

中国における素質教育に関しては代（2018）に詳述しており，ここではその論点を簡潔にまとめる。そもそも素質教育という言葉は1980年代の半ばごろに中国の教育研究者によって作りだされたものであり，中国で問題となっていた応試教育（受験勉強）を批判するために，提唱されるようになった理念である（陳 1999）。新しい能力観が受験を目的としたそれと対置されるのは日本とも類似している。

応試教育への批判は，その教育内容などへの批判だけでなく，それによって育てられた人材像に対するものでもあった。つまり，応試教育を通じて育成された人材は，「高分低能」（点数が高いが，能力がない）であるため，「創造能力」などの21世紀の社会に必要な能力を育成することができていないことが問題にされたのである（楊 1995; 燕 2002; 鐘 2003）。素質教育は教育政策をはじめ，法律・規則，政府関係者の指導によって強力に推進され，国家政策として，中国の教育の発展すべき方向として位置づけられてきた。現在，素質教育改革は教育制度にとどまらず，より広範な社会構造の改革をも求めるようになっている。

素質教育は，「素質」と「教育」が組み合わされた言葉である。「素質」は多義的概念であり，「広義」「中義」「狭義」という3つの層を持つと思われる。そもそも，「素質」は「心理学」から派生した概念であるため，「先天的な神経系統と感覚器官」であるとして理解されていた（李 1997: 10）。この「先天性」あるいは「自然的な属性」に注目するのが，「素質」の「狭義」の概念である（燕 1990; 柳 1997; 陳 1999）。しかしながら，こうした生まれつきの特徴に基づいた「素質」の概念は，社会的実践としての「教育」の概念と結びつくのが難しい（燕 1990）。そのため，教育によって伸ばしうる「素質」の「潜在性」と「可能性」とが注目され（楊 1995: 35），「素質」の可能性を軸とした理解の仕方が生まれた（楊 1995; 陳 1999）。さらに，「素質」の「可能性」および「潜在性」を引き出すための手段を「教育」と結びつけるために，「素質」は「先天」と「後天」の相互作用によって形成されていることが指摘されるようになったのである（楊 1995; 李 1997）。こうして，「素質」は「国民素質」や「民族素質」「教師素質」などの考え方と結びつき，「素質」の「広義」概念として理解されるようになったのである（楊 1995）。

中国の素質教育の特徴

代（2018）で述べたように，「素質教育」の概念は「主体性の重視」「全面的な発展」「すべての学習者へ」の3つの中心的軸を持っている。

「主体性の重視」と「全面的な発展」は，教育の質そのものにかかわる。まず，「全面的な発展」は教育目的として理解されうる。それは，「主体性の重視」という教育手段を通じて実現されるのである。こうした教育の目的を実現しようとすることは教育の質を高めることと重なっていると言えよう。つまり，「主体性の重視」は学力観や教師観および学習観の転換を伴っており，学習者は，従来の受動的な学習から主体的な学習へと学習姿勢を変え，学習の主役として位置づけられるようになるのである。「主体性の重視」は，授業実践においては，「能力観，目指すべき児童・生徒の人物像」のみならず，「授業スタイルや教師・児童・生徒の役割転換」などの面にも反映されている（代 2018: 10)。
また，「全面的な発展」の意味するところは時代によって変わってきているが，徳，知，体，美，労（道徳，知育，体育，美術，労働）の全面的な発展を論じた当初の議論に，「PISA 学力」への対応をも加え，国際競争力を意識した「実践能力」と「創造能力」が強調されるようになっている（代 2018: 10)。こうして，学校で育てようとする能力は，受験能力にとどまらず，生活に必要な生きるための能力まで含むようになっている。

本書で言及されている多文化教育やインクルーシブ教育は，いずれもすべての児童・生徒を包摂し，多様性を認め，教育の機会均等と社会的公正を求めるものであるが，「素質教育」には「すべての学習者」を対象とするという意味で，平等化に関連するメカニズムが含まれている。代（2018）で指摘したように，「すべての学習者へ」が意味することは形式的な平等から実質的な平等へと時代の変遷によって変化している。例えば，当初「すべての学習者へ」が強調された背景には，学力が高い少数の学習者にばかり目を向けてきた応試教育への批判がこめられていた。ただし，この時点での「すべての学習者へ」という内容は，単に形式的な平等という意味だけであった。実質的な平等を意味するようになるのは，2001 年の『基礎教育の課程改革綱要』にある「学習者のニーズ」に応じて，適切な教育を与えることが提起されてからである（教育部 2001)。ここでの「すべての学習者へ」では，児童・生徒の個人的な差異が考慮され，素質教育を実現するためには，教育における不平等を是正することが前提となっているように思われる。こうして，「質」と「平等」は素質教育の中核に位置するようになったのである。

2. 実践としての素質教育

続けて素質教育の実践を紹介する前に，中国の教育制度について簡単に触れておく。

中国では，中共中央・国務院の「教育改革を深化し，素質教育を全面的に推進する決定」(1999) により，素質教育の展開はすべての教育段階におよぶこととなっている。中国の教育制度は主に就学前教育，義務教育，初等教育，中

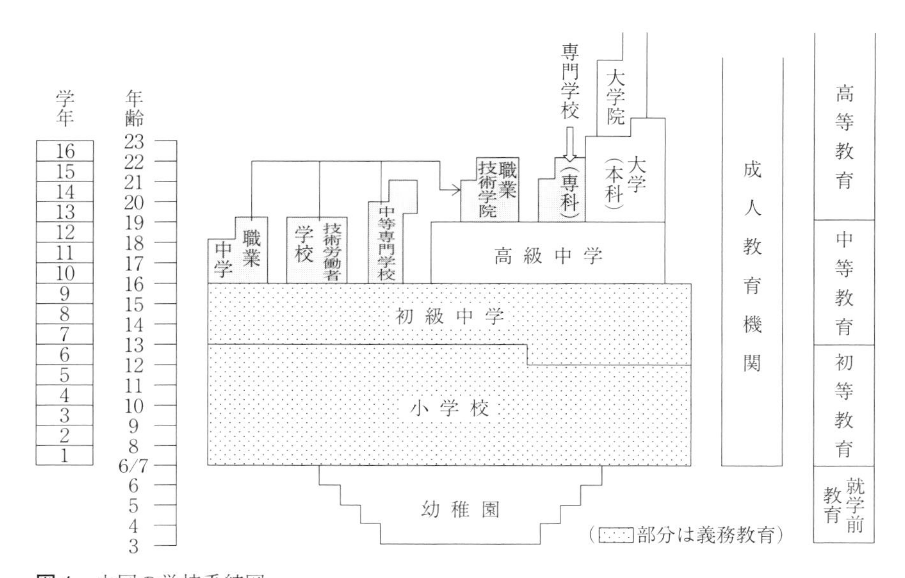

図 1　中国の学校系統図

出典：文部科学省による中国の学校系統図。https://www.mext.go.jp/b_menu/shingi/chousa/shougai/015/siryo/attach/1374966.htm（2020 年 9 月 22 日アクセス）

等教育，高等教育または成人教育によって構成されている（図 1 を参照）。就学前教育は幼稚園（幼児園），小学校の付設の幼児学級を含む。義務教育は，小学校と初級中学によって構成されている。中等教育は初級中学と高級中学および職業教育を行う中等専門学校，技術労働者学校，職業中学などである。高等教育は大学の本科と短期の専科および大学院である。成人教育は，業余学校，夜間・通信大学，ラジオ・テレビ大学などを含む。よって，素質教育は幼児教育，中小学教育，職業教育，成人教育，高等教育などの各教育段階を貫いて行われることになる。

素質教育の実践で最も注目される施策は，基礎教育における教育改革であり，2001 年からの新しい課程改革では一層具体化された。以下では，新しい課程改革を背景として素質教育が進められている，山東省の H 市の G 小学校の事例をとりあげる[1)]。G 小学校は山東省 H 市の県レベルの小学校である。教育部の 2019 年の統計データによると，県レベルおよび県レベル以下の小学校は全国に13万1687校あり，小学校全体の82.2％に及ぶ[2)]。山東省は中国でも「受験勉強に熱心な省」と言われる。つまり，中国の入試では，大学入試合格に必要な点数が全国統一ではなく，省によって異なっており，山東省は毎年大学入試合格に必要な点数が最も高い地域として知られている。H市は典型的な「地級市」（常住非農業人口が20万以上の都市）であると言われる。中国の民政部によると，2018年12月31日現在，中国には293の地級市がある[3)]。H市のG小学校は，文明学校や道徳モデル学校など多数の賞を与えられており，素質教育を実施する先進的な小学校とも言える。よって，G小学校は素質教育が目指す方向性を検討するうえで示唆に富むと思われる。

新しい課程改革を実施するために，教育課程の標準（新指導要領）も新しく改訂された。本章は2014年から2019年の間のG小学校に対する質的研究の調査データを使い，特に，G小学校の国語の授業実施に焦点を当てて，データを収集した。まず，2011年の義務教育段階の教育課程の標準における国語科目の育成目標を取りあげたい。詳細は，表1を参照されたい。

新指導要領においては育てる目標を通じた，次の5つのような学力観の転換が見られる。

①従来の知識伝授を重視する課程の傾向を素質教育の目標に合わせて転換させている。

②児童生徒が積極的かつ主体的に学習する態度を形成する点が強調され，知識と技能だけを獲得するプロセスから，学習の方法を習得し，なおかつ正しい価値観を身につけるプロセスに変えることが目指されている。

③児童生徒が受動的に学習し，丸暗記し，機械的な訓練を受けるという状況を転換させている。

④児童生徒が自ら進んで学習に参加し，探究することを提唱している。

⑤児童生徒が情報を自ら収集，処理をする能力と，新しい知識を獲得する能力と，問題を分析して解決する能力，および他人との交流と協力しあう能力を育てるようになっている。

以上の国語の課程標準を踏まえて，G小学校にはいかなる授業目標があり，いかなる授業を展開しているのかを見てみよう。

G小学校の授業実践を見ると，素質教育の目標を意識しながらも，教師は知

表1 2011年の国語の新しい課程標準における教育目標

目標	内容
全体の目標	課程の目標は知識と能力，過程と方法，情感態度と価値観の3つの柱によって構成されている。3つの柱が融合され一体となって，国語のリテラシーを全面的に高める。
目標1	国語の学びのプロセスでは，愛国主義，集団主義，社会主義の思想道徳および審美のセンスを育て，個性を伸ばし，創造力および協力しあう精神を養い，積極的な人生観と世界観および価値観を形成する。
目標2	中華文化の深みを理解し，民族文化の知恵を吸収する。今の時代における文化生活に関心を持ち，多様な文化を尊重し，人類の優秀な文化の蓄積を吸収し文化の品格を高める。
目標3	祖国の言語と文字に愛着という感情を育て，国語を学ぶ自信を高め，良好な国語の学習習慣を養い，国語の基本的な方法を習得する。
目標4	言語能力を伸ばすと同時に，考える能力を伸ばす。科学的な思考方法を学び，真実を求め真理を尊重する科学的な態度を養う。
目標5	自ら探求学習を行い，想像力と創造力を発揮して，国語を使える。
目標6	漢文の綴り方を学び，標準語を話せる。3500字の日常漢字を知っている。一定のスピードで正しくきれいに漢字を書ける。
目標7	自立的な読解力を持ち，多様な読解の方法を使用する。豊富な蓄積と良好な言語感覚を備え，情感的な体験を重視し，感受性と理解力を伸ばす。日常的な新聞と雑誌を読むことができ，文学作品を鑑賞し，自分の精神的な世界を豊かにする。簡単な古文を辞書などのツールを用いて読める。優れた詩文を240部暗記する。9年間で学校外の閲読総量が400万字以上となる。
目標8	自分の見聞や体験および考え方を正しく明確に表現する。ニーズに基づいて，日常的な表現を書け，書面的な言語の使え方を発展させる。
目標9	日常的な会話とコミュニケーション能力を持ち，聞くこと，表現すること，交流することを身につける。人との関わりと社交の中で礼儀正しく話し言葉を使う。
目標10	日常的な国語の参考資料を使える。捜査能力とインフォメーションに対応する能力を備える。新しい技術とメディアを積極的に使う。

出典：教育部に公表された2011年版の国語の新しい課程基準に基づいて翻訳した。http://mat1.gtimg.com/edu/pdf/edu/xkb2011/20120130155433177.pdf（2020年9月22日アクセス）

識面での目標の達成を極めて重視していることがわかる。ほとんどの教師は，テキストの内容を本格的に説明する前に，授業目標を提示している（写真1）。事前に授業目標を提示しながら，生徒たちに朗読させることがG小学校の授業に欠かせない流れとなっているのである。例えば，異なる3つの授業のフィールドノーツを見てみよう。基本的に同じ流れではじまっていることがわかる。

写真 1　授業目標の提示

写真 2　教師指導の様子

なお，引用文中の［　］は筆者による補足，……は中略である。

> 教師は「息子のインタビュー」というテキストの授業目標をパワーポイントで提示し，さらに生徒に朗読させる。①テキストを正しく，流暢に，感情をこめて朗読する。②父の３つのお願いとそれを聞いた息子がどのように行動したかを知る。③「私から見る父のこと」の描写から，本当の父はどんな人なのかを理解する。
>
> （2018.10.29 フィールドノーツ）

> 教師は「塞下曲」というテキストの授業目標をパワーポイントで提示し，さらに生徒に朗読させる。①テキストで使われている新しい字を習得する。②重要な古文語彙を習得し，詩句の意味を理解し，詩に描かれている場面を想像する。③将軍のイメージを摑む。④正しく，流暢に，感情をこめて朗読し，暗記する。
>
> （2018.10.31 フィールドノーツ）

> 教師は「卜算子·咏梅」というテキストの目標をパワーポイントで提示し，さらに生徒に朗読させる。①「咏」「寞」「碾」という３つの文字を書けるようになる。②正しく，流暢に，感情をこめて朗読し，さらに理解した上で暗記して，空で書く。③梅の気質や出会いや境遇とおごった性格を理解した上で，作家の官途不遇と梅のような清らかな性格を理解する。
>
> （2018.11.01 フィールドノーツ）

これらから，G小学校の教師が提示した授業目標は，ほとんどがテキストの内容に基づいて作った知識的な目標であることがわかる。教員が本格的にテキストの内容を説明する前に授業目標を提示し，生徒に朗読させている。G小学校の授業は明らかに授業目標を重視し，授業目標の達成を意識して授業を展開していることがわかる。つまり，授業の良し悪しは授業目標の達成度に大きくかかわっているのである。また，このような特徴は，G 小学校の授業検討会で教師たちがお互いの授業効果の評価を行っている様子からも指摘できる。G 小学校の授業検討会での指導主任 K-J と教師 K-X，K-Y の発言を見てみよう。

「説課」というのは，この授業の目標はなんだろうか，授業中の教学はどうだろうか，などのように自問し，授業での自分の考えや行動について分析して反省するものです。そして，もし設定した目標が達成できなかったら，理由はどこにあるだろうか，[あるいは]，予想外に生徒たちの表現が目標を達成し，反応が良かった場合でも，その理由についてまず自己分析し反省すべきだと思います。

（2018.11.01 教師 K-J に対するインタビュー）

G 小学校の指導主任は教師に授業の反省を求める重要な基準を，授業目標の達成度に置いていることがわかる。そのため，教師の授業での不足点の反省を促すときには，主に授業の前に設定した授業目標を参照するのである。この点は G 小学校の授業研究会での教師の発言からも検証される。

最初，生徒たちはガジュマルの木が大きくて青々としていることにしか気づかず，人間の要素もあることを無視してしまいました。その後，文章の 9 番目の段落を読ませて，ヒントを与えたら，生徒たちはすぐに人間の要素をみつけました。そうすると，最後の理解目標，つまり「木と鳥と人とのつりあい」に意識がおよぶようになりました。

（2018.11.01 教師 K-Y に対するインタビュー）

最後には，生徒たちに李広将軍を褒める気持ちを持たせて，もう一度詩句を読みあげさせればよかったのですが，時間に余裕がなかったため，できませんでした……最後の目標が達成できなかったのです。生徒たちには十分に朗読させましたが，暗唱させることができませんでした。

（2018.11.01 教師 K-X に対するインタビュー）

G 小学校の教師にとって，授業前に設定された授業目標を達成することがまず目的となっていることがうかがわれる。さらに，授業効果に対する評価も，目標の達成度に大いにかかわっていることがわかった。ここから，G 小学校の素質教育の実践に，応試教育的で知識的な目標を重視する傾向が相変わらず影響していることが指摘できよう。

またG小学校の授業内容は，応試教育的な傾向であるテキストの知識を重視している。新しい単語とテキストの内容を説明するのがG小学校の教師の授業内容の重要な部分である。次に示すのはG小学校の教師による《塞下曲》という文章の授業場面である。

先生：この詩の重要な単語の意味を授業前に調べておくように皆さんに事前に伝えておきました。では発表してもらいます。誰かやってみませんか。では学生1が話してみてください。[指名]

学生1：“驚風”は青草が急に風に吹かれたことです。

先生：“驚風”と，彼は先ほど言いましたが，どういう意味でしょうか？

学生：青草が急に風に吹かれたことです。[一斉に答える]

先生：他の人は調べましたか？　では学生5，話してください。[指名]

学生5：“平明”は，夜が明けたばかりのころのことです。

先生：そう，“平明”は空のことですか？ [他の学生に目を向ける]

学生：夜が明けたばかりのころのことです。[一斉に答える]

先生：では君がやってみてください。[学生6の机を敲く]

学生6：“林暗”は，森の光が暗い様子を形容します。

先生：“林暗”は森の光の暗さを形容します。彼はなぜ石を虎と間違えましたか？　というのも光が非常にどうだったからですか？

学生：暗い。[一斉に答える]

先生：そうですね，暗いので，見えない。では次の人，学生7が答えてください。[指名]

学生7：“没”は，潜り込むことです。

先生：“没”というのは潜り込むこと。その単語のもともとの意味は何ですか？ [他の学生に目を向ける]

学生：陥 [陥る] [一斉に答える]。

先生：一般的には“没”と言うと“水没”のことを指し，この文章では将軍の矢が石に当たり，石に深く突き刺さったことを指します。

（2018.10.31　4年生の授業のフィールドノーツ）

このような授業場面からは，教師が学生たちに予習内容をあらかじめ指示し，授業の前に文章に出てくる新しい単語を調べさせていたことがわかる。その後，授業中の質問を通じて，学生たちの予習状況を検査しながら単語の理解を深めさせている。教師の質問が文章の内容をめぐって繰り広げられていたのはそのためである。生徒が質問に答えた後，先生がもう一度繰り返し質問をしているのは，学習効果を強化するためである。こうして，学生たちはテキストの知識をさらに徹底して覚えることを期待されている。

ここまで見てきたのはG小学校の授業で普段から行われているやりとりであるが，ここで注意したいのは，教師ができる限り多くの学生と意図的にコミュニケーションをとろうとしていたことである。つまり，質問に答える機会をより多くの生徒に与えようとしているのである。次に示すのはG小学校での《ピーローチュン》という文章の授業場面である。

先生：では予習状況を検査します。学生1から文章の一段をひとりずつ読んで，他の人は彼に読み間違いがあるかどうかを意識しながら聞いてください。[朗読]
先生：先の人たちの朗読に何か間違いがありましたか？
学生10：彼は第六段の“忽而捺”を“忽而奈”と読んでしまいました。
学生11：彼は第六段の“条索繊纖”を“条索千千”と読み違いました。
先生：速く文章を読んで，ひとつの単語を使って，ピーローチュンを説明してください。[学生12が読む]
学生12：名に負うということです。
先生：彼の答えに賛成しますか？
学生：はい，賛成します。[一斉に答える]
先生：では，自分でも本文を読んで考えてください。その文章は名に負ったピーローチュンをめぐって何を話したいのですか？［学生13を指名］
学生13：起源，栽培，作り方，飲み方について書いてあります。
先生：他に何か付け加えたい人がいますか？［学生14を指名］
学生14：また産地について書いてあります。

（2018.11.13 フィールドノーツ）

授業の中で，教師は生徒たちに自らミスを発見させるやり方を用いて新しい単語の習得状況を確かめていたことがわかる。このように，教師は生徒の学習を重視しているように見える。だが，ここにおいても，文章内容を生徒に習得させることを重視していることがうかがえる。つまり，教師は，コミュニケーションなどを意識しながらも，テキストの知識を習得させることを重視している。

ここまで見てきたG小学校の授業目標と授業場面から，素質教育を掲げた学校でも，実践スタイルが180度転換したわけではなく，素質教育が意識されながらも，知識面の目標と習得が重視されていることがうかがえた。しかしながら，同時に，教師は素質教育によって提唱された学びの教育機会の平等化，および学生の主体的な学びなどを意識している。

G小学校の教師が応試教育的な実践や知識の強調から大きく転換しない背景には，彼らにとって「受験勉強」への対応が不可欠なことがある。さらに言えば，素質教育の中から「受験勉強」に役立つ部分を選別することによって，応試教育的な「受験勉強」の再編がなされていることが指摘できる。これは，代(2018)の結論と一致している。代(2018)では，中国の上海市の都市小学校，遼寧省のD市にある農村と都市の小学校という3つの算数授業の事例を通じて，素質教育の実施には，受験勉強を再強化・精緻化する特徴が見られたと指摘した。言い換えれば，素質教育の授業は，新学力を視野に入れたテストに対して一種のトレーニングの効果を持っていると理解されている（金子 2006）。また，G小学校の国語授業における素質教育の実践は，「新受験型」（恒吉 2006; 2009）の具体化されたものとも言えよう。

一方，中国の社会構造には「城・郷二元構造」という特徴がある（孫 2004）。社会構造の一部分としての教育の構造にも，同じく「城・郷二元構造」が存在している（孫 2009）。中国の義務教育の財源は県を主とした制度のため，県政府に委ねるものである。地域格差が激しい現状では，義務教育にも同様の格差が生じる。そのため，いかに地域の格差を縮小し，均衡発展を達成するかが議論されている（庞 2020）。こうした中国の現状により，恵まれない学校の充実，農村地域の教育の質の向上，「弱勢群体」（恵まれない子どもの集団）の支援などのような格差是正が義務教育における均衡発展に求められるようになっている。2019年3月までで，義務教育の均衡発展の基準に達した県は2717あり，全国の92.7%となった。この状況下で，16の省（区，市）が全体的審査を通過し，基礎教育の均衡発展と公平発展のレベルを全体的に顕著に高めたと指摘された[4]。

中国の政府レベルにおいては，行政の力で「面の平等」を強力に推進している。しかしながら，地域格差の是正を通じて，全体的な格差を是正しようという方針は理論的には明快であるかもしれないが，実践レベルに降りると，学校では「新受験型」という素質教育の実践が生み出した新しい課題が，逆効果を招く可能性があると思われる。例えば，素質教育を実施する際には，経済的社会的に恵まれている学校は素質教育と応試教育の両方をカバーすることができる。それらの学校は，素質教育で提唱された創造力やイノベーション能力のような21世紀に必要な能力を「本校課程」をはじめ，他の関連科目においても実施する余裕がある。逆に，社会資源や経済的に恵まれない学校は，受験が重視される社会では，そこから離れることはできず，受験対応ができる素質教育，「新受験型」の素質教育の実践に力を尽くさざるをえず，素質教育に提唱された能力の育成に充分な成果が出せるかは疑問である（代 2018）。このような教育の実践においての隠れた格差をいかに埋めるのかは今後の課題であろう。

3. 中国におけるその他の教育改革例

現在の中国においては，他にもさまざまな教育改革が行われている。例えば，新しい科学技術革命および産業変革を実現するために，高等教育においては新工学教育改革が行われている。また，大学入試においては，従来の文科系と理科系の区分を融合し，受験科目の新たな設定などの新しい大学入試改革も行われている。そして，新しい時代に入り，子どもおよび学生の労働素質を高めるための労働教育の改革，理数系および文科系を融合するための融合カリキュラムの重視など基礎教育課程に新たな改革が加えられている。

最後に，忘れずに指摘しておきたいのは，職業教育改革を通して，職業教育への進学率が大幅に高まっていることである。要するに，新しい時代を迎える中国では，幼児教育から高等教育まで，カリキュラムをはじめ，学制，教師教育などの多岐にわたって教育改革を行っているのである。

4. まとめと日本への示唆

本章では義務教育段階における中国の素質教育研究の論点とその実践例を中心に考察を行った。あらゆる子どもを対象に，全人的な人格形成（「全面的な発展」）が21世紀の基礎教育として進められており，そこで重視されている主体的な学びも，21世紀において児童・生徒に必要なものとして，度合や内容の違いがありながらも，中国国内でも国際的にもその重要性が提唱されているものである。本章では，素質教育の概念は「主体性の重視」「全面的な発展」「すべての学習者へ」という3つの要素から構成されていることを示した。そして中国版の新しい学力観と，そこにおける人物像について考察した。

また，前述した3つの要素には「質」と「平等」という2つの軸が含まれていた。そのため，素質教育の実践には「中国版の平等」観がある意味で反映されている。つまり，行政は地域の格差を是正するために「面の平等」を推進する一方で，学校現場では，教育の「質」に新たな格差が生み出される可能性を抱える。中国における教育の平等の実現は，より複雑な状況に直面し，目に見える格差と目に見えにくい格差という矛盾する力によって左右されていると思われる。

本章で見てきた主体的な学習，教育における平等，全人的な展開などの素質教育を推進してきた中国の教育改革は，グローバリゼーションや第4次産業革命が進むなかで，日本を含む世界中の多くの国で展開された教育改革の方向性と似ている。

しかし，こうした改革が積極的に推進されているのと同時に，その社会に深く根づいたもの，例えば，本章で説明した激しい受験競争，地域間の格差といった社会的な文脈の存在が，改革の効果に大きく影響していることがわかった。それらの社会的な文脈に向き合わなければ，改革の成功につながらないのである。中国の素質教育の例は，日本の教育改革の結果を方向づける社会的な文脈，特に他の章で紹介した移民の子どもたちの事情など，格差を生み出す日本的な文脈に，今こそ真摯に向き合う重要性を示唆している。また，教育実践が，子どもや保護者など，社会が求めるものと，教育改革のレトリックとの調整を求められることも示している。つまり，受験ニーズの存在など，学校にかかる社会的な圧力の方向が政策の目指す改革の方向と異なる場合，教育だけが社会に逆らって徹底した改革を行うことは難しいのである。

注

1）本章に登場する学校名，教師名はすべて仮名である。

2）http://www.moe.gov.cn/s78/A03/moe_560/jytjsj_2019/qg/202006/t20200611_464830.html（2020 年 9 月 20 日アクセス）

3）http://xzqh.mca.gov.cn/statistics/2018.html（2020 年 9 月 20 日アクセス）

4）http://www.moe.gov.cn/fbh/live/2019/50415/mtbd/201903/t20190327_375664.html（2020 年 9 月 22 日アクセス）

参考文献

陳暁季（1999）「素質教育研究観点総述」『湘潭大学学報（哲学社会科学版）』23(2), 127-128.

代玉（2018）『中国の素質教育と教育機会の平等――都市と農村の小学校の事例を手がかりとして』東信堂.

教育部（2001）「基礎教育課程改革綱要（試行）」『為了中華民族的復興，為了毎位学生的発展――基礎教育課程改革綱要（試行）解読』華東師範大学出版社.

金子元久（2006）「社会の危機と基礎学力」東京大学大学院教育学研究科基礎学力研究開発センター編『日本の教育と基礎学力――危機の構図と改革への展望』(21-34) 明石書店.

李海生（1997）「素質教育理論研究総述」『上海教育科研』6, 10-14.

柳斌（1997）『全面素質教育手冊』中国物質出版社・九洲図書出版社.

呂紀増（2003）「素質教育研究文献的現状及特点」『河南教育学学報（哲学社会科学版）』22, 38-41.

“素質教育的概念，内涵与相関理論”課題組（2006）「素質教育的概念，内涵及相関理論」『教育研究』2, 3-10.

庞麗娟（2020）「統疇推進城郷義務教育一体化発展」『教育研究』1, 16-19.

孫立平（2004）『転型与断裂――改革以来中国社会結構的変遷』清華大学出版社.

孫立平（2009）「中国社会結構的変遷及其分析模式的転換」『南京社会科学』5, 93-73.

恒吉僚子（2006）「国際比較の中の日本型学力――求められる学力育成システム再編の理念」『日本の教育と基礎学力――危機の構図と改革への展望』(92-106) 明石書店.

恒吉僚子（2009）「グローバル化社会における学力観」東京大学学校教育高度化センター編『基礎学力を問う――21世紀日本の教育への展望』(55-79）東京大学出版会.
肖文娥（2000）『素質教育概論』国防大学出版社.
燕国才（1990）「関与素質教育的幾個問題」『教育科学研究』2, 1-4.
燕国才（2002）『素質教育概論』広東教育出版社.
楊銀付（1995）「素質教育若干理論問題的探討」『教育研究』12, 35-39.
鐘志賢（1998）『素質教育――中国基礎教育的使命（修定本)』福建教育出版社.
鐘志賢（2003）『深呼吸――素質教育進行時』教育科学出版社.

終章

日本の教育の国際化と多文化化に向けて

額賀美紗子・恒吉僚子

本書では日本社会の周辺に位置づけられるさまざまなマイノリティ集団の視点から，あるいは日本社会の外側の視点に立つ国際比較の視点から，国際化と多文化化への対応を求められる日本の社会と教育が抱える課題を明らかにしてきた。そして，マイノリティの声をくみとり，国際的な見地に立ちながら，多様性に開かれた日本の教育と社会の可能性について検討を重ねた。各章に共通するのは，社会において見えにくい存在や語られにくい課題にアプローチし，「あたりまえ」とされている事象やものの見方に内在する問題性や変革可能性，そして時には気づかれなかった強みを，国際化や多文化化という観点から着目していることである。第1章の言葉を使うと，通常「ピンとこない」事象や人々に光を当て，そこに見出せる課題を通して日本の教育の今を批判的に検討し，望ましい未来へとつなげていくための試みであったと言える。

総括となる本章では，まず社会において見えにくい存在や語られにくい課題を可視化するために各章の執筆者が採用した手法——エスノグラフィーと国際比較——の有用性を考える。その次に，各章の知見をまとめ，日本の教育の国際化・多文化化に向けた提言を述べる。最後に，多文化化する日本社会のヴィジョンを打ち出し，グローバル化の中で日本の教育と社会が今後目指すべき方向を提示する。

1.「あたりまえ」を再考する手法

本書では日本の教育が国際化と多文化化に対応できていない現状を問題提起してきたが，そこには日本社会の「あたりまえ」がグローバルな要請とズレているという課題が見出せる。しかし，この「あたりまえ」は「あたりまえ」であるがゆえに問題であるとみなされず，変革への力が働きにくい。本書では2つの手法を使って「あたりまえ」を批判的に検討することを試みた。ひとつは「周辺」の内側に入りこむエスノグラフィーの方法，もうひとつは外部から日本の教育と社会を問い直す国際比較の方法である。

「周辺」の内側に入りこむ——批判的エスノグラフィーの方法

本書の第I・II部では，日本社会の「ふつう」から外れる人たちの視点に立ち，日本の教育と社会の「あたりまえ」が孕む問題性を検討してきた。移民の親と子ども，留学生，障害のある子ども，不登校の子ども，ひきこもりを経験した若者——それぞれの視点に立った研究からは，日本人であること，健常であること，学校にきちんと通うこと，卒業後は就職してどこかに帰属することといった，同質性を前提とした日本社会の「あたりまえ」の輪郭がくっきりと見えてくる。否応なしに社会の周縁部に位置づけられてしまうマイノリティの生きられた経験（ヴァン＝マーネン 2011）を理解することによって，「ふつう」の人たちの存在を前提にした社会と教育システムの問題性が明らかになる。

問題はマイノリティの姿や声が社会の中でかき消されてしまっていることである。H. ベッカーは，「声を聴いてもらう権利はシステムの中の地位によって不平等に配分」されていることを「信頼性のヒエラルキー」という概念で指摘する（Becker 1967: 241）。社会の中で権力を握る者の声は大きく信頼性が高いのに対し，社会的弱者の声は常に抑圧され沈黙させられてしまう。社会学者は往々にしてこうした「信頼性のヒエラルキー」に疑問符をつきつけ，かき消される社会的弱者の声を聞き取る仕事に従事している（Becker 1967: 241）。

その具体的な方法としてエスノグラフィーが用いられる。エスノグラフィーは，参与観察やインタビューといった手法からなる質的調査法であり，実際に調査者が現場に入りこみ，そこに生活する人々と交流しながら何が起こっているのかを観察し，彼らの語りを聞きとってデータとして分析するところに特徴がある[1)]。もともと途上国の異文化理解を目的とした西欧の文化人類学において編み出された方法論であり，そこでは「異質な他者」の生活世界を包括的に描き出し，その記述を通して彼らの文化や認識を内側から理解することが目指されてきた。自らの社会を分析する社会学に取り入れられた後も，移民やホームレスや精神疾患患者やギャングや落ちこぼれの生徒など，「ふつう」から逸脱する人々の生活と文化に肉薄し，彼らひとりひとりの生きられた経験の記述を通して，社会的弱者を抑圧する社会の構造的問題が考察されてきた[2)]。特に近年はマジョリティ側に立つ調査者が持つ権力性も含めて，社会の支配的構造に疑問を呈する「批判的エスノグラフィー」が提起されている（キンチェロー&マクラーレン 2006）。

批判的エスノグラフィーの流れに与する本書の執筆者たちも，それぞれの調査協力者たちの言葉に耳を傾け，時に一緒に何かをしたり，支援したりされたりという関係を築くなかで，彼らの目からどのように世界が見えるのかを理解しようと努めてきた。第2章では調査者が移民親子の支援に関わるなかで，何が起こっているか外からは見えにくい家庭の内部に入り込み，日本社会の「あたりまえ」が複合的な困難として移民家族の前に立ちはだかる様相を明らかにしている。第3章では，教師たちが「[用意されたアンケートの] 選択肢をどのように解釈したか，どのような意図で選択肢を選んだか，誰かに語ることで深まり変化する考え」(54) をインタビューからくみとっている。その結果として，アンケート調査では見逃されがちな，異文化に対する社会の「あたりまえ」が反映された教師たちの解釈枠組みが浮き彫りにされている。第4章では日本での就職活動に励む留学生たちの語りにもとづいて彼らが経験する葛藤が鮮明に描き出されている。執筆者自身が日本への留学生であり，調査協力者と立場を同じにすることも，日本社会の「あたりまえ」に対する洞察を深めているように思える。後述するように，第I部の各章は移民や留学生といったマイノリティの視点，あるいは日本人教師というマジョリティの視点に迫ることで，社会の「あたりまえ」を構成する「力のある文化（culture of power）」（Delpit 2006）の中身を解明し，その問題性を考察することを試みている。

第II部の執筆者たちは，マイノリティの包摂を意図するさまざまな組織――

日本の高等専修学校，「居場所」施設，アメリカのCBO（Community-based Organization）――で長期間にわたる参与観察を行い，どのようにマイノリティの生徒や若者の差異が理解され，エンパワメントに結びついているかを，現場で生起するやりとりにもとづいて克明に描きだしている。どの章も，調査者がその場に参加し，調査協力者たちと時間と空間を共有することにより，個人の意識や組織文化の変容を含むプロセスを描きだしている。例えば第5章では，障害のある子どもと不登校を経験した子どもたちが対等な立場で交流するさまざまな仕掛けの中で，不登校の子どもたちの障害者に対する偏見が緩和されると同時に，彼らの間に新たな自己理解が生まれていることが明らかにされている。第6章では，ひきこもりの経験者たちが「ふつう」のライフコースを内面化していることが当事者の語りから引き出され，そうした彼らの規範意識や支援されることへの抵抗感が施設の中で解きほぐされていくプロセスを描いている。第7章では，マイノリティのエンパワメントの方策として差異を活かすというストレングス・アプローチに注目し，移民の若者たちの肯定的な自己理解や社会参加が進む過程を，CBOの包摂的な文化と制度の中で考察している。これらの章は，マイノリティに対する社会の「あたりまえ」の見方――大抵ネガティブなものであるが――が現場の人々の関係構築の中で変わっていくプロセスを詳細に描き，マイノリティのエンパワメントの可能性を提示している。

第Ⅰ部や第Ⅱ部の執筆者たちが声を聞いた人々や参入した現場は，社会の中で光が当たることの少ない人々や場所であり，注目される場合はネガティブなイメージで語られがちである。こうした状況があるなかで，エスノグラフィーの最大の意義は，「ふつう」から逸脱し，「不道徳」とされる人々の意味世界を内部から明らかにすることによって，彼らとエスノグラフィーの読み手との間の距離を縮めることである（Katz 2001）。本書各章の批判的エスノグラフィーは，「われわれ」と「異質な他者」を分断する社会的な力への抵抗と挑戦であるとも言える。

「外側」から問い直す――国際比較の方法

日本社会の「あたりまえ」を明らかにするために本書の各章に見られるもうひとつの技法が国際比較である。比較教育学の可能性を展望する石附（1999）

は，比較のメリットについて次のように述べる。「（比較の手法によって）教育の多様，多元なあり方を，いわば複眼的に見て考えることができる。相対的に見ることによって，ある国・地域ではあたりまえの「常識」と思われていることも，ほかの国・地域では「非常識」である，といったことがわかってくる。ものごとの真の姿を知るとか理解するためには，なるべく多くの角度や視点から迫ることが大事である」（石附 1999: 23）。例えて言うならば，比較の手法は「合わせ鏡」を前において，自分の姿をさまざまな方向から確認する作業である（苅谷 1997）。それによってこれまで意識されてこなかった日本社会の特徴や問題点を映しだし，現状とは異なるものの見方や制度のあり方が可能であることの気づきを得ることができる。本書ではこうした比較手法の特徴を活かして，グローバルな見地から見たときの日本の教育と社会の特徴と課題を明らかにした。

第1章，第2章では，国際的なカテゴリーとして各国で広範に使用されている「移民」という言葉が，日本社会では使用を避けられていることの問題性を指摘している。「移民」が政策的カテゴリーとしても日常的カテゴリーとしても浸透している諸外国と比べると，日本では移民の子どもやその親たちに対する包括的な支援の遅れとともに，移民に対する同化と排除の圧力が強力に働いていることが顕著に見出せる。第7章では移民の若者のエンパワメントを目的とするアメリカのストレングス・アプローチが紹介されており，こうした先進的な海外の事例を考察することは，日本社会に欠けている視点を取り入れて支援のあり方を模索する手がかりとなる。

第III部の各章は，日本社会をグローバル化の文脈に位置づけてその特質——強みと弱み——を国際比較の視点から明らかにしている。第8章では，日本の初等教育における授業研究や特別活動といった営みが欧米諸国から協働的な教育モデルとして高く評価され，レッスン・スタディや tokkatsu として海外諸国に輸出されている近年の動向を明らかにしている。子どもたちの社会情動的スキルの育成が国際的課題になっており，その中では日本の協働的活動を軸とした全人教育の「先進性」が際立つものの，多様性への配慮が欠如していることが引き続き課題であると指摘されている。第9章は，日本の保育の強みを日本の保育を海外諸国に輸出する実践者の語りにもとづいて分析している。「遊び」と「学び」が一体化された体系的なカリキュラムや細やかで丁寧な養護，食育，保護者対応などが「日式保育」の強みとして強調される一方，そうした保育モデルが輸出の過程で形骸化するリスクに警鐘を鳴らしている。第10章は，国際的に見て日本の子どもたちの自己肯定感が低いことに注目する。学力到達度調査（PISA）を使って国レベルの比較分析を行った結果，集団の多様性が自己肯定感につながる可能性が示された。日本の子どもたちの自己肯定感の低さは，同質性の高い環境の中で過剰な競争が行われるためであり，多様な価値観や生き方の奨励が子どもたちの生きやすさに通じるであろうことが示唆されている。第11章では，中国の素質教育改革を事例に，「主体性の重視」「全面的な発展」「すべての学習者へ」といった，子どもの主体性育成と社会的公正を目標とした教育を実現することの難しさを，学校現場のデータをもとに描きだしている。こうした海外の事例は一国研究であっても比較の視点が内在し，改革の方向性を共有する日本の教育にとっても示唆的である。

これらの章で取り上げたテーマ——移民の包摂，多様性への対応，社会情動的スキルや主体性の育成，社会的公正の実現——は日本のみならず，多くの国で共有されるグローバルな課題である。今日の比較教育学では，グローバル化がもたらす構造的な変化やその影響を考慮しながら日本の教育制度や学校文化の特徴を比較検討していくことが求められている（高山 2009: 26）。本書は他国との比較から日本の教育の課題を省察するとともに，日本の教育がグローバルな課題に対して持つ可能性もあわせて提起した。

2. 日本の教育の国際化・多文化化のために

では本書の各章で明らかにされた知見からはどのような示唆が得られるか。日本の教育の多文化化と国際化に向けて以下では4つ提言する。

①新たな解釈枠組みを作りだす——社会の周縁部にいる人たちが経験するさまざまな困難や問題が，彼らの個人的な問題ではなく日本の社会や教育のあり方に由来する問題であることを本書では提起してきた。それは「個人の問題経験を社会のあり方の問題に還元して経験させるような解釈枠組み」（草柳 2004: 38）の提起である。人はこうした枠組みやそれに付随する言葉があるからこそ，

自身の問題経験を「社会問題」として経験し，現状に異議を申し立てることができるようになる。

しかし，本書で明らかにしてきたように，日本ではマイノリティの子どもや若者が抱える問題を社会の問題として認識するための言葉や枠組みが不十分である。その端的な例が，国際的な定義上「移民」とされる人々が日本では「移民」として認識されず，移民の子どもたちの社会統合を進めていくための言葉や枠組みが欠けている現状である。

必要なのはマイノリティを可視化し，彼らを包摂する新しい言葉や枠組みを作っていくことである。それによって，まだ社会問題として認識されていなかったことがらを可視化する視線が生まれ，「彼ら」の問題が「われわれ」の問題であるという認識が育っていく可能性が芽生える。「見えない」存在に対する実態調査が進み，問題解決に向けた政策が立案されていくことも期待できる。また，グローバルな文脈で用いられている言葉や枠組みを共有することで国際社会の議論にも参加しやすくなり，国を超えて共通する社会問題に対して互いの知恵と経験から学びあうこともできるだろう。例えば，「移民の子どもたちの社会統合」という枠組みからは，移民の子どもたちの学力やウェルビーイングがどのような社会的条件によって支えられるのか，国ごとの制度や文化や子どもたちの状況を比較検討することによって理解が深まることが考えられる。

個々のマイノリティ集団が抱える問題が相互に関連しているという枠組みをより強固にしていくことも重要である。本書では移民の子どもたちの困難が，貧困，障害，不登校，ひきこもりなど異なる背景を持つ子どもたちが直面する問題と実は地続きであることを示した。こうしたインターセクショナリティの枠組み（Crenshaw 1991）から「あたりまえ」が孕む問題性を追究していくことは，異なる背景を持つ人々を結びつけて社会に変化を起こす力となるだろう[3)]。

②**「力を持つ文化」の暗黙知を批判的に読み解く**――マイノリティの子どもや若者たちが経験する困難は，彼らの存在を看過する日本社会の「あたりまえ」によってもたらされている。デルピットはこうした社会の「あたりまえ」を「力を持つ文化（culture of power）」と名づけ，それはマジョリティが持つ知識やスキルであるとする（Delpit 2006）。「力を持つ文化」は自然と子どもが身につけられるものであると考えられているが，実際はマイノリティの子どもた

ちがマジョリティの知識やスキルを獲得できる機会は著しく制限されている。一方，学校ではそうした知識やスキルを身につけているかどうかが問われるので，そのものさしの基準を満たさない子どもたちは「欠損」があるとみなされてしまう。

「力を持つ文化」はアメリカに住むアフリカ系アメリカ人の子どもたちの学力不振の原因として問題提起されたものであるが，日本のマイノリティの子どもたちの疎外状況を考える上でも示唆的である。本書では「力をもつ文化」が家庭（第２章），学校（第３章），就職活動（第４章），若者の居場所（第６章）など，社会のさまざまな場に浸透していることを示した。日本人らしく振る舞うこと，子どもの教育と世話に手間をかける良い母になること，学校の決まりに従うこと，企業の求める人材になっていくこと，自立した若者になっていくこと。社会で成功していくためにはこうした「力を持つ文化」を獲得することが必要である[4)]。しかし，その方法は明示的には語られない暗黙知になっているし，それを獲得するための資源や機会もマイノリティには十分に与えられていない。

本書のいくつかの章は，「力を持つ文化」に関する暗黙のルールを読み解き，その知識やルールを使いこなすスキルをマイノリティの子どもや若者に授けることの重要性を示唆している。例えば移民の親子に対しては日本社会で生き抜くための基礎的なライフスキルや，日本語教育，日本の教育制度や学校的知識を授ける場が必要である。留学生に対しては日本独特の就活のしくみやコツを早い段階で教えることが効果的である。ひきこもり経験のある若者に対しては自立と就職のための支援の拡充が求められる。

そのときに大切なことは，「力を持つ文化」をマイノリティに伝授することが彼らに対する同化圧力にならないようにすることである。デルピットはアフリカ系アメリカ人の子どもたちの家庭やコミュニティの文化を尊重し，教師が彼らの経験や知識を活用しながら，子どもたちに「力を持つ文化」を授けることの必要性を訴える。その過程で子どもたちは，「力を持つ文化」を獲得しつつ，そうした文化に潜むマジョリティの特権や不平等の社会構造をマイノリティの視点から批判していくスキルを身につけることになるのである。それによって「あたりまえ」の問題性が指摘され，誰もが参加できる学校や社会になるよう，「力を持つ文化」のあり方を変えていくことも期待される。

こうした「力を持つ文化」を批判的に省察しその権力性を解読していく力は，誰よりもマジョリティの立場に立つ人々，特に子どもたちを教える立場にある教師たちに求められていると言えるだろう。

③差異が承認される対話空間を作りだす——マイノリティの子どもたちが持っているものが評価されずに「問題」とだけ認識された場合，彼らに対する排除や偏見は助長される。フレイレ（2018）は，抑圧されている子どもは抑圧の現実に埋没しているため，自分の不遇な状態を自然な結果と思いこんでいるし，負のステレオタイプをそのまま内面化して自己肯定感を失いやすいと論じる。こうした状況に対して本書は，マイノリティの子どもや若者たちが提示する差異を「問題」としてではなく，個人や社会にとっての良きものとして積極的に評価するまなざしを日本社会の中に作りだしていくことが，彼らを包摂していくうえで重要であることを提起している。つまり，マイノリティの子どもたちに対して，「力のある文化」が「ない」ことを糾弾するのではなく，彼らの中に「ある」ものに注目するのである。それは，第7章のストレングス・アプローチが示すようにマイノリティ集団が持つ文化の社会的価値を高め，子どもたちがその文化を獲得し，維持していく過程を支えていくことでもある。

こうした目的のために，母語教育，バイリンガル教育，多文化教育は重要な社会的意味を持つ。差異に積極的価値を見出すこうした解釈枠組みや取り組みを，今後日本でも浸透させていくことが必要である。それは，マイノリティの子どもの自尊心を高め，個人として経験する問題を社会の問題として批判的に検討する思考につながっていくにちがいない。また，マジョリティの子どもたちが自己理解を深めるきっかけにもなるだろうし，両者が対等な立場で相互理解を育んでいくことも期待される。

しかし，差異の承認を学校現場で行おうとするときにしばしば問題となるのが，マイノリティの言語や文化を固定的なものとしてステレオタイプ的に陳列してしまうことである（佐藤 2001）。マイノリティの言語や文化の一側面が過度に社会の資源として強調されることによって，その資源を獲得したり活用したりする権利がマジョリティに占有されてしまうこともある（額賀 2020）。また，マジョリティの一時的な楽しみのためにマイノリティの差異が消費されているということも指摘される（岸田 2010）。

大事なのは，差異を固定的な「資源」として，マジョリティに都合のいい形で積極的に評価することではなく，人々の対話の中で互いの差異を承認しあうやりとりそのものであろう[5)]。第II部の各章では，そうした差異の承認が対話的空間の中で行われ，移民や，不登校やひきこもり経験のある若者たちが自己理解を深め，エンパワーされている可能性が示唆されている。また，対話の中でステレオタイプの解体が起こり，差異の境界線が引きなおされ，他者を排除しない包摂的な関係性が形成されていることにも注目したい。

一方，これらの章では，そのような対話的空間を持続させてマイノリティを包摂する試みが，能力主義，エンプロイアビリティ，自立といった支配的価値観のもとで困難に陥っていることも指摘されている。こうした価値観は近年の新自由主義的教育政策の中で一層強調される傾向にある。自己責任と競争を進める新自由主義は，国レベルで多様性や差異への寛容さを失わせていると指摘される（Mitchell 2003）。学校や子ども・若者の居場所は，社会的に拘束された場であるから，その社会がどのような未来を目指しているかを示すヴィジョンによって大きく影響を受ける。子どもたちの差異が承認される対話的空間を学校内外に作っていくためには，自己責任や競争を煽るのとは異なる社会ヴィジョンを鮮明に打ち出していく必要があるだろう。これについては本章の最後に述べたい。

④日本の教育の可能性を再発見する——本書では国際的見地から日本の教育と保育が持つ先進性と可能性についても指摘した（第8章，第9章）。特に初等教育における教師・生徒それぞれの協働性と子どもの社会情緒的スキルの育成は，他国が参照する教育モデルになっている。日本の学校では子ども同士のつながりが重視され，例えば海外から来たばかりの移民の子どもに対しても早く友だちを作り，学校生活を楽しく送れるよう教師が最大限の配慮を見せてきた。これは子ども同士のつながりへの配慮を教師の仕事としてこなかったアメリカの学校とは対照的な特徴である（額賀 2003）。

一方，問題なのは，こうした協働性や社会情緒的スキルの育成が，同質性を前提とした共同体の中でのみ機能していることである。恒吉（1996）が「一斉共同体」という概念で日本の学校の特徴を指摘してから四半世紀が過ぎようとしているが，その特質は大きく変わってないように見える。日本の学校で何度となく強調される「思いやり」は，同質的な集団の中では発揮されるが，異質な他者を寛容に受けとめるという方向には向きにくいのである。

協働性やつながりを重視する日本の教育がグローバルな教育モデルとなるためには，同質性を前提とした共同体モデルから脱し，多様な背景を持つ子どもたちの存在を前提として協働性やつながりを構築する方途を考える必要があるだろう。広田（2019）は紛争や異論をポジティブに位置づけ，対話を促進する制度を用意することで，多様な考えや利害を持つ保護者や地域の人々の学校参加を可能にする方法を提起している。ここに示されるような，人々の間の異なる見解やそれに伴う軋轢や衝突を恐れない価値観，いわば「寛容の文化」を日本の学校に根づかせていくことが必要である。寛容の文化に裏打ちされた協働性は，子どもたちひとりひとりが自分の違いに自信を持ち，自分とは異なる他者への信頼と尊重が育まれる民主的な学校づくりへとつながっていくことが期待される。

3. おわりに——多様性前提に立った社会ヴィジョンの構築

教育はヴィジョンによって変わる。

本書の各章では，その主張を裏づける社会ヴィジョンがいくつか垣間見えていた。多くの章で見られた多文化社会と多文化教育。さらに，インクルーシブな社会やインクルーシブ教育。多文化教育は文化を軸にしながらマイノリティが包摂される社会ヴィジョンを打ち出してきたが，インクルーシブ教育はすべての児童生徒に射程を広げながら包摂型社会のヴィジョンを掲げているという点で，両者は連続線上にある試みである。また，近年は国連によって持続可能な開発目標（Sustainable Development Goals: SDGs）が採択され，「貧困克服」「質の高い教育」「人や国の不平等撤廃」「ジェンダー平等」「すべての人に健康と福祉を」などが目標として掲げられている[6)]。このような理念を反映した社会ヴィジョンもまた，本書に反映されている。多文化教育，インクルーシブ教育，SDGs のいずれもが，すべての児童生徒が承認されて対等な関係性の中で共生できる，包摂的な教育の実現を未来に向けて描いている。本書の各章はこうした社会ヴィジョンの延長上に日本版多文化包摂社会を構想しながら執筆されたものである。

教育には目の前の社会のニーズに応えるという短期的スパンでその目的と効果を考える側面がむろんある。例えば，国際的な場で英語が共通言語として用いられるので英語力を上げる，グローバル競争に有利だとされる理数系教育を強化する，ICT はどうしても必要であるといったことである。それは軽視してはいけない。しかし，国際ランキングのトップ 100 校に何校の日本の大学が入るといったような目標が主たる教育目標であるのなら，教育の目的は矮小化される。

近代化後発国であった日本のヴィジョンはこうした目の前のことに「役に立つ」ものになりやすい傾向がある。しかし，教育の目的は，こうした社会の目の前のニーズに応えるだけではなく，まだ実現していない社会や世界のヴィジョンを作りだし，それを担っていく人々を育てていく過程でもある。教育の効果は現在よりずっと後になってわかる。例えば，今小学校に入学した 6 歳の子がこれから受ける教育の成果は半世紀後に現れるだろう。そのとき彼らは一体どのような大人になっているのだろうか。彼らが担わねばならない社会はどのようになっているのだろうか。社会ヴィジョンは教育の目的に関して近視眼的になりがちな態度を反省させ，未来の何に向かって子どもたちを教育しているのかということをわれわれに思い出させる。しかし，こうした大きなあるべきヴィジョンが日本からはなかなか出てこない[7)]。

本書では「ふつう」から逸脱する子どもや若者たち――移民の子ども，不登校経験のある子ども，障害のある子ども，ひきこもり経験のある若者，留学生――の生きられた経験を明らかにしてきたが，そこで見えてきたことは彼らに対する教育に関して日本は同質性前提が強い社会の「ツケ」を払っているということである。グローバル化がこのまま加速すれば 50 年後の世界ではおそらく多様な人々の間で交渉したり，協働したりすることをさらに求められる。鎖国状態で生きられる時代は終わった。これからのグローバル時代を担う今の子どもたちが，多様性に「ピンとこない」ままでよいのか。よいわけがない。多様性を受け入れ統合する道を探ることを，「自分とは異なる人たちがいる」現実を，受け入れて整えてゆく必要がある。これは人権の視点からは言うまでもなく，同質性を前提とした国民教育のあり方を再考し，グローバルな民主的市民を育成するという視点からも求められていると言えよう。

そして，その過程において，国際的に見た日本の強みを活かしながら，協働的で全人的でありながら多様性前提に立った社会ヴィジョンを構築してゆくことが必要である。

注

1）エスノグラフィー（ethnography）は ethno（民族）と graphy（書くこと）を合わせた言葉であり，それは調査方法論と，調査にもとづいて書かれたテクスト（民族誌）という 2 つの意味を含む。エスノグラフィーには参与観察を指す狭義のエスノグラフィーと，参与観察以外の質的調査（インタビューやライフストーリー，生活史研究など）も含める広義のエスノグラフィーがあるが（藤田・北村 2013），ここでは後者の意味で用いている。

2）例えば精神病院で参与観察を行って患者の人間性が剥奪されていくプロセスを描いた Goffman（1961）や，学校や地域での参与観察を通じて労働者階級の若者たち（「野郎ども」）が反抗文化を形成し，教育からドロップアウトして自ら肉体労働を選んでいくプロセスを描いた Willis（1977）など。

3）インターセクショナリティはジェンダー，人種，階層，障害，セクシュアリティなど多様な差異によって複合的に差別されている人々のリアリティを描く分析枠組みとして提起された（Crenshaw 1991）。それはまた，ジェンダー，人種，階層，障害，セクシュアリティによって分断されてしまう集団同士を結びつけ，社会的弱者を抑圧する社会構造への異議申し立て運動を活性化させる枠組みになる。アメリカではアフリカ系アメリカ人に対する白人警官の暴行が後を絶たず，2020 年には Black Lives Matter 運動として全米各地から世界中を巻き込む運動へと発展したが，その背後にはアメリカのアフリカ系アメリカ人問題が，女性，貧困者，障害者，LGBTQ が経験する問題と重なりあうことを認識するインターセクショナリティの枠組みが働いている。例えば https://shegeeksout.com/our-feminism-is-intersectional/（2020 年 10 月 15 日アクセス）など。

4）澤田（2016）はデルピットの議論を，「支配文化の支配効果が存続する間は，その文化的諸要素を子どもたちが身につけられるような教育上の取り組みを教師が続けていかなければならないと考える」（澤田 2016: 35）と紹介し，こうした「両義性」を持つ教育論が「現実的に有効な未来志向的提言」であることも述べている。

5）異質な人々が対話することの重要性は，日本の多文化共生をめぐる議論の中で多く提起されている。例えば平田（2012）は，異質な他者同士が「わかりあえない」ことを前提に，共通の目標に向かって対話を重ねていくことの大切さを論じている。また，塩原（2012）は，対話が相互作用による自己変容の意思を含みこんで，相手の声に耳を傾けることであると考える。

6）SDGs については次のサイトを参照。https://www.unic.or.jp/files/sdg_poster_ja.pdf（2020 年 10 月 15 日アクセス）。

7）第 7 章で見たように，日本では国際的な教育モデル自体をなかなか作ることができず，西欧発，特に国際機関で提案されてきたヴィジョンを日本化して使用することが行われている。例えば，欧米の多文化教育（multicultural education）にあたるものは，日本では多文化共生教育と言い直されて，共存することが強調され，マイノリティの人権視点が弱くなっている（モーリス＝スズキ 2002）。アメリカのような移民社会の多文化教育が，マイノリティの異議申し立て運動の中でボトムアップ的に主張されてきたものであるのに対して，日本の場合は，いろいろな「外国人」が「日本人」と暮らしているという点に力点がかかりやすい。肝心な人権視点が弱まるため，実際には，民主的市民を育成する多文化教育とは異なるものとなっている。

参考文献

Becker, H. S. (1967). Whose side are we on? *Social Problems*, 14(3), 239–247.

Crenshaw, K. (1991). Mapping the margins: Intersectionality, identity politics, and violence against women of color. *Stanford Law Review*, 43(6), 1241–1299.

Delpit, L. (2006). *Other people's children: Cultural conflict in the classroom*. New York: New Press.

藤田結子・北村文編著（2013）『現代エスノグラフィー――新しいフィールドワークの理論と実践』新曜社.

フレイレ，パウロ（2018）［三砂ちづる訳］『被抑圧者の教育学（50 周年記念版）』亜紀書房.

Goffman, E. (1961). *Asylums: Essays on the social situation of mental patients and other inmates*. Garden City, N.Y.: Anchor Books.

平田オリザ（2012）『わかりあえないことから――コミュニケーション能力とは何か』講談社.

広田照幸（2019）『教育改革のやめ方――考える教師，頼れる行政のための視点』岩波書店.

石附実（1999）「教育学研究における比較・国際教育学の役割」『比較教育学研究』25,

16-27.
苅谷剛彦（1997）編『比較社会・入門――グローバル時代の〈教養〉』有斐閣.
Katz, J. (2001). Ethnographer's warrants. In R. M. Emerson (Ed.), *Contemporary field research*, 361-381. Prospect Heights, IL.: Waveland Press.
キンチェロー，ジョー・L，マクラーレン，ピーター（2006）「批判理論および質的研究再考」『質的研究ハンドブック1巻――質的研究のパラダイムと展望』(243-271) 北大路書房.
岸田由美（2010）「多様性と共に生きる社会と人の育成――カナダの経験から」『異文化間教育』32, 37-50.
草柳千早（2004）『「曖昧な生きづらさ」と社会――クレイム申し立ての社会学』世界思想社.
Mitchell, K. (2003). Educating the national citizen in neoliberal times: From the multicultural self to the strategic cosmopolitan. *Transactions of the Institute of British Geographers*, 28, 387-403.
モーリス＝スズキ，テッサ（2002）『批判的想像力のために――グローバル時代の日本』平凡社.
額賀美紗子（2003）「多文化教育における「公正な教育方法」再考――日米教育実践のエスノグラフィー」『教育社会学研究』73, 65-83.
額賀美紗子（2020）「アメリカの市場型教育改革と多様性をめぐるポリティクス――バイリンガル教育の展開にみるマイノリティ言語の価値闘争」『教育社会学研究』106, 121-141.
佐藤郡衛（2001）『国際理解教育――多文化共生社会の学校づくり』明石書店.
澤田稔（2016）「批判的教育学から見たグローバル化をめぐるカリキュラム・教育方法のポリティクス――後期近代におけるマイノリティ教育の論理」『教育社会学研究』98, 29-50.
塩原良和（2012）『共に生きる――多民族・多文化社会における対話』弘文堂.
高山敬太（2009）「比較教育学への批判的アプローチ――グローバルな抵抗のネットワークの構築に向けて」M. W. Apple, G. Whitty，長尾彰夫編著『批判的教育学と公教育の再生――格差を広げる新自由主義改革を問い直す』117-146，明石書店.
恒吉僚子（1996）「多文化共存時代の日本の学校文化」堀尾輝久ほか編『学校文化という磁場』(216-240) 柏書房.
ヴァン＝マーネン，マックス（2011）［村井尚子訳］『生きられた経験の探究――人間科学がひらく感受性豊かな〈教育〉の世界』ゆみる出版.

Willis, P. (1977). *Learning to labour: How working class kids get working class jobs.* Farnborough, England: Saxon House.

あとがき

グローバリゼーションを背景に多文化化する社会を比較教育学という視点から考えることを目的とした本書は，東京大学大学院教育学研究科比較教育学研究室で20年にわたり研究と教育に携わってこられたもうひとりの編者・恒吉僚子先生（ここでは筆者の思いもこめて「先生」と呼ばせていただきたい）と，国内外で研究者として活動する，筆者を含めた教え子たちによって執筆された。本書は恒吉先生が東京大学を退職されることを契機に編まれたが，先生のご研究の軌跡を振り返ることで本書のあとがきとしたい。

恒吉先生は国際比較の視点から子どもの社会化，教育の国際化と多文化化，教育改革，教育移転など多岐にわたる事象を研究し，日本の教育の国際比較研究の発展に際して多大な貢献をされてきた方である。1992年に出版された『人間形成の日米比較——かくれたカリキュラム』（中央公論社）は，当時の日本ではまだ珍しかった参与観察をもとに日米の学校における暗黙知を鮮やかに描き出した著作であり，学術界はもとより，一般読者からも大きな反響があった。アメリカとの比較視点から提起される日本の教育の課題と可能性は，刊行から30年近く経った今まさに国内外でより一層注目されるイシューになっており，恒吉先生の卓越した分析視点と先見の明には敬服するばかりである。

筆者は東京大学教養学部1年生の時に英語の語学クラスで恒吉先生と出会い，学部生，指導生，そしてここ数年はありがたいことに同僚として，かれこれ25年近くお付き合いをさせていただいている。思い返すと，常に先生は日本を越えた世界，そして今を超えた未来を見据えながら，日本の教育をグローバル化に対応した，よりよいものにしようと尽力されてきた。一貫して主張されてきたのは，欧米の教育モデルの無批判な借用に疑問を呈し，全人的アプローチや協働性のような日本の教育の良い部分を引き出しながら，国際化や多文化化に対応できない「一斉共同体主義」に象徴される悪しき部分を修正していくことだった。そして，多様性が尊重される公正な社会と教育という未来ヴィジョンを強く持ちながらも，「今ここ」で何が起こっているか，何が問題かを，フィールドワークによって丹念に掘りおこすことを大切にし，国際的に参照されうる日本型教育モデルを打ち立てることを志してこられた。こうした先生の研究活動は国内のみならず，海外の研究者・実践者からも注目され，アジアをはじめとする諸外国から講演や教員研修の依頼が多く舞い込んでいる。

海外／日本，理論／実践，規範／実証，そして日本の教育の課題／可能性。恒吉先生はこれらの境界線を俯瞰し，柔軟に行き来しながら，優れたバランス感覚で研究をされてきた。これは簡単に真似できることではない。「突き抜けた研究をしたらいい」と先生から大学院生の時に叱咤激励された筆者は，いまだに「突き抜け方」が摑みきれていない気がするのだが，恒吉先生はそれを軽やかに楽しげに成し遂げてしまう。

本書の執筆に参加した 19 名は，幸運にも恒吉ゼミの「かくれたカリキュラム」を通じて先生の社会ヴィジョンや研究のバランス感覚，突き抜け方を咀嚼してきた者たちである。無論各自の咀嚼の仕方や研究テーマは多様であるため，終章を執筆するにあたってはこれらをつなぐ糸を探り当てるのにかなり苦労した。しかし，そこは同じ釜の飯，ではなく同じ七面鳥を食べた者同士（恒吉先生のご自宅で開催される毎年のクリスマス会では七面鳥が振る舞われることが恒例行事になっている），緩やかなつながりが見出せるものである。それは，「あたりまえ」を形づくる権力構造であったり，逆にそこに潜在する可能性を，国際比較や批判的エスノグラフィーという手法によって明らかにするという研究スタンスと言えるだろう。また，多様な価値観や生き方が尊重される公正な社会の実現において，教育には何ができるかを考えていく姿勢も共有している。本書ではこうした研究のスタンスやそこから導出される知見が研究者以外の一般の読者にも伝わりやすいよう，なるべく平易な書き方を心がけた。恒吉先生から指導生たちが受け継ぎ，発展させてきたものを，本書を通じて多くの人に共有してもらえればこの上ない喜びである。

最後に，本書の出版にあたり，多大なご支援を頂いた東京大学出版会の後藤健介氏，中野弘喜氏に深くお礼申し上げる。そして，新しい環境で研究と教育に邁進される姿がありありと目に浮かぶ恒吉先生の一層のご活躍を，心からお祈りしている。

2021 年新春

額賀美紗子

執筆者紹介

【編者】

恒吉僚子（つねよし・りょうこ）［第1章，第8章，終章］

プリンストン大学大学院社会学研究科博士課程修了，Ph.D.（社会学博士）．文京女子大学専任講師，東京大学大学院総合文化研究科・助教授，東京大学大学院教育学研究科・教授を経て，2021年4月より文京学院大学副学長・外国語学研究科特任教授．中央教育審議会第9期委員，日本学術会議第23期-24期会員，異文化間教育学会理事，日本教育学会理事，東京大学総長補佐，東京大学教育学部附属中等教育学校・学校長兼任，教育学研究科附属学校教育高度化・効果検証センター長などを務める．**専門領域**：教育の国際比較，多文化教育，比較フィールドワーク．主な著書に『人間形成の日米比較』（中央公論新社，1992年），*The Japanese model of schooling*: Routledge Falmer, 2001., 編著に Tsuneyoshi, R. (Ed.). *Globalization and Japanese "exceptionalism" in education*: Routledge, 2018. など．

額賀美紗子（ぬかが・みさこ）［第2章，終章］

東京大学教養学部卒，東京大学大学院教育学研究科修士課程修了，カリフォルニア大学社会学部博士課程修了，Ph.D.（社会学博士）．日本学術振興会特別研究員（PD），和光大学現代人間学部准教授を経て，2017年より東京大学大学院教育学研究科准教授．異文化間教育学会理事．**専門領域**：国際移動と教育の比較研究．主な著書に『越境する日本人家族と教育——「グローバル型能力」育成の葛藤』（勁草書房，2013年），共編著書に『移民から教育を考える——子どもたちをとりまくグローバル時代の課題』（ナカニシヤ出版，2019年）など．

【章執筆者】（五十音順）

伊藤秀樹（いとう・ひでき）［第5章］

東京大学大学院教育学研究科博士課程単位取得退学，博士（教育学）．東京大学大学院教育学研究科附属学校教育高度化センター助教，東京学芸大学教育学部講師などを経て，2020年より東京学芸大学教育学部・准教授．主な著書に『高等専修学校における適応と進路——後期中等教育のセーフティネット』（東信堂，2017年）など．

大滝世津子（おおたき・せつこ）［第9章］

東京大学大学院教育学研究科博士課程修了，博士（教育学）．鎌倉女子大学児童学部児童学科専任講師を経て，2017年より鎌倉教育総合研究所・所長．主な著書に『幼児の性自認——幼稚園児はどうやって性別に出会うのか』（みらい，2016年），編著に『子どもと教育環境』（大学図書出版，2017年）など．

御旅屋 達（おたや・さとし）［第6章］

東京大学大学院教育学研究科博士課程単位取得退学，修士（教育学）．東京大学社会科学研究所助教，山口学芸大学教育学部講師などを経て，2020年より立命館大学産業社会学部准教授．共著に『現代社会論——社会学で探る私たちの生き方』（有斐閣，2015年），共編著に『「若者／支援」を読み解くブックガイド』（かもがわ出版，2020年）など．

髙橋史子（たかはし・ふみこ）［第3章］

オックスフォード大学社会学部博士課程修了，D. Phil.（社会学）．東京大学大学院教育学研究科附属学校教育高度化・効果検証センター助教を経て，2019年より東京大学教養学部附属教養教育高度化機構社会連携部門特任講師．主な論文にJapaneseness in immigrant education: Toward culturally responsive teaching in Japan. *Educational Studies in Japan*. Vol. 14, 2020.

譚君怡（Tan Chun-Yi）［第4章］

東京大学大学院教育学研究科博士課程修了，博士（教育学）．台湾教育部（教育省）国際教育局の公務員を経て，2020年より国立台中教育大学（台湾）高等教育経営修士学位プログラム Assistant Professor．主な論文に Transition from university to work in Japan: Approaching experiences of international students. in Tsuneyoshi, R. (Ed.). Globalization and Japanese “exceptionalism” in education: Routledge, 2018.

代玉（Dai Yu）［第11章］

東京大学大学院教育学研究科博士課程修了，Ph.D.（教育学）．清華大学のポストドクターを経て，2015年より天津大学教育学院准教授．主な著書に『中国の素質教育と教育機会の平等——都市と農村の小学校の事例を手掛かりとして』（東信堂，2018年）など．

徳永智子（とくなが・ともこ）［第7章］

メリーランド大学大学院教育学研究科博士課程修了，Ph. D.（教育学）．日本学術振興会特別研究員（PD），慶應義塾大学国際センター特任講師，群馬県立女子大学国際コミユニケーション学部講師を経て，2019年より筑波大学人間系教育学域助教．主な著書に *Learning to belong in the world: An ethnography of Asian American girls*: Springer, 2018. など．

森いづみ（もり・いづみ）［第10章］

ペンシルバニア州立大学大学院教育学研究科博士課程修了，Ph. D.（教育学）．立教大学社会学部助教，東京大学社会科学研究所助教を経て，2017年より東京大学社会科学研究所附属社会調査・データアーカイブ研究センター准教授．主な論文に「国・私立中学への進学が進学期待と自己効力感に及ぼす影響——傾向スコアを用いた分析」『教育社会学研究』101集，2017年，Mori et al. (2019). Who wants to work for Japanese companies?: A case in Malaysia. *International Journal of Japanese Sociology*, 28(1), など．

【コラム執筆者】（五十音順）

李瑟妃（Lee Seulbi）［コラム3］

高麗大学大学院教科教育学科歴史教育専攻修士課程修了，修士（教育学）．東京大学大学院教育学研究科博士課程満期退学．東京韓国学校を経て，2018年より韓国心石中学校教師（歴史科）．主な論文に Japanese schooling and the global and multicultural challenge: Globalization from below. in Tsuneyoshi, R. (Ed.). *Globalization and Japanese "exceptionalism" in education: Insider's views into a changing system*: Routledge, 2018. など．

キャサリン・ヒグビー・イシダ（Catherine Higbee Ishida）［コラム9］

東京大学大学院教育学研究科の研究生を経て，2005年よりコロラド大学東アジア教育プログラム（Program for Teaching East Asia）コロラド州立大学の東アジア指導プログラム（Program for Teaching Asia）のコーディネーターを務める．25年間にわたり，教師，研究者，教師養成者として日本を軸にしたアメリカの初等中等教育段階の教員養成に関わってきた．

井田頼子（いだ・よりこ）［コラム4］

東京大学大学院教育学研究科博士課程修了．主な論文に From high school abroad to college in Japan: The difficulties of the Japanese experience. In Tsuneyoshi, R. (Ed.). *Globalization and Japanese "exceptionalism" in education: Insider's views into a changing system*: Routledge, 2018. など．

岩渕和祥（いわぶち・かずあき）［コラム 10］

コロンビア大学ティーチャーズ・カレッジ国際比較教育学コース博士課程在籍中．東京大学大学院教育学研究科修士課程修了，修士（教育学）．主な論文に Iwabuchi, K., Komoto, A., & Shimizu, H. (2019). Tokkatsu reform: Learning better together. in Tsuneyoshi, R., Sugita, H., Nozu-Kusanagi, K., & Takahashi, F. (Eds.). *Tokkatsu: The Japanese educational model of holistic education*: World Scientific Publishing.

越智 豊（おち・ゆたか）［コラム 8］

コロンビア大学ティーチャーズ・カレッジ外国語教授法修士課程修了，M. A. (TESOL)．東京都立田柄高等学校教諭，東京大学教育学部附属中等教育学校教諭・副校長を経て 2021 年 3 月まで東京大学大学院教育学研究科附属学校教育高度化・効果検証センター特任准教授．共著（分担執筆）に Tsuneyoshi, R., Sugita, H., Nozu-Kusanagi, K., & Takahashi, F. (Eds.). *Tokkatsu: The Japanese educational model of holistic education*: World Scientific Publishing, 2019. など．

木原 盾（きはら・たて）［コラム 1］

ブラウン大学大学院社会学研究科博士課程在籍中．東京大学大学院教育学研究科修士課程修了，修士（教育学）．ブラウン大学大学院社会学研究科修士課程修了，修士（社会学）．主な論文に Jackson, Margot. I., and Kihara, Tate. (2019). The Educational gradient in health among children in immigrant families. *Population Research and Policy Review*, 38(6). など．

草彅佳奈子（くさなぎ・かなこ）［コラム 7］

東京大学大学院教育学研究科附属学校教育高度化・効果検証センター助教．UCL Institute of Education 教育学博士課程修了，Ph.D.（教育学）．主な共編著に Tsuneyoshi, R., Sugita, H., Nozu-Kusanagi, K., & Takahashi, F. (Eds.). *Tokkatsu: The Japanese educational model of holistic education*: World Scientific Publishing, 2019. など．

住野満稲子（すみの・まいこ）［コラム 6］

明治大学専門職大学院ガバナンス研究科教育補助講師．東京大学大学院教育学研究科修士課程修了，修士（教育学）．東京大学大学院教育学研究科博士課程満期退学．主な論文に「教育における「不利」の変遷――1960-1980 年代アメリカの教育研究を事例に」『東京大学大学院教育学研究科紀要』57，2018 年，など．

長江侑紀（ながえ・ゆき）［コラム 5］

東京大学大学院教育学研究科・博士後期課程在学，日本学術振興会特別研究員（DC 1）．

東京大学大学院教育学研究科修士課程修了，修士（教育学）．主な論文に「エスニック・マイノリティの子どもと就学前教育・保育――多文化共生を考える」『東京大学大学院教育学研究科紀要』57，2018年，など．

ヨシイ オリバレス ラファエラ［コラム2］

東京大学大学院教育学研究科・博士後期課程在学．東京大学大学院教育学研究科修士課程修了．修士（教育学）．主な論文に「二国のはざまにある移民第二世代への進路指導――ブラジル学校の教師たちによる〈ボーダーレスストラテジー〉の創出」『東京大学大学院教育学研究科紀要』59，2019年．

索　引

あ　行

か　行

さ　行

た　行

な　行

は　行

ま　行

や　行

ら　行

わ　行

アルファベット

新グローバル時代に挑む日本の教育
多文化社会を考える比較教育学の視座

2021年5月31日　初　版

［検印廃止］

編　者　恒吉僚子・額賀美紗子

発行所　一般財団法人　東京大学出版会
代表者　吉見俊哉
153-0041 東京都目黒区駒場4-5-29
http://www.utp.or.jp/
電話 03-6407-1069　Fax 03-6407-1991
振替 00160-6-59964

組　版　有限会社プログレス
印刷所　株式会社ヒライ
製本所　誠製本株式会社

ISBN 978-4-13-052082-9　Printed in Japan